Elo
Plan B

«No importa lo que estés pasando, *Plan B* te ayudará a superarlo. *Plan B* es un libro "con los pies en la tierra" escrito por un pastor "con los pies en la tierra". ¡La esperanza auténtica está al alcance de un libro!»

—Mark Batterson
Pastor principal de la National
Community Church y autor de
Primal [Primitivo]

«Pete Wilson es un líder joven y dinámico al frente de una iglesia en crecimiento y con un corazón para ver a la gente buscar y encontrar a Cristo en medio de cualquier circunstancia. Su sinceridad y su deseo de desmantelar algunos de los difíciles altibajos de la vida con una perspectiva divina ayudará a cualquier persona que esté luchando con las realidades de la vida y con un Plan B».

—Brian Houston
Pastor principal, Hillsong Church

«La esperanza es empacada y vendida de muchas maneras distintas en nuestra sociedad, y con frecuencia viene envuelta con falsas promesas y una manera poco realista de ver la vida. Por esta razón *Plan B* es un libro tan importante. Pete trata abierta y sinceramente con las desilusiones que experimentamos, y nos dirige a una esperanza que soporta, sustenta y vence».

—Jeff Henderson
Pastor, Buckhead Church

«Lo que más aprecio de este libro es su franqueza. Pete Wilson evita las respuestas fáciles que todos hemos escuchado sobre el sufrimiento. Con historias de la vida real, la sabiduría de las Escrituras, y una búsqueda auténtica de la dimensión redentora de la tragedia, este libro nos servirá a todos los que luchamos con el qué hacer cuando la vida no nos trae lo que esperábamos».

—Nancy Beach
Asociación Willow Creek

«Pete Wilson es un tremendo comunicador, y su calidez y afecto por la gente se hacen evidente en cada página de este fantástico libro. *Plan B* es una herramienta poderosa para los desvíos que toman nuestras vidas. Ojalá este libro hubiera estado disponible años atrás cuando algunos de mis Planes A se estrellaron, pero estoy muy agradecida por la sabiduría que encierra en sus páginas para mis Planes B de hoy».

—Jud Wilhite
Pastor principal, Central Christian Church y autor de *Eyes Wide Open* [Ojos bien abiertos]

«Mientras leía *Plan B* aplaudí, lloré y redescubrí aspectos de mi fe que hacía ya tiempo había renunciado a encontrar. Como una conversación con un viejo amigo, las reflexiones de Pete Wilson sobre Dios y la vida son cautivadoras, sensibles y conmovedoras. En lo que a mí respecta, si estás trabajando en Plan A, *Plan B* es un buen prerrequisito».

—Matthew Paul Turner
Autor de *Churched* y *Hear No Evil* [No escuches lo malo]

«En una generación que encara una creciente desilusión con la vida, este libro nos recuerda magistralmente que Dios está trabajando y le da vuelta a todo nuestro alrededor para bien. Mientras lees *Plan B*, sentirás el amor y la preocupación genuina de un pastor que se interesa por la gente. ¡Buen trabajo, Pete!»

—Chris Hodges
Pastor, Church of the Highlands

«Si el Plan A para tu vida no está funcionando muy bien, no estás solo. En este libro, Pete Wilson te ayuda a obtener un claro sentido de las frustraciones y las desilusiones de la vida. Las historias en *Plan B* te recuerdan una vez más que Dios, quien comenzó su buena obra en ti, es fiel para completarla».

—Robert Emmitt
Pastor principal, Community Bible Church

PLAN B

¿Qué hacer cuando Dios no se manifiesta
de la manera que esperabas?

Pete Wilson

GRUPO NELSON
Una división de Thomas Nelson Publishers
Desde 1798

NASHVILLE   DALLAS   MÉXICO DF.   RÍO DE JANEIRO

Editora General: *Graciela Lelli*
Traducción: *Omayra Ortiz*
Adaptación del diseño al español: *Grupo Nivel Uno, Inc.*

ISBN: 978-1-60255-421-4

Impreso en Estados Unidos de América
10 11 12 13 14 HCI 9 8 7 6 5 4 3 2

Para todos los que deciden creer,
en medio de su Plan B,
que un día la fe triunfará sobre la duda,
la luz triunfará sobre la oscuridad,
el amor triunfará sobre el odio,
y todas las cosas serán redimidas
y existirán de la manera
en que deben existir.

ÍNDICE

RECONOCIMIENTOS

A Brandi, Jett, Gage y Brewer... amo a cada uno de ustedes más que a la vida misma. No puedo imaginar mi jornada sin ustedes. Gracias por su paciencia, amor y apoyo a través de las madrugadas y las trasnochadas.

A mi familia de Cross Point Church... gracias por permitir que les sirva. Ustedes han creado una comunidad donde todos son aceptados, nadie es perfecto y cualquier cosa es posible. Me encanta ser su pastor.

Al equipo de trabajo de Cross Point... ¿Dónde empiezo? Es simplemente un honor levantarme cada día y trabajar con semejante grupo de maravillosas estrellas. No estaría hoy en el ministerio a no ser porque ustedes confrontaron y redimieron mi deseo de rendirme.

A Maurilio Amorim y Shannon Litton... gracias por su sabiduría, fe y dedicación a este libro. Todos sabemos que *Plan B* nunca habría llegado a este punto sin ustedes.

A Anne Christian Buchanan... gracias por añadir tu don de palabras a este libro. Me retaste continuamente a ser un mejor escritor.

A Mike Hyatt y a todo mi equipo en Thomas Nelson: Matt Baugher, Dale Wilstermann, Emily Sweeney, Kristi Johnson, Stephanie Newton, Paula Major, Sally Hofmann, Rick Spruill, Gary Davidson, Mark Schoenwald, y David Moberg... muchas, muchísimas gracias por creer en mí y ofrecerme esta maravillosa plataforma para compartir este importante mensaje.

UNO REALIDAD

¿Recuerdas el día en que descubriste que tu vida no iba a resultar exactamente de la manera que pensabas?

Le pasa a todo el mundo tarde o temprano.

Todos hemos tenido sueños, anhelos, metas y expectativas que, por diversas razones, no se han hecho realidad.

Los planes fracasan. Las expectativas quedan en nada. Las personas en quienes confiamos nos defraudan, o nos sentimos defraudados con nosotros mismos. Los sueños se hacen trizas o se escabullen.

¿Te ha pasado?

El Plan A hace un alto brusco y repentino, y ni siquiera estás seguro si existe un Plan B.

Tal vez el darte cuenta de esto te golpee en forma de enfermedad o hasta muerte: un diagnóstico aterrador, un descenso inesperado al mundo de las camas de hospital y los sueros intravenosos, la pérdida repentina de un amigo íntimo o de un familiar. Tal vez tiene que ver con una experiencia decepcionante en la iglesia o un revés financiero.

O quizás tus sueños hechos añicos vienen acompañados de papeles de divorcio. Esperabas llegar al final de tu vida junto a la pareja con la que te casaste. Sin embargo, el matrimonio está llegando a su fin, y sientes dolor y desilusión.

Recientemente me reuní con una dama de nuestra iglesia que ha estado «felizmente» casada durante casi veinticinco años. Tres días antes de nuestra reunión, ella encontró un correo electrónico que provocó que comenzara a cuestionar a su esposo. Durante las siguientes horas, él le confesó tener una adicción al sexo y a la pornografía que incluía docenas de aventuras amorosas durante los veinte años anteriores. Nunca voy a olvidar la mirada en el rostro de aquella mujer mientras, sentada en mi oficina, lloraba por la traición a su confianza y la devastación de sus sueños.

Sin embargo, tu sueño destrozado puede ser completamente diferente. Tal vez, como mi amiga Dana, estabas segura que a estas alturas ya estarías casada y tendrías una familia, y simplemente no ha ocurrido. Dana anhela desesperadamente conocer al hombre de sus sueños. En varias ocasiones pensó que había conocido *al que es*, sólo para terminar desilusionada. Ahora, cada vez que asiste a una boda es un recordatorio de que la vida no resultó de la manera que esperaba.

Keith y Sheila se sienten de la misma manera cuando reciben el anuncio del nacimiento de un bebé o la invitación a un *baby shower*. El primer domingo que visitaron Cross Point Church, donde pastoreo, me pidieron que orara por ellos. Deseaban tener un hijo desesperadamente pero por alguna razón, Sheila no podía quedar embarazada. Eso fue hace cuatro años atrás. A pesar de las oraciones constantes y varios procedimientos, todavía continúan sin ningún bebé.

¿Tienes un sueño profesional que sigue frustrándose? Quizás estudiaste ingeniería, pero la economía está muy mala, y nadie está empleando. Estás convencido de que Dios quiere que te dediques al ministerio, pero no se está abriendo ninguna puerta. Estás seguro de que tu destino estaba en la oficina de la esquina —la que tiene la mejor vista— pero estás estancado en el cubículo. Siempre quisiste ser tu propio jefe, pero sencillamente no puedes lograr que el negocio empiece a funcionar.

O, es posible que seas como mi amigo Brian. Él es un tremendo tipo que tiene muchísimo que ofrecer a la gente que lo rodea. Realmente quiere involucrarse en el ministerio de alguna manera, pero lucha con una adicción a las drogas. Brian ha estado en varios centros de tratamiento y asiste regularmente a reuniones que siguen los Doce Pasos, pero cada día es todavía una lucha. «¿Sabes algo, Pete?», me dijo recientemente mientras almorzábamos juntos, «yo nunca voy a hacer lo que quiero con mi vida a causa de este problema. He orado, orado y orado. ¿Por qué Dios no quita de mí esta adicción?»

Algunas veces, nuestras desilusiones son, con toda claridad, nuestra culpa: tomamos una mala decisión o seguimos el camino equivocado. A veces, la culpa recae en las malas decisiones de otra persona. Otras veces, francamente, es un poco de ambas.

Y, entonces, están las veces cuando la vida simplemente parece hacerse pedazos sin ninguna explicación. Parece totalmente al azar.

La otra noche estaba viendo una película, una de esas que te mantiene en absoluto suspenso y sentado al borde del sofá. No soy muy fanático de ese tipo de película porque tienden a estresarme mucho. Pero al menos las películas te dan una advertencia razonable de que algo terrible está a punto de ocurrir. Cambia el ángulo de la cámara, la música se vuelve siniestra, se vislumbra una sombra. Algo te dice «ten cuidado».

¿No desearías que la vida fuera así? Pero no lo es, ¿verdad? Ni siquiera se acerca. Porque con frecuencia nuestros sueños parecen hacerse añicos cuando menos lo esperamos. No hay advertencia. No puedes explicarlo, no puedes echarle la culpa a nadie. Sencillamente pasa... otro doloroso recordatorio de que la vida, con frecuencia, puede ser inexplicable.

Le pasa a todo el mundo

Si eres como mucha gente que conozco, tus sueños destrozados pueden haberte dejado preguntándote si Dios todavía está activamente involucrado en tu vida. Tal vez te preguntas si tan siquiera le importas o si estás demasiado quebrantado y magullado para que Él pueda sanarte. Posiblemente te preguntas bastante qué debes hacer ahora.

No importa lo que haya ocurrido o cómo te sientes, por favor entiende que no estás solo ni sola. Porque esto es lo que estoy aprendiendo: todo el mundo necesita sanidad. Todo el mundo.

Todo el mundo tiene sueños destruidos.

Todos hemos sido defraudados o decepcionados de una manera u otra.

Todos necesitamos sanidad para nuestro quebrantamiento.

Todos.

Todos tenemos un cuadro de la manera en que debería ser nuestra vida. Y para algunos de nosotros, el cuadro de cómo debería ser nuestra vida y el cuadro de la realidad es sólo un recordatorio de que nuestras vidas no están resultando de la manera que anhelábamos.

No importa lo que haya ocurrido o cómo te sientes, por favor entiende que no estás solo ni sola. Porque esto es lo que estoy aprendiendo: todo el mundo necesita sanidad. Todo el mundo.

Todos tenemos sueños, grandes o pequeños. Todos tenemos expectativas, razonables o irrazonables. Todos tenemos este cuadro mental de cómo va a ser nuestra vida.

¿Acaso no es esto cierto para ti? Es posible que, en tu mente, lo hayas tenido todo planificado: a dónde irías a estudiar, con quién te casarías, cómo serían tus hijos, qué tipo de trabajo te traería satisfacción y propósito. Tal vez soñaste con la casa perfecta, el cónyuge perfecto, dos hijos perfectos y un trabajo perfecto. O quizás te veías viajando el mundo entero o invirtiendo tu vida sirviendo a otros. Tal vez sencillamente deseabas vivir seguro y razonablemente cómodo.

Lo que sea que hayas deseado para tu vida, si eres cristiano, tal vez también asumiste que Dios lo quería para ti. Quizás no lo admitas, ni siquiera a ti mismo, pero estabas bastante seguro de que Dios iba a hacer de las suyas e iba a proveer para ti como sólo Él puede hacerlo.

El problema es que lo que asumiste no es necesariamente lo que ocurrió.

Nunca nadie creció pensando: *Me va a dar cáncer a los cuarenta y uno.*

Nunca nadie creció pensando: *Me van a despedir de mi trabajo a los cincuenta y siete.*

Nunca nadie planificó estar divorciada dos veces a los cuarenta y cinco, ni solo y deprimido a los treinta y cinco.

Nunca imaginaste que serías físicamente incapaz de tener hijos. Nunca imaginaste que te quedarías estancado en un trabajo sin posibilidades. Nunca imaginaste que la palabra que mejor describiría tu matrimonio sería *mediocre*.

Pero pasó, y estás frustrado. O herido. O furioso. O todo lo anterior.

Y seamos sinceros por un minuto. Parte de lo que provoca estas emociones tan fuertes es el hecho de que parece que todas las demás personas a tu alrededor están alcanzando sus sueños. Sus vidas parecen estar muy en orden.

Todos los demás se están casando. Todos los demás están teniendo hijos. Todos los demás tienen éxito. Todos los demás están saludables. Todos los demás son felices en sus matrimonios, o están contentos y se sienten productivos en su soltería.

¿Te suena esto familiar en modo alguno?

Si no, eventualmente lo hará. Porque como he dicho antes... le pasa a todo el mundo.

Ahora bien, ¿qué haces entonces con un sueño destrozado? ¿Qué haces con una expectativa insatisfecha? ¿Qué haces cuando la vida no está resultando de la manera en que pensaste que resultaría?

¿Qué haces cuando tienes que recurrir al Plan B?

Eso es lo que quiero explorar en este libro.

Porque, para decir la verdad, yo necesito respuestas tan desesperadamente como las necesitas tú.

Grace

Jamás voy a pretender que entiendo por lo que estás pasando. Nunca voy a asumir que entiendo el dolor o la confusión que puedes estar experimentando. Sin embargo, he experimentado personalmente sueños destrozados... más adelante te contaré de algunos. Y he caminado con muchísimas personas a través de pérdidas indecibles.

Planté mi primera iglesia en Morgantown, Kentucky, apenas unos meses después de haberme graduado de la universidad. Y no es que en estos días esté seguro de lo que estoy haciendo, pero en aquellos tiempos estaba ¡absolutamente perdido! Sabía que Dios me había llamado para comenzar la iglesia, pero nunca había sido pastor, y sólo tenía veintiún años. Me había comenzado a preparar en el seminario, pero ningún seminario podía prepararme totalmente para lo que experimentaría como pastor novato.

La Iglesia Comunitaria de Morgantown, aunque estaba creciendo aceleradamente, todavía era una iglesia relativamente pequeña en mis primeros años como pastor. El hecho de que fuera pequeña era perfecto para mí porque me permitía pasar mucho tiempo con la gente de nuestra iglesia. Y entre mis personas favoritas en aquella iglesia estaban Dan y Kimberly Flowers. La iglesia tenía más o menos un año en aquel tiempo, y ellos había estado allí casi desde el principio. Eran los voluntarios perfectos. Dedicaban innumerables horas sirviendo y estaban dispuestos para hacer cualquier cosa que se necesitara.

Entonces, de pronto, Dan y Kimberly simplemente parecían haber desaparecido. No los vimos durante algunas semanas. Les llamé una tarde para ver cómo estaban y me invitaron a que pasara por su casa. Me dijeron que querían explicarme por qué habían dejado de asistir a la iglesia. Y lo hicieron. Aquella noche, mientras cenábamos, me contaron muy nerviosamente, que sentían que no podían regresar a la iglesia porque Kelly, su hija soltera de veinte años, estaba embarazada.

Aquella cena fue sólo el comienzo de una dulce experiencia de gracia para la familia Flowers y para toda nuestra iglesia. Les dije a Dan y a Kimberly que no sólo serían más que bienvenidos a regresar a la iglesia, sino que nada me haría más feliz que ver a Kelly involucrarse también.

Ellos me tomaron la palabra. Y me sentí sumamente orgulloso de nuestra congregación durante los siguientes meses mientras veía cómo ayudaban generosamente y con mucha disposición a esta familia. Semana tras semana, mientras progresaba el embarazo de Kelly, podía ver cómo la vida de ella era transformada por el amor del pueblo de Dios.

Uno de los momentos que, como pastor, me llenó de más orgullo fue cuando un sábado en la tarde llegué a la oficina para trabajar un poco, sólo para encontrarme con un grupo de mujeres agasajando a Kelly con un *baby shower*. Se reían y lloraban juntas, haciendo absolutamente lo mejor para ayudar. La mayoría de las mujeres en aquel salón no podían haber sido más diferentes a Kelly. Y, sin embargo, estaban ofreciendo un amor que iba más allá de ellas mismas.

La atracción principal de la celebración fue un precioso vestido blanco con florcitas rosadas que una de las mujeres había comprado. Kelly estaba sumamente emocionada y de inmediato gritó: «Este es el vestido que voy a usar para llevarla del hospital a la casa».

Recuerdo haberme subido al auto aquella tarde pensando: *¡En esto consiste la iglesia de Dios!*

Como había caminado toda esta jornada con la familia, le pedí de favor a Kimberly que me llamara cuando Kelly estuviera lista para ir al hospital a tener a su bebé. Cuando la llamada llegó, me apresuré al hospital, que estaba como a unos cincuenta kilómetros de nuestra pequeña ciudad. Me senté en la sala de espera con Dan. No estoy seguro cuál de los dos estaba más nervioso. Esta era la primera nieta para Dan, y era mi primera vez como pastor acompañando a un miembro de la iglesia durante este proceso.

Mientras charlábamos, Dan me preguntó si sabía el nombre que Kelly había escogido para la bebé. Entonces me dijo que había decidido llamarla *Grace* [Gracia, en español], y me agradeció todo lo que la iglesia había hecho para demostrarle a Kelly el amor de Dios. Me quedé allí sentado, absolutamente maravillado, por todo lo que Dios había estado haciendo a través de nuestra iglesia y de esta familia.

Pero entonces comencé a notar una cantidad de tráfico inusual entrando y saliendo del cuarto de Kelly. Y de repente, Kimberly sacó su cabeza por la puerta. «Por favor, oren», nos suplicó. «Algo está terriblemente mal».

Mi corazón comenzó a latir a toda prisa y mis manos comenzaron a temblar. *¿Qué puede estar yendo mal? Ella sencillamente está teniendo un* *bebé*. Durante los siguientes diez minutos Dan y yo nos quedamos allí sentados, no dijimos ni una palabra, sólo estábamos orando como nunca antes.

Cuando Kimberly salió otra vez, estaba llorando incontrolablemente. Cuando pudo calmarse lo suficiente, nos dijo que la bebé había nacido muerta. Aparentemente, el cordón umbilical se había enredado alrededor del cuello de la bebé. A pesar de los esfuerzos de los doctores, no habían podido resucitarla.

Me encantaría poderte decir que en aquel momento tomé el control de la situación e hice algo realmente pastoral... quizá, citar las Escrituras o dirigir a la familia en oración. Pero no lo hice. Ninguna palabra subió a mi boca. Ningún pensamiento pastoral saltó a mi mente. Simplemente me quedé allí parado, en silencio, y vi a Dan y a Kimberly llorar abrazados.

Entonces Kimberly dijo esas palabras que todavía hoy día me ponen nervioso cuando pienso en el momento. Me dijo: «Pete, Kelly quiere verte».

Recuerdo haber pensado: *¿Ahora?* Quería inventarme una excusa y huir. Quería salir corriendo y esconderme. Simplemente sabía que no podía entrar allí. No sabía qué decir. No sabía qué hacer.

Entré en aquella habitación completamente incapaz de enfrentar aquel momento. Todavía recuerdo lo oscura que parecía. No había ruido, excepto el débil sonido que hacía uno de los monitores. Casi todo el personal médico había salido. Y allí estaba Kelly, sentada en la cama, con Grace en los brazos.

Me senté junto a la cama, mientras ella seguía acariciando la cabecita de la bebé, y hablándole como si sus pulmones estuvieran llenos de aire y su corazoncito estuviera latiendo. Casi una hora después, Kelly me miró con unas enormes lágrimas en sus ojos y simplemente me preguntó: «¿Por qué?»

No sabía qué decirle, así que no dije nada.

«Esto no tiene ningún sentido», añadió. «Después de todo lo que Dios ha hecho durante los pasados meses para restaurar mi relación con mis padres y para mostrarme quién es Él, ¿por qué tiene que terminar así?»

Aquel día, no contesté su pregunta, más que nada porque no tenía una buena respuesta. Todavía sentado aquí, doce años más tarde, todavía no sé si tengo una buena respuesta.

Pienso que todos tenemos preguntas que asedian nuestras mentes. Para mucha gente es la pregunta básica «¿Existe Dios?» Yo no batallo demasiado con esa. En mi opinión, tengo demasiadas evidencias de la existencia de Dios como para pasar demasiado tiempo cuestionándome eso.

¡No! La pregunta que para mí reaparece una y otra vez tiene que ver más con todo el dolor y el sufrimiento inexplicables en este mundo. La mayor lucha para mí es que Dios sí existe; sin embargo, también existe mucho dolor y sufrimiento. Hay demasiadas Kellys en este mundo. Demasiados sueños rotos. Y aunque he invertido muchísimo tiempo estudiando y reflexionando, tengo que ser sincero y decirte que todavía no estoy seguro que entiendo el porqué.

La pregunta que para mí reaparece una y otra vez tiene que ver más con todo el dolor y el sufrimiento inexplicables en este mundo. La mayor lucha para mí es que Dios sí existe; sin embargo, también existe mucho dolor y sufrimiento.

Me quedé el resto de la tarde con Kelly y sus padres. Hubo muy poca conversación. La mayor parte del tiempo, simplemente estábamos allí sentados, orando en silencio y mirándonos unos a otros sin poder creer lo que había pasado.

En un momento, Kelly decidió que quería vestir a Grace antes de que la funeraria pasara a recoger su cuerpecito. Cuando se llevaron a la bebé tenía puesto el vestido blanco con florcitas rosadas.

Aquella noche, lloré durante todo el camino a la casa. Lloré porque me dolía el sufrimiento de Kelly y su familia. Lloré porque no tenía ningún deseo de orar. Lloré porque no podía entender por qué Dios permitiría algo así.

Tres días después, un puñado de dolientes me acompañarían a cargar el pequeño féretro de madera hasta la colina donde enterraríamos a la pequeña Grace. Mientras caminábamos hacia los cientos de personas reunidas en aquel lugar, me preguntaba: *¿Cómo voy a explicarle esto a mi iglesia? ¿Cómo les digo que Dios no se presentó?* La siguiente pregunta me atormentaría por meses: ¿Qué haces cuando Dios no se revela de la forma en que pensaste que lo haría?

En cierta forma, esas preguntas todavía me atormentan. Pero, desde entonces, he aprendido algunas lecciones que me han ayudado. He descubierto algunas cosas sobre los Plan B de la vida, mayormente pasando tiempo con gente en la Biblia que encararon sus propios sueños hechos trizas.

La jornada

No estoy seguro dónde estás en tu fe. Tal vez no tienes una relación con Dios. Quizá no crees en la Biblia. Pero si esto es cierto, te voy a pedir que me hagas un favor. Voy a pedirte que no emitas juicio. Te pido que mantengas tu mente abierta a través de esta jornada que vamos a tomar juntos, aun cuando pasemos algún tiempo en la Biblia. Es posible que te sorprenda dónde terminas.

Por otra parte, tal vez hayas crecido en la iglesia. Quizás has leído la Biblia toda tu vida, pero aún así has llegado a un punto donde lo que pensaste que sabías ya no parece estar funcionando. Estás confundido, perdido, y tal vez enojado porque Dios no parece haberte ayudado de la manera que tantos te han prometido que lo haría a lo largo de muchos años. Mi oración es que esta jornada te dé una nueva perspectiva de las promesas de Dios. Mi oración es que no brinques hasta el final de algunas de estas historias que has oído un millón de veces, sino que las leas con nuevos ojos.

¿Sabes algo? Nunca he escuchado de la jornada de fe de alguien que no haya incluido la historia de un Plan B, un momento en la vida cuando alguien está pasando por algo completamente inesperado. Un momento en el que sintió como si Dios estuviera bien, bien, bien lejos... si es que acaso existía en verdad.

Esos son los momentos en el que las historias de la Biblia repentinamente se vuelven muy personales.

Así que tal vez, sólo tal vez, existe algo de sabiduría en esas antiguas Escrituras que pueden ayudarte a contestar la pregunta: «¿Y ahora qué?» Quizá existen algunas verdades que van a descorrer el cerrojo a la esperanza en tu vida una vez más. Es posible que exista una forma de vida que todavía estás por descubrir.

En una ocasión leí una aseveración que realmente me impactó: «Si no cambias tus creencias, tu vida será para siempre como es ahora. ¿Es esa una buena noticia?»[1]

Piensa en esto por un segundo. ¿Por qué escogiste este libro? ¿Por qué tu amigo(a) te lo regaló?

Probablemente estás en una encrucijada crítica en tu vida, en la que estás tratando de responder la pregunta «¿y ahora qué?» o la interrogante «¿por qué está pasando esto?». Una cosa de la que sí te has dado cuenta es que algo tiene que cambiar. Necesitas algunas respuestas. Necesitas cambiar algunos patrones. Tu esperanza necesita ser renovada.

Así que... ¡quién sabe! Tal vez este libro pueda ser el catalizador para ti. La Biblia está repleta de historias sobre hombres y mujeres comunes y corrientes cuyos planes no funcionaron. Está llena de personas que estaban tratando de descifrar qué hacer con una vida que no estaba resultando de la manera que esperaban.

Personas como tú.

Personas que realmente necesitaban esperanza en medio de un Plan B.

DOS **NO HUYAS**

Si bien es cierto que la Biblia está repleta de historias de hombres y mujeres que encaraban un sueño hecho pedazos, ninguna me parece más emocionante que la historia de David en el Antiguo Testamento. Desde muy pequeño, me ha atraído mucho la historia de David.

Por si acaso no estás familiarizado con este relato, permíteme retroceder y repasarlo para tu beneficio. Comienza en el libro de 1 de Samuel, capítulo 16.

El nacimiento de un sueño

Cuando David es todavía un adolescente, un hombre llamado Samuel se aparece un día en su casa. Samuel es un profeta enviado por Dios allí para seleccionar al próximo rey. Dios le ha informado que el próximo rey será uno de los hijos de Isaí. Por raro que parezca, él escoge a David. Siguiendo las instrucciones de Dios, Samuel unge al joven con aceite y proclama que él será rey.

Esto le parece algo extraño a David y a toda su familia porque ya hay un rey llamado Saúl, y todo el mundo asume que cuando Saúl muera, su hijo Jonatán tomará su lugar. Encima de eso, la selección de Samuel no tiene mucho sentido. David es el más joven y el más pequeño en su familia: un chico que pastorea ovejas. Definitivamente no tiene madera de rey.

Y, sin embargo, el día en que Samuel visita a David, un sueño nace en el alma del muchacho. Hasta este momento, sus aspiraciones eran probablemente más sencillas. Tal vez anhelaba ser un buen hijo. Posiblemente asumió que ascendería en su trabajo y sería promovido de velar las ovejas a otro tipo de trabajo de obrero. Pero ahora tiene un nuevo sueño: el sueño de dirigir a su pueblo. Después de todo, el profeta del Señor anunció que un día él iba a ser el rey. Y David se siente diferente en su interior —algo cambió cuando Samuel lo ungió. Él siente la presencia de Dios de una manera que no lo había hecho antes. Según 1 de Samuel, el Espíritu del Señor comienza a trabajar en David desde ese mismo día.

Sin embargo, nada más cambia; no de inmediato. Nada ocurre durante mucho tiempo. Y tal vez David comienza a preguntarse si la predicción de Samuel de veras se convertirá en realidad. Digo, ¡por el amor de Dios!, todavía está allá fuera apacentando ovejas. Ahora bien, no sé si alguna vez has pastoreado ovejas. Personalmente no lo he hecho, pero sólo puedo imaginarme que debe ser un trabajo bastante monótono.

Has tenido dudas como David, ¿cierto? Has desarrollado ciertos planes y expectativas para el transcurso de tu vida, y mientras pasa el tiempo, te has comenzado a preguntar si alguno de ellos se convertirá en una realidad. Tal vez comenzaste a sentirte desanimado. Quizás empezaste a perder la esperanza. Es posible que te sientas estancado y algo aburrido.

Estoy bastante seguro que David se está sintiendo así en el momento en que se dirige a donde están los israelitas peleando con los filisteos.

Él no es un soldado. De hecho, la única razón por la que está yendo al campo de batalla es para llevarles algo de comida a sus hermanos. Cuando llega, comienza a escuchar sobre este gigante llamado Goliat, que está atemorizando a todo el ejército israelita. David es joven y tal vez demasiado confiado, y todavía tiene ese alto sentido de que Dios está con él. Así que decide pelear contra el gigante. Y termina matando a Goliat golpeándolo en la sien con una piedra que lanzó con su honda.

Instantáneamente, David se convierte en un héroe nacional. Pasa de ser el pastor que nadie conoce al héroe aclamado por todos. El rey Saúl lo elogia y lo nombra para una posición de alto rango en el ejército. Y luego premia a David diciéndole: «Me gustaría que te casaras con mi hija».

En estos momentos David tiene que estar pensando en Samuel: *Tal vez el tipo aquel estaba en lo cierto. Quizás realmente voy a convertirme en rey. Era simplemente un pastorcillo y ahora soy un héroe nacional. El rey me quiere, y desea que me case con su hija. Definitivamente Dios está haciendo grandes cosas por mí. Tal vez, después de todo, sí tenga una oportunidad en esto.*

Permíteme pausar aquí por un segundo porque no quiero que simplemente escuches esta historia. Quiero que te coloques dentro de estas circunstancias... porque has estado ahí. Has estado en ese lugar donde parece que todo está cayendo en su sitio. Todas las circunstancias están alineadas, y parece que tu sueño está a punto de convertirse en realidad.

Recibes el ascenso.

Conoces al hombre de tus sueños.

La prueba de embarazo da resultado positivo.

Tu cónyuge accede a ir a consejería matrimonial.

Ocurre cierto tipo de cambio circunstancial que arroja una luz brillante sobre tus sueños escondidos y permite que aumente tu esperanza.

Como vivo en Nashville, tengo la oportunidad de pastorear a muchos músicos. Es una de las cosas que más me gusta de mi ciudad. Está repleta de soñadores. La gente se muda aquí desde todas partes del mundo para ir en pos de sus sueños, y sus anhelos con frecuencia son contagiosos.

Hace algunos años, hubo una banda en particular con la que tuve la oportunidad de compartir bastante tiempo. Los miembros de la banda realmente sentían que Dios les había dado un propósito. Eran extremadamente talentosos y enfocados, y parecían tener el aplomo para la grandeza. Habían hecho giras, habían practicado fielmente y habían hecho todo lo humanamente posible para prepararse para su gran oportunidad.

Y finalmente llegó. Firmaron un prometedor acuerdo disquero. Tenían al personal apropiado a su alrededor. Todas las señales circunstanciales decían que Dios finalmente había provisto la gran oportunidad que necesitaban. Y a mí me encantaba su actitud. Estaban convencidos de que al fin Dios había abierto la puerta y estaban preparados para darle a él toda la gloria. Grabaron un álbum maravilloso con canciones que hacían reflexionar y adoraban a Dios.

Pero nunca lo escuchó nadie. El ejecutivo del sello que los firmó, que creyó en ellos y los promocionó, fue despedido y ellos fueron sepultados.

¿Puedes imaginarte cómo se sintieron? Habían estado muy seguros de que Dios finalmente los estaba preparando para poder alcanzar su sueño.

Ahí es exactamente donde está David en este momento en su historia. Hasta este momento, no estoy seguro que haya abrigado demasiado esperanza en el sueño ese de convertirse en rey. Pero ahora comienza a pensar que realmente podría ocurrir.

Sospecho que algo probablemente ha cambiado en David durante este tiempo. Su sueño se ha convertido realmente en una meta. En su mente, la posibilidad de llegar a ser rey se ha transformado en una realidad. Él sencillamente sabe que Dios está a punto de hacer que esto ocurra.

Cuando corres

Pero entonces las cosas comienzan a cambiar. David no está seguro qué es lo que está pasando, pero hay algo diferente en el rey Saúl. Al principio son nimiedades —una mirada con recelo, una molestia sutil. Leves indirectas de que el rey no está totalmente contento con su amigo David.

Entonces, un buen día, se da un incidente al estilo Jerry Springer.* Saúl arroja una lanza contra David, y los temores de David quedan confirmados. Aun cuando no seas muy perceptivo en término de relaciones, que arrojen una lanza contra ti es un muy buen indicio de que algo anda mal.

Y algo *sí* anda mal. Muy mal. David se ha vuelto demasiado popular, y Saúl se ha tornado excesivamente celoso y terriblemente furioso.

---

* Nota de la traductora: *The Jerry Springer Show* es un programa en la televisión estadounidense en el que se presentan con frecuencia situaciones familiares muy disfuncionales. En ocasiones, los invitados terminan insultándose o hay agresividad física.

Jonatán, el hijo de Saúl, se ha convertido en un muy buen amigo de David. Así que va donde él y básicamente le dice: «Amigo, mi papá quiere matarte. Va a hacer lo que sea necesario para deshacerte de ti. ¡Tienes que irte de aquí!»

En cuestión de minutos, David siente que su sueño de llegar a ser rey se le está escapando. Y como teme por su vida, hace lo que muchos de nosotros hemos hecho cuando sentimos que nuestros sueños se escapan. Él huye. Antes de que Saúl sepa que ha escapado, David ya está fuera del país.

A primera vista, esto puede parecer una estrategia razonable. Si alguien está tratando de matarte, huyes del país, ¿correcto? Escapas lo más rápido y lo más lejos que te es posible. Pero, me parece que algo más está ocurriendo en esta situación. Creo que David está huyendo porque ya se dio por vencido con Dios.

Recuerda, desde el momento en que Samuel lo ungió, David ha sentido la presencia de Dios en una manera especial. Hasta aquí, se ha sentido seguro de que Dios estaba trabajando en su vida. Creía que Dios lo iba a hacer rey. Pero ahora, cuando todo parece ir mal, David parece estar perdiendo la fe de que Dios va a cumplir su promesa.

¿Y qué hace David? Él hace exactamente lo que muchos de nosotros hemos hecho en una situación así. Entra en pánico. Le da la espalda a Dios y trata de resolver la situación por cuenta propia.[1]

En el libro de 1 de Samuel, mientras David está en plena huida, no hay ninguna mención de la presencia de Dios. Me imagino que David tiene muy poca sensación de que Dios está con él. Dudo que sienta que su sueño tiene alguna oportunidad de hacerse realidad. Tal vez hasta asume que Dios ha estado jugando con él, permitiéndole llegar tan cerca, sólo para cerrarle la puerta en la cara de una forma dramática.

¿Acaso no es cierto que con frecuencia asumimos que el camino hacia un sueño dado por Dios no va a tener obstáculos y va a estar revestido de encajes? Hasta donde sabemos, las instrucciones de Samuel para David fueron simplemente: «Un día vas a ser el rey». Aparentemente se le olvidó mencionar todo este asunto del rey tratando de matar a David en el proceso. Pienso que tal vez esa información habría sido bastante útil.

¿Ves? Creo que David está cometiendo un grave error —el mismo error que tantos de nosotros hemos cometido a lo largo de nuestras vidas. Él asume que entiende a Dios y sus maneras de actuar. Él piensa que sabe lo que Dios debería estar haciendo. Y cuando Dios no maneja las cosas de la forma que él esperaba, David sencillamente se da por vencido.

Aquí hay una lección muy importante para cada uno de nosotros. Nos metemos en todo tipo de problemas cuando asumimos que Dios debe pensar y sentir como nosotros.

Alguien dijo una vez: «La adversidad presenta al hombre consigo mismo». Desafortunadamente, con más frecuencia de la que me gusta admitir, he descubierto que esto es cierto. Y me muero de la vergüenza cuando miro hacia atrás y veo mi forma de actuar durante momentos en los que sentía que Dios no estaba allí y estaba tocando fondo.

Cuando tenía veintiún años, por ejemplo, sentí que Dios me estaba dirigiendo a comenzar una iglesia. Así que, un par de semanas después de graduarme de la universidad, hice justo eso.

> Nos metemos en todo tipo de problemas
> cuando asumimos que Dios debe pensar
> y sentir como nosotros.

Ahora bien, tal vez estás pensando, *¿cómo se las ingenia un chico de veintiún años para plantar y pastorear una iglesia?* No tenía entrenamiento formal, pero había leído el libro *Una iglesia con propósito* de Rick Warren, y supuse que ese era todo el entrenamiento que necesitaba. Así que reuní a un equipo de personas y comenzamos a trabajar. Oramos mucho, tuvimos muchas reuniones, y hasta diseñamos un logo oficial para la iglesia. Luego, comenzamos la iglesia.

En nuestro primer domingo, aparte de algunas familias y amistades que se presentaron para apoyarnos, realmente tuvimos sólo un invitado. Un caballero llamado Gary. Esta no era exactamente la forma en que había ocurrido con Rick Warren, así que estaba un poco confundido. Realmente estaba esperando a centenares de personas. Digo, ¿por qué no iba a ser así? Habíamos orado para eso. Habíamos creído eso. ¡Teníamos una banda!

Pero simplemente no ocurrió.

Estaba listo para darme por vencido, listo para tirar la toalla. Quería comenzar una iglesia, pero no estaba listo para lidiar con la desilusión y la adversidad que llegarían con el nacimiento de este sueño.

Sinceramente no sé si habría perseverado allí durante aquellos primeros meses si no hubiera sido por el aliento y la responsabilidad de nuestro equipo medular. Mirando hacia atrás, me siento avergonzado cuando veo lo rápido que hubiera claudicado en el sueño. En retrospectiva, me siento avergonzado por mi deseo de huir cuando sentía como que Dios no estaba allí.

Puesto que después de algún tiempo, se hizo claro que Dios ciertamente sí lo estaba. Todo nuestro equipo persistió, y nació una iglesia auténtica y cristocéntrica. Fue la misma iglesia que más tarde le mostró su gran amor a Dan, a Kimberly y a Kelly. Dios hizo grandes cosas a través de aquella comunidad de fe. Y doy gracias porque con la ayuda de mi equipo logré mantenerme allí en aquellos inicios. Me siento agradecido porque en lugar de huir, le di a Dios una oportunidad para hacer lo que él había prometido.

Desesperación

Pero regresemos a David. Si continúas leyendo la historia de David (1 Samuel 21), descubrirás que después de haber huido de Saúl, llega a un pueblo llamado Nob, donde se encuentra con un sacerdote llamado Ahimelec, que no tiene idea de lo que está pasando con Saúl. Por miedo y desesperación, David le dice algunas mentiras a Ahimelec con la esperanza de que este le ayude. Miente sobre lo que está haciendo en Nob. Miente sobre por qué está huyendo. Miente sobre el estado de su vida espiritual. Y, por supuesto, la mentira es sólo otra manera de huir. Es usar la manipulación para salir de una situación difícil en lugar de confiar en que Dios solucionará el problema.

Entonces David dice una mentira más. Y es en medio de esta mentira que Dios le brinda un momento que él pasa por alto totalmente.

> Y David dijo a Ahimelec: ¿No tienes aquí a mano lanza o espada? Porque no tomé en mi mano mi espada ni mis armas, por cuanto la orden del rey era apremiante. Y el sacerdote respondió: La espada de Goliat el filisteo, al que tú venciste en el valle de Ela, está aquí envuelta en un velo detrás del efod; si quieres tomarla, tómala; porque aquí no hay otra sino esa. Y dijo David: Ninguna como ella; dámela. (vv. 8-9)

¿Puedes ver lo que está ocurriendo aquí? Aunque David se ha dado por vencido con Dios, Dios no se ha rendido con David. Le ha puesto un recordatorio de su fidelidad justo frente a sus ojos, y David está a punto de pasarlo por alto.

La espada que Ahimelec le ofrece debió haberle servido como una llamada de alerta. Es la espada de Goliat, el gigante que David mató cuando era simplemente un pastor de ovejas. Es un icono de la fidelidad de Dios hacia David. David debió mirarla y recordar instantáneamente lo que Dios había hecho por él, lo lejos que Dios lo había llevado. Debió haber pensado: *¿Qué estoy haciendo? ¿Por qué estoy huyendo? ¿Por qué estoy mintiendo y engañando, y tratando de resolver las cosas a mi manera en lugar de confiar en Dios?*

Pero no lo hizo. Él toma la espada y hace exactamente lo que muchos de nosotros hacemos en medio de nuestro sueño hecho trizas. Sigue huyendo, sigue asustado, va de un escondite a otro, con Saúl pisándole los talones.

John Quincy Adams dijo en una ocasión: «La paciencia y la perseverancia tienen un efecto mágico ante el cual las dificultades desaparecen y los obstáculos se desvanecen».[2] Esta declaración encierra una gran sabiduría. Y, sin embargo, en medio de nuestro caos usualmente hacemos lo contrario. Huimos como desquiciados.

Recuerdo haber hecho justo eso en los días que siguieron a la muerte de Grace. Aquellos fueron días difíciles no sólo para Kelly, sino también para toda nuestra iglesia. Y aunque no puedo hablar por cada persona en la iglesia, sí puedo decir que definitivamente, yo huí. No, no escapé a otro país como hizo David. Sin embargo, en mi corazón estaba huyendo del dolor y la incertidumbre de la situación. En cierto modo, estaba huyendo de Dios. Seguí hablando de Dios porque, de alguna manera, era mi trabajo. Pero no lo hice partícipe. No lo busqué. De hecho, durante los siguientes meses estuve predicando de un Dios en quien ya no estaba seguro si confiaba o no.

Hubo varios momentos durante aquellos meses en los que Dios usó pasajes bíblicos, mensajes, canciones y circunstancias para recordarme de su fidelidad a lo largo de mi vida, pero me negué a escuchar. Al igual que David, descubrí que el dolor profundo y los sueños destrozados tienen un don especial para evitar que veamos el carácter y la belleza de Dios.

Lamentablemente, yo no era el único que estaba huyendo en aquellos días. Poco después de la muerte de Grace, su mamá Kelly, comenzó a usar drogas. Unos seis meses después tuve que salir en medio de la noche a acompañar a Kimberly a buscar a Kelly. Ella no había regresado a la casa en días. La encontramos cerca de las tres de la madrugada, inconsciente en casa de alguien. La subimos al asiento trasero de mi auto y la regresamos a su casa. La última vez que escuché de ella, la manera de huir de Kelly se había convertido en una terrible adicción.

El punto es, que cuando abandonamos a Dios, fácilmente caemos en conductas perjudiciales que nos hieren a nosotros mismos y a otros. Todo lo que podemos pensar es aliviar nuestro malestar, y dejar atrás el dolor. La adicción es simplemente otra de las maneras en las que tendemos a huir. Peter Scazzero señala:

> En nuestra cultura, la adicción se ha convertido en la forma más común de lidiar con el dolor. Miramos la televisión incesantemente. Nos mantenemos ocupados corriendo de una actividad a la otra. Trabajamos setenta horas a la semana, sucumbimos a la pornografía, comemos en exceso, bebemos e ingerimos pastillas —cualquier cosa que nos ayude a evitar el dolor. Algunos de nosotros exigimos que alguien o algo (un matrimonio, una pareja

sexual, una familia ideal, los hijos, un logro, una carrera o una iglesia) se lleve la soledad. Desafortunadamente, el resultado de negar o minimizar nuestras heridas durante muchos años es que nos convertimos en menos y menos humanos... caparazones de cristianos vacíos con caritas sonrientes pintadas en el rostro. Para algunos, una pesada y sombría depresión nos cubre, y nos hace casi insensibles a cualquier realidad.[3]

¿Y tú qué?

Así que tengo que preguntar: ¿Qué haces *tú*? ¿Cuál es tu patrón cuando parece que tus sueños no van a convertirse en realidad? ¿Qué ocurre en tu interior cuando sucumbes ante el pánico y comienzas a huir?

¿Comienzas a mentir y a manipular para conseguir lo que necesitas, como hizo David?

¿Recurres a la ira para obtener lo que quieres?

¿Buscas una botella de licor o te tragas algunas pastillas o comes sin parar?

¿Tratas de vengarte?

¿Le das la espalda a Dios?

Más importante, ¿hasta dónde te ha llevado tu huida? ¿Alivió tu dolor, o simplemente empeoró las cosas?

Permíteme contarte cómo termina esta parte de la historia de David. El rey Saúl descubre que David ha estado en Nob. Descubre que Ahimelec alimentó y le proveyó un arma a David. Y Saúl se enfurece. No le importa que David le haya mentido a Ahimelec y que lo haya manipulado. No importa que Ahimelec pensara que David todavía contaba con el favor de Saúl... él sencillamente quería venganza. Así que mandó a matar a Ahimelec. ¡También mató a otros ochenta y cinco sacerdotes en Nob y a todas sus familias!

Y, a fin de cuentas, David es responsable por toda esa matanza. Él lo admite en 1 de Samuel 22. Sí, Saúl era cruel y hasta algo loco. Pero si David no le hubiera mentido a Ahimelec nada de esto habría ocurrido.

Despojado

Me parece que es justo decir que este es uno de los puntos más bajos en la vida de David. Ha sido despojado de casi todo lo que es preciado para él. Como dice Chuck Swindoll:

> David tenía una posición y la perdió. Tenía una esposa y la perdió. Tenía un consejero sabio y lo perdió. Tenía un amigo y lo perdió. Tenía autoestima y la perdió. Igual que a Job, esto le golpeó con una fuerza tal, que su cabeza tiene que haber estado dando vueltas por horas.[4]

He aquí algo que he aprendido de esta página en la vida de David y de mi propia experiencia. Cuando se hace evidente que tus sueños no van a hacerse realidad y sientes que te han despojado de todo, no es tiempo de huir. No es tiempo de tomar las cosas en tus propias manos. Y, definitivamente, no es tiempo de darle la espalda a Dios.

Es aquí cuando necesitas a Dios más que nunca antes. Necesitas depender de él en lugar de huir.

Tal vez tus sueños no se están haciendo realidad, y las cosas no están resultando de la manera en que esperabas, pero eso no significa que tu vida esté fuera de control. Simplemente significa que *tú* no estás en control. Es en esos momentos en los que puedes aprender a confiar en el único que, desde el principio, siempre ha tenido el control.

Ahora bien, nunca te desearía algo así, pero va a llegar un momento en tu vida cuando sientes como que todo lo que tienes comienza a escaparse. Sentirás la tentación de huir, pero mi oración es que perseveres. Porque no importa cómo parezcan las cosas, Dios todavía está contigo. Y las circunstancias van a cambiar, de una manera u otra. Tal vez no de la manera que planificaste. Quizás no de la manera en que asumiste que Dios lo haría. Posiblemente ni siquiera de la forma en que tú esperabas. Sin embargo, vas a ver la mano de Dios en acción, si no en tus circunstancias, entonces ciertamente en tu corazón.

Tal vez tus sueños no se están haciendo realidad,
y las cosas no están resultando de la manera en
que esperabas, pero eso no significa que tu vida
esté fuera de control. Simplemente significa que *tú*
no estás en control.

Le pasó a David. Tomó algo de tiempo, pero eventualmente *sí* llegó a ser rey. Ocurrió después de que comenzó, otra vez, a escuchar a Dios. Aun cuando todavía estaba huyendo físicamente de Saúl, dejó de huir de Dios. Dejó de tratar de provocar que las cosas pasaran y sencillamente comenzó a confiar en aquel que, desde el principio, había puesto estos sueños en su corazón.

Los participantes de los programas «Doce Pasos», con frecuencia comparten un dicho entre ellos: «No te vayas cinco minutos antes de que ocurra el milagro». Dentro del contexto de la sobriedad, esta frase tiene el propósito de alentar a un adicto o a un alcohólico que lucha contra su adicción a que no se rinda ante la tentación pues la ayuda puede estar a sólo unos minutos de que llegue.

C. S. Lewis habló de un principio similar en su clásico *Cartas del diablo a su sobrino*, en las que Escrutopo —un demonio experimentado—, educa a un demonio novato, Orugario, en cómo tentar a un «cliente» humano. En una carta en particular, Escrutopo explica la táctica de usar la fatiga humana durante un tiempo de prueba para persuadir al hombre a que se rinda:

> Diga lo que *diga*, haz que su íntima decisión no sea soportar lo que le caiga, sino soportarlo «por un tiempo razonable»; y haz que el tiempo razonable sea más corto de lo que sea probable que vaya a durar la prueba. No hace falta que sea *mucho* más corto... lo divertido es hacer que el hombre se rinda justo cuando (si lo hubiese sabido) el alivio estaba casi a la vista.[5]

Ahora bien, piensa en esto. ¿Cuántas veces han usado contigo ese mismo truco satánico? ¿Cuántas veces has perdido la oportunidad de ver a

Dios obrando en medio de tu sueño hecho trizas porque perdiste la esperanza en él cinco minutos —o cinco años— muy temprano?

No te estoy culpando por darte por vencido. No te estoy culpando por
ser tentado a huir ni por querer controlar lo que no puedes controlar. Si
estuviera en tus zapatos, tal vez habría hecho lo mismo. En efecto, *he
hecho* lo mismo.

Ocurre muy fácilmente en una crisis. Nuestras pruebas en la vida parecen socavarnos, y nos dejan exhaustos, confundidos y vulnerables. Nos
rendimos ante el hecho de que las cosas son simplemente como son y que
no hay esperanza de que sean distintas. Y cuando nos sentimos desesperanzados, o huimos —tomando las cosas en nuestras propias manos—, o
nos rendimos, en lugar de esperar que Dios actúe.

Si estás pasando por un momento difícil en tu vida, no creas estas
mentiras.

Sé que perseverar no es fácil. Sé que quieres huir. Sé que quieres tratar
de controlar y mantener lo que no puedes controlar ni mantener.

Resiste el impulso.

Trata de apoyarte en Dios en lugar de dejarte llevar por el pánico.

Trata de confiar en él en vez de huir.

Sin importar lo que tus circunstancias actuales te estén diciendo, Dios
está de tu lado. Él está ahí. Está preparando un plan para tu bien.

TRES LA ILUSIÓN DEL CONTROL

¿Recuerdas la primera vez que te percataste de que no estabas en total control de tu vida? Esta es ciertamente una pregunta difícil para mí y para mucha gente.

Pienso que la mayoría de nosotros tiende a ver la vida como a una marioneta. Pensamos que tenemos la vida sujeta de un hilo. Hay un hilo que pasa por nuestras relaciones, y uno que pasa por nuestras finanzas, y uno que pasa por nuestros hijos, y asumimos que podemos hacer que todos hagan lo que nosotros queremos. Asumimos que si trabajamos con suficiente ahínco y si oramos el tiempo suficiente, con el tiempo, seremos capaces de manipular las circunstancias para nuestro beneficio.[1]

El problema es que la vida no funciona así.

La mayor de las ilusiones es la ilusión del control.

Peter Scazzero lo explica de la siguiente manera:

Me gusta el control. Me gusta saber hacia dónde Dios se dirige, exactamente qué está haciendo, la ruta exacta sobre cómo vamos a llegar allí, y exactamente cuándo vamos a llegar. También me gusta recordarle a Dios de su necesidad de comportarse de formas que se ajusten a las claras ideas que tengo de él. Por ejemplo, Dios es sencillamente misericordioso, bueno, sabio, amoroso. Sin embargo, el problema es que Dios va más allá de la comprensión de todos los conceptos que tengo de él. Él es totalmente incomprensible.[1]

Jamás voy a olvidar la primera vez en mi vida de adulto que mi cabeza chocó contra esta dolorosa realidad.

En aquel momento llevaba siete años de casado con mi esposa Brandi. Para ambos, la vida había sido bastante sencilla. Ambos venimos de buenas familias. Ambos hemos sido lo suficientemente bendecidos para tener una buena educación y excelentes trabajos. La vida no era perfecta, pero era bastante buena. Éramos siempre la pareja en los grupos pequeños de oración a la que se le hacía difícil contestar la pregunta «¿En qué puedo ayudarles a orar?» Parecía que siempre estábamos *bien*.

Brandi y yo nos conocimos en la Universidad Western Kentucky, y fuimos novios hasta que ambos nos graduamos en el 1996. Ambos conseguimos los trabajos que queríamos justo después de graduarnos. Pertenecíamos a una magnífica iglesia y teníamos muy buenas amistades. La vida era de ensueño.

La mayor de las ilusiones es la ilusión del control.

Ambos tendemos a ser planificadores —Brandi un poco más que yo— y todos nuestros planes habían salido justo como deseábamos. Habíamos decidido temprano en nuestro matrimonio que queríamos esperar cuatro o cinco años antes de tener a nuestro primer hijo. Todo salió según los planes.

Cuando decidimos que estábamos listos para comenzar una familia, hasta escogimos el mes en el que queríamos concebir, de modo que Brandi pudiera dar a luz en el momento del año que mejor se ajustaba a nuestras agendas. (¡Te dije que ella era una súper planificadora!) Y efectivamente, salió embarazada el primer mes que lo intentamos. Una vez más, fuimos bendecidos, y Brandi dio a luz a nuestro primer hijo, Jett.

Casi dos años más tarde estábamos listos para tratar el bebé número dos, y una vez más, teníamos un plan perfecto. Brandi salió embarazada según lo previsto, y como nuestro primer hijo era varón, todos deseábamos que el segundo bebé fuera una niña. Es gracioso cómo, cuando la vida está marchando según lo planificado, realmente comienzas a creer que puedes controlar detalles como el sexo de tu hijo.

Nuestra primera cita durante el primer trimestre estuvo completamente normal. Todo se veía fantástico. Era demasiado temprano para poder averiguar sobre el sexo, pero todo el mundo hablaba de rosado.

Nuestra siguiente cita no resultó nada de lo que esperábamos. Entramos al mismo cuarto de ultrasonido que habíamos visitado muchas veces antes. Estábamos haciendo chistes sobre la temperatura en el cuarto y comentando que no podíamos esperar para ver a quién se parecía el bebé.

Nunca voy a olvidar el estar sentado frente al monitor, esperando con gran expectativa para ver a este pequeño milagro que se estaba formando en el vientre de mi esposa. Justo como otras veces, de repente, el bebé apareció. Nunca he sido muy bueno en eso de identificar esas imágenes, así que usualmente recurro a la técnica de ultrasonido para que me explique lo que estoy viendo.

Pero la técnica no estaba hablando mucho. Aunque no puedo recordar su nombre, ciertamente nunca voy a olvidar su rostro. Era evidente que estaba preocupada. Algo no estaba bien. Y luego, pronunció aquellas palabras que nos desgarraron: «Lo siento mucho, pero no puedo encontrar los latidos del corazón».

¡No, eso es imposible!, pensé. Así no era que funcionaban las cosas para nosotros. Aquello no estaba en el libreto que estábamos escribiendo que se llamaba «nuestra vida». Tenía que haber un error.

La técnica mandó a buscar al doctor, y recuerdo haber orado: «Señor, por favor. Esto no puede estar pasándonos. Sé que tienes el poder para que el corazón de nuestro bebé comience a latir justo en este momento. Sé que puedes, sólo pestañea y ocurrirá».

Debo haber orado esa oración unas cien veces en los siguientes cinco minutos. Pero nada cambió. El doctor entró y confirmó la sospecha de la técnica. El corazón no estaba latiendo. No había vida.

Aquel día, salimos aturdidos de la oficina del doctor. Para aquel entonces, ya había acompañado a otras personas durante sus tragedias. Pero esto era diferente. Esta era mi realidad.

Se me hacía difícil respirar. Estaba abatido, herido y me sentía extremadamente solo. Mi control ilusorio estaba comenzando a deshacerse.

De buenas a primeras comencé a preguntarme, *¿y ahora qué?*

¿Qué haces cuando sientes que tu control se está escapando?

Una segunda oportunidad

En 2 Samuel 13–16 retomamos la historia de David ya mucho más tarde en su vida. Él ya es rey. Sus hijos ya han crecido, y hay revuelo en su familia. Su hijo mayor es Amnón, y él va a ser el próximo rey. Sin embargo, hay un problema con Amnón. Se ha enamorado —o más bien, desea con lujuria— a su media hermana, Tamar. Y aún en aquellos tiempos, sentir lujuria por tu hermana era algo prohibido.

Un día, Amnón tiene la brillante idea de aparentar que está enfermo para que Tamar lo cuide, y tener la oportunidad de estar a solas con ella. (Me preguntó de quién habrá aprendido a manipular situaciones como estas.) Y tal como lo planificó, Tamar viene a cuidarlo. Y mientras ella está allí, mientras él está aparentando estar enfermo, Amnón la viola. Así es... la viola.

Ahora sí tenemos realmente un problema. Luego de haber arruinado la vida de Tamar, Amnón decide que no quiere nada más con ella. Le dice que no quiere verla nunca más y hace que la corran del palacio. De más está decir que ella se sintió devastada.

Cuando David escucha sobre lo ocurrido, toma la insensata decisión de ignorar toda la situación. (Tal vez David sea un gran hombre de Dios, pero como padre tuvo sus limitaciones, por no decir algo peor.) Sin embargo, David tiene otro hijo, Absalón —hermano de Tamar por parte de padre y de madre— quien no puede ignorar la injusticia. Él espera el momento oportuno, planificando la mejor manera para vengarse de su hermano.

Absalón esperó dos años completos, y entonces organiza una gran fiesta y convida a todos sus hermanos y hermanas. En la fiesta, y enfrente de todo el mundo, se acerca a Amnón y lo mata. Luego, la siguiente semana, todos se presentan en el show de *Jerry Springer* para contar su versión de la historia. Digo, ahora en serio, ¿puedes creer semejante disfunción familiar?

Claro está, la parte de *Jerry Springer* no ocurre, pero sí mucho de lo demás.

Después del asesinato, Absalón se convierte en fugitivo. Así que ahora, David tiene a Tamar, una hija destrozada. Amnón, su primogénito, está muerto. Y Absalón, a quien David ama entrañablemente, es un asesino en fuga.

Pasan muchos años, pero, al fin y al cabo, Absalón regresa a Jerusalén y comienza a servir como juez y consejero a las afueras de la ciudad. La Biblia dice que con el tiempo él comienza a transformar el corazón de la gente. Él es el líder que ellos buscan. David, el rey, está ocupado con todo tipo de asuntos y ya ellos no pueden llegar hasta él, pero Absalón está accesible. Absalón los entiende y los escucha. En sus mentes, él es lo que David solía ser.

Y Absalón, quien todavía está furioso con David por no haber protegido a Tamar, tiene otro plan escondido bajo su manga. Con el corazón del pueblo a su favor, urde un elaborado plan para destronar a David y convertirse en el próximo rey.

Cuando todo se viene abajo

En 2 Samuel 15.13, un mensajero viene a David con la noticia de que la conspiración de Absalón está cobrando fuerza: «El corazón de todo Israel se va tras Absalón», le dijo el mensajero.

Este tiene que ser un momento doloroso para David. Recuerda que él ha pasado toda su vida adulta preparándose y viviendo su sueño de ser rey. Esto es todo lo que conoce. No es sólo lo que hace, sino también lo que él es. Y en una oración de este mensajero, toda su realidad se viene abajo.

Hasta este momento, David se las ha ingeniado para ignorar todas las señales. Hasta este momento, podía tener la esperanza de que algún día él y Absalón pudieran reconciliarse. Hasta este momento, podía tener la esperanza de que su sueño de ser rey no fuera amenazado.

No obstante, ahora tiene a la realidad de frente. En efecto, su hijo le ha declarado la guerra. Su sueño claramente corre peligro y es muy probable que se haga añicos.

¿Recuerdas algún momento como este, cuándo ya no puedes ignorar más la realidad de que lo que has anhelado no va a poder ser?

Este es el momento cuando tu esposa te dice que el matrimonio llegó a su fin y que ella ya llamó al abogado. Cuando el consejero escolar te informa que tu hijo está usando drogas. Cuando el hombre de tus sueños dice que sólo quiere que sean amigos o cuando tu jefe te mira a los ojos y te dice: «No tengo otra opción. Hoy es tu último día». Este es el momento cuando el doctor te dice que no hay nada más que él pueda hacer.

Sólo tengo que imaginarme a David sentado en su trono, en silencio y solo, dejando que estas palabras hagan eco una y otra vez en su mente: *Tu hijo te va a hacer la guerra. Se va a apoderar de tu trono. Tu hijo te va a hacer la guerra. Se va a apoderar de tu trono.* Ya no puede ignorar más la realidad. Tiene que tomar una decisión.

Entonces, ¿qué hace ahora David? ¿Huye del problema como hizo cuando Jonatán le comunicó la noticia de que Saúl quería matarlo? ¿Miente y manipula su escape como intentó años antes cuando su sueño de ser rey fue amenazado? ¿Toma control de la situación y comienza a reunir a sus tropas para resistir a Absalón? Esto fue lo que ocurrió:

> Entonces David dijo a todos sus siervos que estaban con él en Jerusalén: Levantaos y huyamos, porque no podremos escapar delante de Absalón; daos prisa a partir, no sea que apresurándose él nos alcance, y arroje el mal sobre nosotros, y hiera la ciudad a filo de espada. Y los siervos del rey dijeron al rey: He aquí, tus siervos están listos a todo lo que nuestro señor el rey decida (vv. 14-15).

Esta decisión deja pasmadas a las personas que rodean a David. Nunca hubieran esperado que él sencillamente se diera la vuelta. Pensaron que tendrían que prepararse para la pelea. El antiguo David habría comenzado a definir estrategias, a maquinar, a fraguar un plan. Pero en lugar de esto, dice: «Empaquen. Vámonos. Si mi hijo quiere el trono, puede tomarlo».

¿Por qué David estuvo dispuesto a ceder sus derechos a la ciudad? Él realmente no lo explica, pero creo que lo que ocurrió en Nob le impactó mucho. Cientos de personas murieron debido a que él mintió y manipuló la verdad. En su frenético intento por controlar sus circunstancias, David olvidó muchos de sus valores fundamentales. Y no está dispuesto a hacerlo otra vez. Así que, de manera pacífica, abandona la ciudad y la corona en manos de su ambicioso y airado hijo.

Rindiendo el control

Pero la historia no termina aquí.

> Entre ellos se encontraba también Sadoc, con los levitas que llevaban el arca del pacto de Dios. Éstos hicieron descansar el arca en el suelo, y Abiatar ofreció sacrificios hasta que toda la gente terminó de salir de la ciudad. Luego le dijo el rey al sacerdote Sadoc:
> —Devuelve el arca de Dios a la ciudad. Si cuento con el favor del Señor, él hará que yo regrese y vuelva a ver el arca y el lugar donde él reside. Pero si el Señor me hace saber que no le agrado, quedo a su merced y puede hacer conmigo lo que mejor le parezca (vv. 24-26, NVI).

No sé si te percataste de las últimas palabras de David, pero por si acaso, permíteme repetírtelas: «puede hacer conmigo lo que mejor le parezca». Estas palabras representan un cambio monumental en la vida de David.

En este momento, David está haciendo mucho más que entregar su trono. Él está reconociendo específicamente el hecho de que Dios es Dios y que ¡él no lo es! Está reconociendo la realidad de que todo control es simplemente una ilusión y que rendirse a Dios no es sólo la opción apropiada, sino la única opción. Sólo porque no se hará mi voluntad, está diciendo, no significa que no se hará la voluntad de *Dios*. No voy a intentar controlar y mantener lo que no puedo controlar ni mantener. Esta no es la historia que yo escribiría, pero ¡eh!, yo no soy Dios. Voy a abandonar mi sueño, pero no a mi Dios.

La mayor de las ilusiones es la ilusión del control.

Tengo que admitir que todo este concepto de rendir el control es realmente difícil para mí. Desde que era niño he sido muy competitivo. Me gusta ganar. Recuerdo que lloraba cuando me ponchaba jugando béisbol. Y no lloraba porque estuviera triste, ni siquiera avergonzado. Lloraba porque me sentía furioso. Las cosas no habían salido como yo quería que salieran. Todavía hoy día, ya sea que esté trabajando con algo en la iglesia o con herramientas en la casa, me siento muy frustrado cuando no puedo hacer que las cosas salgan como yo quiero.

Y no soy el único. Durante años, he aconsejado a personas que luchan con este asunto del control.

Alguien me dice: «Pete, no entiendo por qué pierdo los estribos cuando estoy trabajando en mi auto o cuando estoy tratando de enganchar un cuadro y no logro que se vea de la forma que quiero». Otra me comenta: «Me cuesta mucho controlarme cuando los niños hacen justo lo opuesto a lo que les digo que hagan». Esposos y esposas me describen la forma en que «estallan» el uno contra el otro por no manejar o hacer las tareas domésticas de la manera «correcta».

¿Sabes por qué estas cosas nos frustran y nos irritan? Son recordatorios de que el control es una ilusión... y no nos gusta que nos lo recuerden. Deseamos controlar los resultados en nuestras vidas. Queremos ganar, si es posible de alguna manera. Queremos estar en lo correcto. Queremos que se haga a nuestra manera. Este poderoso deseo se filtra en nuestros matrimonios, en nuestros trabajos y en nuestro estilo de criar a los hijos.

Y el peligro para la mayoría de nosotros es que no sólo somos tentados a pensar que sujetamos los hilos de nuestra vida, sino que realmente creemos que podemos escribir el guión. Apoyamos la ilusión del control. Nos mantenemos muy bien aferrados a esos hilos de la marioneta. Soltar el control como hizo David es un acto humillante y hasta doloroso.

Humillación en acción

¿No te parece que la vida se las ingenia a veces para humillarnos? Hace poco, durante una visita a una tienda de videos, recibí un recordatorio de esto.

Un poco de trasfondo. Como pastor de una iglesia en crecimiento en Nashville, con frecuencia, personas que me conocen se me acercan en la calle. Muchas son parte de nuestra congregación o personas que han visitado nuestra iglesia. El problema es que me resulta casi imposible reconocer de inmediato a todo el mundo. Si bien es cierto que generalmente aprecio estos breves encuentros y conversaciones, he desarrollado un hábito para evitar la vergüenza de no reconocer a alguien. Usualmente me acerco a las personas con una sonrisa, asumiendo que las conozco.

Recientemente, un domingo en la tarde, manejaba hacia la iglesia para predicar en el servicio de las seis de la tarde. Decidí detenerme en Blockbuster para rentar una película que vería con Brandi más tarde en la noche. Tan pronto entré por la puerta, un amable empleado de Blockbuster me dijo: «¡Hola, Pastor Pete! Realmente disfruté muchísimo el servicio de esta mañana». Le respondí con un agradecimiento amistoso y me aseguré de preguntarle su nombre. Al voltear en la siguiente esquina encontré a otra miembro de la iglesia que me comentó sobre cómo la iglesia había marcado una diferencia en la vida de su familia. Fue maravilloso escuchar esto. Conversamos por unos momentos, luego cada uno siguió buscando su película.

A los pocos minutos, mientras estaba echando un vistazo en la sección de estrenos, una mujer a la que no reconocí se acercó y me dijo: «¡Oiga!». Instintivamente respondí: «Hola, ¿cómo está usted?» y le di un cordial abrazo de saludo. Ella me miró con una expresión del tipo «quién rayos es este individuo», y me dijo: «Simplemente me preguntaba si usted había ya visto esta película».

Decir que me sentí avergonzado y humillado sería quedarme bien corto. ¡Acababa de abrazar a una absoluta desconocida en Blockbuster!

Algunas veces somos humillados de maneras cómicas como esta. En otros momentos, la situación es un poco más dolorosa —tal como ocurre después de que David le cede Jerusalén a su hijo Absalón.

Según 2 Samuel 16, tan pronto el pueblo de David sale de la ciudad, Absalón y sus hombres entran y asumen el control. Absalón toma posesión de todo lo que le pertenece a su padre, incluyendo el trono. Pero eso no es suficiente para el hijo de David, quien decide infligir aún más vergüenza y dolor. Aun cuando David ha abandonado la ciudad pacíficamente, Absalón reúne a su ejército y sale a buscar a David, con la intención de enfrentarlo en batalla.

Ahora bien, lo último que desea David es declarar la guerra contra su hijo, pero Absalón lo está obligando. Y David es un excelente guerrero y un brillante estratega militar. Él se destaca en la batalla aun cuando ha sido obligado a defenderse contra el ejército de su propio hijo.

El ejército de David aplasta al de Absalón.

A Absalón, en contra de la orden de David, lo matan en la batalla.

Y David recupera el trono.

La victoria es agridulce. David solloza de angustia por la muerte de Absalón. No obstante, David todavía es rey. Después de todo, retuvo su trono. Y lo hizo no por manipulación, sino rindiéndose. Tuvo que llegar al punto donde pudo decir: «No es mi sueño, no es la imagen de la forma en que mi vida debe ser, sino tu sueño, Dios».

Tu voluntad, Dios.

Tus opciones

De esto es lo que se trata cuando hablamos de tus sueños destrozados y tus expectativas insatisfechas. Cuando la vida no resulta de la forma en que pensabas que resultaría, puede que pienses que estás perdiendo el control. Pero la verdad es que, para empezar, nunca has tenido el control. Lo único que controlas es cómo respondes ante tus desilusiones y a tus obstáculos inesperados. Y aquí tienes algunas opciones.

Puedes permitir que el río del miedo, la ira y la desilusión sencillamente ruja. Sin embargo, necesitas saber que la ira va a afectar cada relación que toques, cada trabajo que tengas y cada plan que sueñes.

Es simplemente la forma en que funciona esto. El miedo, la ira y la desilusión que acumulas en la universidad, los traes al matrimonio. El miedo, la ira y la desilusión que acumulas en tu matrimonio, los traes a tu profesión. El miedo, la ira y la desilusión que acumulas en tu profesión, los traes a tu manera de criar a tus hijos.

Todos hemos conocido a individuos que viven amargados el resto de sus vidas a raíz de una experiencia personal que no resultó de la manera en que ellos querían. Nunca manejaron el dolor y continúan infligiendo turbulencia emocional a ellos mismos y a los demás.

Por lo tanto, esa probablemente no es la mejor opción. Sin embargo, ciertamente es una opción.

Otra posibilidad es seguir intentándolo con más y más ahínco. Puedes voltear tu mundo al revés tratando de que ocurra lo que deseas. Puedes seguir tratando con más insistencia en resolver tus problemas, y desgastarte en el intento de seguir sujetando esos hilos de marioneta. Pero la verdad es que puedes halar y tirar, tirar y halar, y aún así ver tus sueños disolverse frente a tus ojos, y tal vez acompañados de algunas de tus relaciones más preciadas.

No obstante, todavía tienes otra alternativa.

Puedes llegar al punto donde digas: «No mi voluntad, sino tu voluntad. No tengo el control. Lo tienes tú».

Si puedes hacer esto, si puedes soltar los hilos de marioneta en las manos de alguien que realmente sabe lo que está haciendo, vas a tener una mejor posibilidad de sobrevivir a tus sueños destrozados.

Si puedes soltar los hilos de marioneta en las manos de alguien que realmente sabe lo que está haciendo, vas a tener una mejor posibilidad de sobrevivir a tus sueños destrozados.

Sin palabras

Aprendí un poco de eso en los días y en las semanas que siguieron a nuestro aborto espontáneo. Aquellos fueron tiempos difíciles para Brandi y para mí. Como pastor, siempre he sentido la presión de explicar y asegurarle a la gente que Dios tiene un plan. Sin embargo, no podía ver cómo Dios podía obrar a través de nuestra situación. Descubrí que es mucho más fácil aconsejar a alguien cómo salir de la depresión que salir tú mismo de ella.

Fue la primera vez en mi vida que no me sentí capaz de orar. Lo intenté. Simplemente no había palabras, no existía conexión.

Durante este tiempo, me familiaricé personalmente con Romanos 8.25-26: «Pero si esperamos lo que no vemos, con paciencia lo aguardamos. Y de igual manera el Espíritu nos ayuda en nuestra debilidad; pues qué hemos de pedir como conviene, no lo sabemos, pero el Espíritu mismo intercede por nosotros con gemidos indecibles».

Recuerdo haber pensado: *Espíritu, necesito que ores por mí. Mientras sufro por mi pérdida, ora tú. Mientras anhelo que todo sea diferente, ora tú. Mientras espero por la esperanza, ora tú... porque yo simplemente no puedo.*

Tomó algo de tiempo. Pero cuando miro hacia atrás, puedo ver que fue justo en ese acto de decir «no puedo» donde comencé a sanar. Estaba haciendo lo que siempre he detestado hacer... estaba soltando los hilos, estaba, finalmente, cediendo el control. Y en el proceso, le estaba dando permiso a Dios para obrar en mi vida.

Sospecho que esa es la belleza real de rendirse. Ceder el control es difícil y hasta doloroso, pero crea el espacio para que Dios obre, sanándonos del dolor pasado y ayudándonos a seguir adelante, con la esperanza de que sea hacia un nuevo futuro.

Conforme a tu palabra

Posiblemente has escuchado la poderosa historia con la que comienza el libro de Lucas. Es la historia sobre un ángel que trae un mensaje a una jovencita del pueblo de Nazaret. Su nombre es María.

El ángel revela unas noticias asombrosas, increíbles, y probablemente aterradoras. Aunque María es virgen, el Espíritu Santo vendrá a ella y quedará embarazada. Ella tendrá un hijo llamado Jesús, quien realmente será el Hijo de Dios. Y lo que es más, la prima de María, Elisabet, quien es estéril y ya ha pasado por mucho la edad para tener hijos, está en su sexto mes de embarazo.

De más está decir, María se siente sobrecogida por lo que dice el ángel. Apenas sabe qué pensar. Tiene un millón de preguntas. Quedar embarazada y dar a luz al Hijo de Dios no es exactamente la vida que ella había planificado. ¡Esto sí es hablar de un cambio de dirección!

Sin embargo, esto es lo que María responde ante las noticias del ángel: «He aquí la sierva del Señor; hágase conmigo conforme a tu palabra» (Lucas 1.38).

¿Entendiste bien?

María dice «hágase conmigo conforme a tu palabra». Y estas sencillas palabras la conducen a un tiempo de milagros.

Con esas palabras, ella suelta su plan, su manera, sus sueños, sus expectativas y su voluntad... y abre un canal para que Dios cambie el mundo.

Y este es apenas el comienzo.

María sí da a luz a Jesús, quien unos treinta y tres años más tarde va a susurrar unas palabras muy similares a su Padre Dios en el huerto de Getsemaní. Mientras encara el máximo Plan B y se está preguntando si existe otra alternativa, aún así ora su voluntad para rendir el control: «Padre mío, si no puede pasar de mí esta copa sin que yo la beba, hágase tu voluntad» (Mateo 26.42).

En otras palabras, que sea como tú quieras.

Y simplemente tienes que ver lo que Dios puede hacer cuando le damos espacio para obrar.

CUATRO TU JORDÁN

Una de las características que he notado de las situaciones Plan B en mi vida es que con frecuencia exigen de mí más de lo que pienso que tengo.

Cuando lo piensas bien, esto parece tener sentido. Generalmente, cuando hacemos planes y soñamos sueños, recurrimos a nuestros talentos, nuestras destrezas, nuestra educación. Nos inclinamos hacia nuestras preferencias y nuestras zonas de comodidad.

El Plan A nos parece perfecto. El Plan B, por definición, parece más difícil y mucho menos atractivo.

Pero, si bien es cierto que nunca le desearía a nadie un sueño destrozado ni una desilusión devastadora, he descubierto que los Plan B tienen también un lado positivo. Casi siempre nos conceden la oportunidad de esforzarnos y de acercarnos más a Dios.

El otro día desayuné con Will. Él es un estupendo hombre de negocios con mucha iniciativa empresarial. Ya ha ganado más dinero del que la mayoría de nosotros jamás verá en el transcurso de nuestras vidas.

Un par de años atrás, Will tenía lo que muchos de nosotros consideraríamos una vida perfecta: una linda esposa, tres hijos adorables y había levantado una compañía multimillonaria que se preparaba para vender. Entonces un día, dos semanas antes de finalizar la venta de la compañía, Will entró en su dormitorio y oyó sin querer a su esposa hablando por teléfono. Ella le estaba diciendo a su madre que planificaba abandonarlo en el transcurso de las próximas semanas.

Esto tomó a Will completamente por sorpresa. No tenía idea de que ella se sintiera infeliz, ni idea de que se estuviera preparando para abandonar el matrimonio de doce años. Y tampoco nunca había sospechado las circunstancias que motivaban las decisiones de ella. Aparentemente, la esposa de Will estaba involucrada en una aventura amorosa y vio la venta como la oportunidad perfecta para hacer su movida y obtener la máxima ventaja financiera.

De repente, Will estaba encarando una situación distinta a cualquier otra que antes hubiera enfrentado. Él sabía cómo comenzar desde cero una empresa. Tenía el talento para hacer dinero. Sin embargo, lidiar con un sueño destrozado e inesperado de esta magnitud estaba mucho más allá de su experiencia y su juego de destrezas, y no tenía idea de cuál sería su próximo paso.

La vida puede tornarse muy dura cuando, de repente, te halan la alfombra de abajo de tus pies.

La promesa

Hay un tipo en el Antiguo Testamento llamado Josué que se encontró en una de esas situaciones en las que tenía un plan en su cabeza y Dios lo llevó en una dirección totalmente distinta.

Permíteme ponerte al día en lo que está pasando al momento en que conocemos a Josué en la Biblia. Él es un hebreo viviendo en el desierto. La generación de sus padres fue la que Dios liberó de la esclavitud en Egipto. Bajo el liderazgo de Moisés, ellos peregrinaron hacia la tierra prometida, hacia el lugar de libertad y abundancia que Dios les dijo que les llevaría. En algún punto de la jornada, Josué se convirtió en el asistente de Moisés. Y, de hecho, llegaron a las orillas del río Jordán, el límite de la tierra prometida.

Pero entonces algo salió mal. Los hebreos erraron algunos tiros —por decirlo de alguna manera—, en los que tuvieron la oportunidad de entrar en la tierra prometida y sencillamente no lograron hacerlo. El miedo a lo desconocido evitó que se dieran cuenta de todo lo que Dios tenía para ellos.

Así que durante años deambularon, echando sólo un vistazo a la vida a la que Dios les había llamado, pero incapaces de sacar provecho de ella.

Durante su peregrinar, los israelitas se quejaron regularmente de que Dios no era suficiente. No creían que Dios realmente los capacitaría para hacer lo que él les estaba llamando a hacer. Refunfuñaban constantemente y vivían con miedo. (Estoy seguro que nada de esto te suena familiar.) Mientras tanto, la primera generación de israelitas que había salido de Egipto se estaba muriendo.

Entonces murió Moisés. El bastón del liderazgo pasó a Josué. Dios le dijo a Josué que ya era tiempo de comenzar a moverse. Y aquí es donde lo encontramos al comienzo de esta historia. Es suya la responsabilidad de finalmente llevar al pueblo de Dios a entrar en la tierra prometida.

Mientras Josué y la nueva generación de israelitas se encuentran en la ribera del Jordán, Dios tiene unas palabras importantes para ellos:

Aconteció después de la muerte de Moisés, siervo de Jehová, que Jehová habló a Josué hijo de Nun, servidor de Moisés, y le dijo: «Mi siervo Moisés ha muerto. Ahora, pues, levántate y pasa este Jordán, tú y todo este pueblo, hacia la tierra que yo les doy a los hijos de Israel. Yo os he entregado, tal como lo dije a Moisés, todos los lugares que pisen las plantas de vuestros pies. Desde el desierto y el Líbano hasta el gran río Éufrates, toda la tierra de los heteos hasta el Mar Grande donde se pone el sol, será vuestro territorio. Nadie podrá hacerte frente en todos los días de tu vida: como estuve con Moisés, estaré contigo; no te dejaré ni te desampararé. Esfuérzate y sé valiente, porque tú repartirás a este pueblo como heredad la tierra que juré dar a sus padres. Solamente esfuérzate y sé muy valiente, cuidando de obrar conforme a toda la Ley que mi siervo Moisés te mandó; no te apartes de ella ni a la derecha ni a la izquierda, para que seas prosperado en todas las cosas que emprendas. Nunca se apartará de tu boca este libro de la Ley, sino que de día y de noche meditarás en él, para que guardes y hagas conforme a todo lo que está escrito en él, porque entonces harás prosperar tu camino y todo te saldrá bien. Mira que te mando que te esfuerces y seas valiente; no temas ni desmayes, porque Jehová, tu Dios, estará contigo dondequiera que vayas» (Josué 1.1-9).

Tengo que asumir que Josué está preparado para dirigir al pueblo. Él pasó décadas como ayudante de Moisés, entrenando para este momento. Así que nada de lo que Dios le está diciendo aquí es realmente nuevo para él. Dios simplemente le está dando una pequeña charla motivacional antes del partido: «Josué, sólo recuerda lo que ya sabes. Sé fuerte. Sé valiente. Y, no importa lo que hagas, no olvides que yo estoy contigo».

Y por último, Dios le hace una promesa a toda la nación: «Si confías en mí, si me sigues, estaré contigo. Todo lugar que pises en esa tierra, ya habré ido delante de ti. Mi poder estará disponible para ti. No te vas a encargar del resto de tu vida apoyándote sólo en el poder de tus propios recursos».

La prueba

Esa es una gran promesa. Josué y los israelitas debieron haberla encontrado extremadamente alentadora. Pero entonces, apenas dos capítulos más adelante, Dios le da a Josué algunas instrucciones que van a poner a prueba esta promesa:

> Tomad, pues, ahora doce hombres de las tribus de Israel, uno de cada tribu. Y cuando las plantas de los pies de los sacerdotes que llevan el Arca de Jehová, Señor de toda la tierra, se mojen en las aguas del Jordán, las aguas del Jordán se dividirán, porque las aguas que vienen de arriba se detendrán formando un muro. (Josué 3.12-13)

Casi que puedo escuchar la conversación mental en la cabeza de Josué: *Dios, ¿quieres que haga qué? ¿Quieres que cruce qué? Acabo de asumir el mando, ¿y ahora quieres que convenza al pueblo de que es una buena idea que cruce el Jordán? Cuando nos prometiste la victoria, no pensé que incluiría algo como esto.*

Pero esas son las instrucciones. Dios explica en detalle y con claridad cuál es el siguiente paso que deben dar Josué y su pueblo.

Lo que ocurre después se convertirá en un momento definitorio en la vida de Josué.

En algún momento todos llegaremos a este punto de decisión. No obstante, para entender exactamente qué tan inmensa es esta decisión para Josué, creo que es útil entender un poco sobre el Jordán, un río muy importante en la vida de Israel.

En realidad, el Jordán comienza cerca del monte Hermón, y baja hasta el Mar de Galilea, y sigue hasta el Mar Muerto. El monte Hermón, donde comienza, tiene una elevación de aproximadamente dos mil trescientos metros. Es bastante alto. El Mar Muerto es el cuerpo de agua más bajo en la tierra, casi mil trescientos pies por debajo del nivel del mar. Así que el Jordán tiene un descenso bastante extenso para llegar a su destino. Su nombre hebreo, *Yardén*, realmente se deriva de la palabra *yarád*, que significa «que desciende».[1]

¿Cuál es tu río Jordán? ¿Cuál es tu situación Plan B? ¿Dónde te está pidiendo Dios que des un paso aparentemente imposible, un paso de fe?

Para el pueblo de Josué, el río Jordán marca un límite tanto literal como simbólico. Es lo que se interpone entre ellos, de este lado, y la vida, la tierra a la que Dios les está llamando. Es algo que tienen que atravesar para así alcanzar el futuro que les ha sido prometido.

No obstante, aquí es donde las cosas comienzan a ponerse algo interesante. Josué 3.15 nos dice que para el momento en que Dios da sus instrucciones, el Jordán «suele desbordarse por todas sus orillas». Supongo que esto significa que toda el agua de las montañas está precipitándose a cántaros en su largo descenso, llenando el lecho del río con aguas muy profundas y vertiginosas. Se están desbordando sus orillas. No hay puente. No hay botes —y de todos modos, el agua probablemente arrastraría cualquier bote. Y Dios le está diciendo a Josué que simplemente levante el arca del pacto y se meta en la corriente.

Esto es Plan B en su máxima expresión. El Plan A era sólo «crucemos el río»; no era realmente fácil, pero por lo menos es posible. Puede lograrse. Pero el Plan B no se ve muy atractivo. De hecho, parece total y absoluto suicidio.

Pero ese es el punto. Porque el Plan B nos obliga a depender de un poder más allá de nosotros mismos.

Con eso era realmente con lo que estaban lidiando Josué y los israelitas. Lo que sería sumamente difícil, ahora se había convertido en algo aparentemente imposible. Habían llegado hasta aquí, la tierra prometida está justo al otro lado del Jordán y no hay manera de cruzar. Y ellos se preguntaban qué rayos había hecho Josué.

¿Qué rayos había hecho Dios?

Recuerdo haber hablado con Will sobre las semanas que siguieron a la partida de su esposa. Él se describe a sí mismo como un «desastre», y con mucha razón. Él dice que clamó a Dios noche tras noche, rogándole por otra salida. Dice que le preguntaba a Dios una y otra vez qué había hecho mal. Estaba lleno de ira, dolor y preguntas, entre ellas: «¿Por qué Dios me está castigando?» y «¿Por qué Dios me abandonó?»

Más adelante Will se daría cuenta que Dios estaba con él. Dios no lo había abandonado. Will simplemente no podía sentir la presencia de Dios porque se enfrentaba a una de las barreras emocionales más grandes de su vida. Una que exigiría que confiara en algo más allá de su propia capacidad.

Igual que Josué, Will estaba enfrentando su propio río Jordán.

Un paso

¿Qué ocurre luego con Josué?

Esto puede ser difícil de creer, pero aun cuando él y su pueblo encaraban una barrera aparentemente imposible, estaban justo donde Dios quería que estuvieran.

¿Recuerdas las instrucciones? Dios ha dicho: «Voy a hacer un camino. Les voy a permitir que crucen el río Jordán. Quiero que desciendan y que pongan un pie en el Jordán y, cuando lo hagan, les cruzaré de manera segura».

Así que imagínate a los israelitas acercándose al río desbordante, dirigidos por un grupo de sacerdotes que están cargando el arca del pacto —el símbolo de la presencia de Dios que ellos han estado cargando en el desierto durante todas sus vidas. Estoy seguro que hubo algunos días en los que los sacerdotes pelearon sobre quién debía ir delante, pero hoy no. Van caminando justo hacia una trampa mortal.

Ahora bien, tienes que entender que Dios le está enseñando a su pueblo una enorme lección. (Recuerda, es una prueba.)

Israel está enfrentando un obstáculo, una barrera, un Plan B particularmente aterrador. Tienen que atravesar el Jordán para alcanzar la vida que Dios tiene para ellos. Y Dios ha prometido que su poder es suficiente para que ocurra. Dios los liberará. Dios hará un camino.

Pero (y este es un pero enorme), ellos tienen que dar el primer paso. No verán el poder de Dios, no experimentarán su fidelidad, hasta que se mojen los pies.

Dios les dice: «Quiero que primero pongan un pie en el Jordán y luego me verán obrar». Él le está enseñando a su pueblo cómo funciona la confianza.

Y he aquí lo que ocurrió:

> Cuando los que llevaban el arca entraron en el Jordán, y los pies de los sacerdotes que llevaban el arca fueron mojados a la orilla del agua (porque el Jordán suele desbordarse por todas sus orillas todo el tiempo de la siega), las aguas que venían de arriba se detuvieron como en un montón bien lejos de la ciudad. (Josué 3.15-16)

¿Lo ves? Dios le está enseñando a su pueblo: tengo muchísimo poder y quiero manifestarlo en sus vidas. Pero, si quieres ver mi poder, tienes que arriesgarte. Tienes que dar el paso. Tienes que aceptar el riesgo espiritual de confiar primero en mí.

También es una lección para nosotros. Tenemos que aceptar ese riesgo si queremos vivir la clase de vida que Dios nos ha llamado a vivir, de ser el pueblo que Dios soñó cuando pensó en nuestra existencia. Nos perdemos muchísimo de la vida que él diseñó para nosotros porque hacemos el voto inconsciente de que sólo vamos a confiar en nosotros mismos y en las cosas que pensamos que podemos controlar.

¿Sabes? Esto realmente no se trata de Josué. Ni se trata de Will. Se trata de ti.

¿Cuál es tu río Jordán? ¿Cuál es tu situación Plan B? ¿Dónde te está pidiendo Dios que des un paso aparentemente imposible, un paso de fe?

Puesto que esto es lo que sé: todo el mundo enfrenta un Jordán. Cada uno de nosotros enfrenta una barrera que nos separa de la vida que Dios tiene para nosotros.

¿Cuál es tu Jordán?

En mayo del 2009 participé como orador en una conferencia sobre misiones en la República Dominicana. Era esencialmente una reunión de pastores de toda la República Dominicana y Haití. Durante el día, tuvimos algo de tiempo libre. Así que me fui a la playa con Ryan Bult, el pastor a cargo de misiones en nuestra iglesia, quien viajaba conmigo.

Aquella playa era preciosa: arena blanca, olas azules, una brisa suave y un sol radiante. Mientras estábamos allí, simplemente deleitándonos en la belleza del lugar, nos percatamos de una mujer que estaba sentada a nuestro lado. Ella estaba leyendo *La Cabaña*, el popular libro de William P. Young. Aunque no había leído el libro (creo que tal vez soy el único cristiano que no lo ha hecho), sentí el impulso de preguntarle sobre él. Y aquello resultó ser una absoluta movida de Dios. Nos dijo que su nombre era Karla y que una amiga la había enviado a la República Dominicana con aquel libro para ayudarla a encontrar sanidad. Entonces comenzó a contarnos su devastadora historia.

Karla había crecido en la iglesia, pero su experiencia allí había sido una pesadilla para ella. Por casi siete años, desde que tenía diez u once años, su pastor había abusado sexualmente de ella. El abuso terminó cuando cumplió diecisiete años. Para entonces, ya ella había tomado la decisión de darle la espalda a Dios, a quien hacía responsable por todo lo que había ocurrido. Nunca le contó a nadie sobre el abuso. Y por cuarenta años aquello siguió haciendo mella en su vida. Afectó su matrimonio, la relación con sus hijos, su habilidad para hacer buenos amigos y hasta para conservar un empleo. Todavía estaba atrapada en un ciclo horrible de autodesprecio, baja autoestima, rencor y rabia.

Jamás olvidaré lo que me dijo allí en aquella playa. Karla me miró a los ojos y me preguntó: «Pete, ¿realmente crees que hay un Dios amoroso en el cielo? Y si lo crees, ¿cómo reconcilias el hecho de que él permitió que esto me ocurriera? ¡No puedo creer en ese tipo de Dios!»

Como ya he dicho antes, no tengo una respuesta fácil para esa pregunta. Así que todo lo que podía hacer era escuchar. Todo lo que podía hacer era prestarle atención.

Ryan y yo pasamos las siguientes cuarenta y ocho horas con Karla... escuchando, hablando, llorando juntos y orando. Mucho de nuestro enfoque se concentró en su necesidad de perdonar al hombre que había abusado de ella por tantos años. Ella no quería hacerlo. No creía que podía hacerlo. Comencé a darme cuenta que Karla no podía dejar de odiarlo porque sentía que si lo hacía, él «quedaría impune» de todas las cosas horribles que le había hecho. Ella sentía que, de alguna manera, lo estaba castigando aferrándose a la ira que sentía hacia él. Y, sin embargo, a la única persona a la que en realidad estaba lastimando era a ella misma. Estaba permitiéndole a su abusador que continuara controlándola.

Existe todo un surtido de situaciones Plan B que pueden ser un terreno fértil para el odio y el rencor. Puede que estén enfocados hacia Dios, o pudieran estar dirigidos a alguien más, a alguien a quien culpamos por nuestros sueños hechos trizas. De cualquier manera, la realidad es que el odio y el rencor son ambos venenos para la obra redentora que Dios quiere hacer en nuestras vidas y a través de ellas. Y la única manera que conozco para extraer el veneno es por medio del perdón.

En aquel punto, el perdón se había convertido en el Jordán de Karla. Era su barrera, eso por lo que no podía armarse de valor para tener fe y confiarle a Dios. Y aquello, a su vez, evitaba que fuera la esposa, la madre y la mujer para la que Dios la había creado.

El poder de Dios generalmente se libera
cuando alguien confía en él lo suficiente
como para obedecerle.

Nunca voy a olvidar cuando la vi comenzar el proceso de perdón aquel mismo fin de semana. Podías literalmente ver un cambio en su apariencia física, parecía como si le hubieran quitado un peso de encima. Estaba empezando a confiar una vez más en un Dios amoroso. Estaba dando pasos de fe y comenzando a liberarse de lo que la había oprimido por tantas décadas.

Uno de los momentos más sublimes en toda mi vida ministerial ocurrió mientras estaba parado en un círculo en aquella playa dominicana, tomado de las manos con Karla, Ryan y Moise, un pastor dominicano. Ryan y yo nos habíamos estado preparando para nuestro viaje de regreso, cuando Karla nos preguntó si podíamos orar juntos. (Ella no había orado en voz alta nunca en su vida.) Así que me quedé allí parado, tomado de la mano con ella y mis amigos, mientras ella, con lágrimas en los ojos, le pedía a Dios que la ayudara a comenzar a perdonar al hombre que la había atormentado por tantos años. Karla estaba poniendo el pie en su Jordán. Y la inundación ya estaba empezando a retroceder.

Así que te pregunto otra vez: ¿cuál es tu Jordán? ¿Cuál es tu barrera? ¿Qué te está alejando del futuro que Dios tiene para ti?

¿Es una relación que se está deshaciendo?

¿Una adicción que pareces no poder conquistar?

¿Un agujero financiero del que sientes que nunca vas a poder salir?

¿Dónde es que estás pasando apuros para confiar en Dios?

Pienso que las palabras de Dios a Josué mientras estaba parado frente al Jordán son también para cada uno de nosotros. Dios dice: «Ya voy delante de ti. Voy a estar contigo en cada paso que des; ya he ocupado la tierra. Pero tú tienes que decidir». Y como meterte en el Jordán, cualquiera que sea tu Jordán, siempre envuelve vencer el miedo, Dios sigue repitiendo lo que le dijo a Josué una y otra vez:

«No temas».

«No temas».

«No temas».

La lección

Dios le estaba diciendo esto mismo a Will, pero le tomó algo de tiempo oírlo.

Pasó las semanas que siguieron a la partida de su esposa sintiendo que no podría nunca pararse de la cama. Durante los siguientes meses se la pasó preguntándose si valía la pena vivir. Sin embargo, en aquellas semanas y meses de dolor, Dios estaba comenzando a obrar en la vida de Will, y lo llevó a las orillas de su propio Jordán. Se dio cuenta que no podía vivir por cuenta propia. Su perspicacia para los negocios y su asombroso éxito no serían suficientes para hacer funcionar su vida. Tenía que asumir el riesgo espiritual, comenzar a confiar realmente en Cristo, aun a pesar de su propio instinto. Tenía que meterse en el agua.

Y cuando lo hizo, aprendió la lección que Josué y su pueblo también tuvieron que aprender: que el poder de Dios generalmente se libera cuando alguien confía en él lo suficiente como para obedecerle.

¿Te diste cuenta que Dios no dividió el agua hasta que el sacerdote no puso su pie en ella? ¿Y acaso no detestas hacer eso?

Digo, seamos sinceros. No *quiero* tener que esperar hasta recorrer todo el camino hasta el río para que se manifieste el poder de Dios. No *quiero* tener que meter mi pie en el agua. Quiero el poder de Dios cuando todavía estoy a cincuenta metros de distancia. O mejor aun, antes de que si quiera decida moverme. Prefiero estar seguro.

Pero sencillamente así no es que funciona con la fe. Tenemos que movernos antes de estar seguros. Tenemos que entrar en la crecida mientras todavía las aguas rugen a nuestro alrededor. Y hacer esto exige valor.

La pregunta del millón de dólares

Por lo tanto, ¿de dónde viene el valor? Esa es la pregunta del millón de dólares, ¿cierto? ¿Cómo se las arregló Josué para «esforzarse y ser valiente» lo suficiente como para creerle a Dios? ¿Por qué fue capaz de creer cuando mucha otra gente no pudo?

Quiero mostrarte algo que muy pocas personas notan en la Biblia. Y este es el secreto que necesitas conocer si quieres ser el tipo de persona que puede realmente confiar en Dios en tus Plan B. Es lo que necesitas si quieres ser el tipo de persona que se atreve a dar un paso de fe cuando todo es incierto y toda la lógica te dice: «¡No lo hagas!»

Para verlo, tenemos que ir hacia atrás, hasta el libro de Éxodo, unos cuarenta y cinco años antes de que Josué enfrentara su Jordán. Los hijos de Israel todavía estaban viviendo en el desierto, y Moisés los dirigía. Y esto fue lo que ocurrió:

> Y Moisés tomó el tabernáculo, y lo levantó lejos, fuera del campamento, y lo llamó el Tabernáculo de Reunión. Y cualquiera que buscaba a Jehová, salía al tabernáculo de reunión que estaba fuera del campamento. Y sucedía que cuando salía Moisés al tabernáculo, todo el pueblo se levantaba, y cada cual estaba en pie a la puerta de su tienda, y miraban en pos de Moisés, hasta que él entraba en el tabernáculo. Y hablaba Jehová a Moisés cara a cara, como habla cualquiera a su compañero. Y él volvía al campamento; pero el joven Josué hijo de Nun, su servidor, nunca se apartaba de en medio del tabernáculo. (Éxodo 33.7-8, 11)

Nota cuidadosamente este último y pequeño detalle. Antes de llegar a ser el líder de su pueblo, mucho antes de pararse frente al Jordán, Josué pasó mucho tiempo cara a cara con Dios. Por eso fue capaz de confiar en Dios cuando otros no pudieron. Por eso fue capaz de dar un paso al frente con valentía cuando otros están en retirada.

Él había descubierto la verdad que marca toda la diferencia: el contacto constante con el Creador es esencial para una vida transformada. Si deseas una fe suficiente para vivir la vida que Dios te ha llamado a vivir, el tiempo con Dios es simplemente vital. Y esto se aplica doblemente cuando estás encarando un Plan B.

El contacto constante con el Creador es esencial
para una vida transformada.

Es muy fácil caer en la trampa de asumir que algunas personas son simplemente más confiadas que otras. Que algunas personas pueden confiar en Dios en medio de las dificultades, y que otras no. Realmente no creo esto. Pienso que es una forma de evadir el problema, para la mayoría de nosotros, nada más que una excusa.

Lo que pasa es que confiar requiere práctica. Funciona mejor en el contexto de una relación previa. (¿Acaso no es más fácil confiar en alguien que conoces?) Y aunque es posible armarse de fe en medio del estrés de un Plan B, es mucho más sabio asentar el fundamento con antelación.

Cuando hemos tomado el tiempo para entender el carácter de Dios, la fe llega más fácil.

Cuando hemos experimentado su fidelidad, es más fácil ser valiente.

Y mientras más tiempo pasamos en su compañía, más listos estamos para dar un paso al frente cuando él dice que llegó el momento.

Listos... ¡ahora!

Este verano taché otra cosa más de mi «cubo de los deseos» —mi lista mental de las cosas que quiero hacer antes de morir. Fui a surfear con mis dos hijos mayores. La pasé de lo lindo allá afuera en las olas aprendiendo a surfear. Y la pasé aun mejor ayudando a los chicos a aprender cómo hacerlo.

Nos tomó algo de tiempo «cogerle el truco». Pero eventualmente descubrimos que lo más importante en el *surf* es aprovechar el momento oportuno.

Si nos adelantábamos demasiado a la ola, nos pasaría por encima y se esfumaría. Si esperábamos mucho tiempo para ganar el impulso necesario, podíamos perder una ola increíble que nos llevaría hasta la orilla. El éxito para nosotros dependía completamente de observar, estar listos y saber exactamente cuándo empezar a movernos sobre la tabla.

Los chicos tuvieron el mayor éxito cuando yo vigilaba por ellos. Así ellos estarían listos para comenzar a moverse, y yo estaría esperando la ola perfecta para ellos. Cuando la veía, les gritaba: «¡Listos! ¡Ahora! ¡Comiencen a moverse!» y ellos salían disparados.

De inmediato se hizo evidente que dos cosas eran esenciales para que los chicos pudieran surfear una ola exitosamente.

Primero, tenían que estar listos. Tenían que estar en la posición apropiada sobre la tabla y mirándome, listos para comenzar a moverse cuando les indicara.

Y segundo, tenían que confiar en mí para señalarles el momento oportuno. Tenían que esperar hasta que les dijera «¡ahora!» Y cuando lo decía, tenían que comenzar a «remar». No podían dudar ni un segundo.

Y ese es otro secreto sobre fe, valor y confianza en Dios en nuestros Plan B. Hay un tiempo justo y oportuno... ¡el tiempo oportuno de Dios!

Ha habido momentos en mi vida en los que Dios me ha presentado oportunidades maravillosas, oportunidades que pudieran llevarme más allá de mis desilusiones y frustraciones hasta alcanzar una nueva manera de vivir. Pero simplemente no estaba listo para moverme. No estaba prestando atención. Mis pensamientos y mi enfoque estaban en otra parte. Así que perdí la ola.

Ha habido otros momentos en los que estaba listo, pero demasiado ansioso. No estaba dispuesto a esperar el tiempo oportuno de Dios. Así que tomé las cosas en mis propias manos, me adelanté demasiado y me caí.

Estoy aprendiendo más y más que si quiero la ayuda de Dios en mi vida, necesito estar listo para lo que él va a hacer. Tengo que estar dispuesto a esperar por su señal. Y cuando él dice «ahora», mejor es que comience a moverme.

Esto es algo muy bueno para tener en mente en esos momentos en los que estás nadando en frustración y desilusión, tratando de hacerle frente a la pérdida de tus sueños.

Puede que te sientas aterrado. Tal vez estés deprimido y agobiado. Tal vez estás vagando sin dirección, sin saber qué hacer ahora. Sin embargo, ahora es el momento de observar y esperar por lo que Dios va a hacer.

Porque el Salmo 31.15 nos recuerda que nuestra vida y nuestros tiempos están en las manos de Dios. Y cuando él dice ahora, es tiempo de moverse.

Cuando sientas que es el momento oportuno, espero que confíes en su voz.

¡Es posible que descubras que el Plan B resulta ser la «surfeada» de tu vida!

CINCO **PARALIZADOS**

Como pastor, tengo la oportunidad de pasar mucho tiempo con personas que están enfrentando sus Plan B. Me resulta fascinante ver las maneras en las que reaccionan. Sin embargo, la palabra que mejor describe una de las respuestas más comunes que veo es *paralizados*.

Las personas que viven en medio de un Plan B con frecuencia tienen una mirada parecida a la de un ciervo cuando lo alumbras con las luces delanteras de tu auto. Tal vez esta es la primera vez, o la primera vez en mucho tiempo, en la que confrontan una situación que está completamente fuera de su control. Así que están pasmadas de miedo, incapacitadas por la preocupación y tan ansiosas por lo que ha pasado, y por lo que posiblemente ocurrirá luego, que no pueden tomar una decisión ni hacer ningún cambio. A veces, apenas pueden respirar.

El miedo, por supuesto, es una experiencia universal del ser humano, y no se limita a las experiencias Plan B. Por lo que sé, los expertos están en desacuerdo sobre si realmente nacemos sintiendo miedo por algo. Algunos dicen que nacemos con el miedo a caernos y el miedo al ruido. Otros añaden a la lista el miedo al abandono y hasta el miedo a las serpientes (¡estoy casi seguro que yo nací con este miedo!) Otros niegan que cualquiera de estos miedos sea innato, e insisten que todos los miedos son aprendidos.

Pero no parece haber mucho desacuerdo sobre el hecho de que venimos a este mundo con la *capacidad* de sentir miedo. Y la mayoría de nosotros comienza a desarrollar temores a una edad temprana.

¿Le tienes miedo a la oscuridad? Puedo recordar cómo me aterraba la oscuridad cuando niño. Ahora veo a mis hijos lidiar con el mismo miedo, especialmente a la hora de dormir. Seguimos la misma rutina todas las noches. Chequeo debajo de sus camas y en sus roperos, asegurándoles que nada malo está al acecho en las sombras. Luego, enciendo las lucecitas de noche para que no tengan que dormir en absoluta oscuridad.

Simpatizo con su temor porque, aunque he aprendido a vivir con la oscuridad, la verdad es que todavía no me gusta.

Y esta es la cosa. He llegado a la conclusión que el miedo a la oscuridad no es realmente miedo a la oscuridad. Es más básico que eso. A lo que realmente le temen mis hijos es lo mismo a lo que teme la mayoría de la gente.

A lo que en verdad le temen es a lo desconocido.

He llegado a la conclusión que el miedo a la oscuridad no es realmente miedo a la oscuridad. Es más básico que eso. A lo que realmente le temen mis hijos es lo mismo a lo que teme la mayoría de la gente. A lo que en verdad le temen es a lo desconocido.

Tememos a lo que no podemos ver, a lo que no podemos anticipar, a lo que puede salirnos al paso de repente, a eso con lo que podemos tropezar en la noche. Tememos a sentirnos desorientados y vulnerables, a estar a merced de fuerzas más allá de nuestro control. Estar en la oscuridad —lo que usualmente acompaña a un Plan B—, nos recuerda nuestra incertidumbre e insuficiencia para encarar todo lo malo que puede ocurrirnos a nosotros o a las personas que amamos.

Dentro y fuera de la cerca

En nuestra casa tenemos un patio cercado. Me parece que esto es indispensable cuando tienes tres varones impetuosos a quienes les encanta jugar afuera. Bueno, permíteme aclarar. Lo que realmente les encanta es jugar en la tierra. Pienso que si tuviéramos suficiente tierra dentro de la casa probablemente estarían igual de feliz jugando adentro.

Cuando nuestros hijos están jugando en el patio, sentimos cierto nivel de comodidad como padres. Sabemos que están relativamente seguros allí porque dentro de la cerca podemos controlar las variables. Hemos intentado eliminar la mayoría de las «armas» potenciales: palos, piedras, manzanas silvestres. (¿Sabes cuánto daño puede causar una manzana silvestre cuando aterriza en otro ser humano?) Hemos sondeado las oportunidades de «alpinismo», eliminado los riesgos, y nos hemos asegurado que no hay peligros de envenenamiento a su alcance. Somos cautelosos en cuanto a quién entra al patio. Es imposible garantizar que tres chicos activos van a escapar de las cortaduras, los golpes y otros problemas ocasionales. Sin embargo, dentro de la cerca sentimos que tienen una mejor oportunidad.

Dentro de la cerca el terreno es conocido. Fuera de la cerca es desconocido.

Ahora expande esta idea a la vida en general. La mayoría de nosotros tenemos una cerca dentro de nuestras mentes. Y pensamos con respecto a las experiencias y las posibilidades, ya sea desde dentro de la cerca (lo conocido, lo cómodo) o desde afuera de la cerca (lo desconocido, lo impredecible, lo que nos asusta: la oscuridad).

¿Conoces ese revoloteo en el estómago, el tartamudeo mientras hablas, la sensación enfermiza que experimentas cuando te estás acercando justo al borde de lo que se siente seguro ni familiar?

¿Acaso no detestas esa sensación de no conocer qué es lo que te va a salir repentinamente al encuentro? Eso es el miedo a lo desconocido, y como ya dije, todos vivimos con cierto grado de él. La mayor parte del tiempo, sin embargo, ese miedo se encuentra con otras fuerzas que están operando en nuestras mentes y corazones, cosas como la curiosidad y la esperanza y la ambición y las experiencias positivas. Cuando algo bueno nos ocurre, tiende a disminuir un poco ese miedo a lo desconocido. Nos vamos acostumbrando a pensar en las posibilidades. *Queremos* explorar el mundo abundante más allá de nuestro patio.

No obstante, una experiencia negativa como una desilusión o una traición pueden invalidar todas esas motivaciones. Un ataque por la espalda alborota nuestro miedo a lo desconocido. Y puede provocar que nos atrincheremos, sin que nos atrevamos a movernos ni a arriesgarnos. La esperanza, la fe y la curiosidad pierden su poder para impulsarnos hacia delante. No sólo le tememos a lo desconocido, le tememos a un desconocido *perjudicial*. Si ocurrió una vez, asumimos que puede ocurrir otra vez.

Entrena tu mente

El cerebro humano es un órgano maravilloso. Te capacita para pensar, solucionar problemas y para llevar a cabo las tareas cotidianas. Es el que controla los latidos de tu corazón, tu respiración y el balance que te permite caminar. Sin embargo, tu cerebro tiene otra función importante: sirve para mantenerte a salvo en el mundo.

Tu cerebro ha sido literalmente entrenado a lo largo de toda tu vida para detectar peligro y mantenerte a salvo. Cuando percibe una amenaza, envía señales a tu sistema nervioso, a tus órganos y a tus músculos para que respondan: corre, detente, aléjate, o entra en acción y lucha contra el peligro. Tu mente consciente y tus emociones también entran en acción. Todo esto ha sido diseñado para ayudarte a responder rápidamente ante circunstancias que amenazan tu vida y tu bienestar.

Sin embargo, para que todo esto funcione, necesitas tener la capacidad de reconocer lo que es una amenaza. ¿Y cómo lo haces? Aprendes por experiencia. Si un perro desconocido aparece en tu patio y te muerde, el centro de seguridad en tu cabeza registra la información: los perros desconocidos son una amenaza. También aprendes por lo que observas y por lo que te enseñan: a ser cauteloso con los extraños, a tener cuidado con los gérmenes, y así por el estilo. Durante el transcurso de tu vida, tu cerebro procesa innumerables experiencias y las rotula de acuerdo a la amenaza que representan.

Y esto es bueno. Reconocer las amenazas puede posiblemente salvarte la vida —y este es, en primera instancia, el propósito del miedo.

El problema es que tu cerebro no siempre interpreta las amenazas correctamente. Puede enviar falsas alarmas. Puede decirte que le temas a algo que no es realmente una amenaza. Puede exagerar la naturaleza de la amenaza. También puede estancarse en la preocupación y la ansiedad, y obsesionarse con una *posible* amenaza que tal vez nunca ocurra.

Entonces, si bien es cierto que el mecanismo de temor de tu cerebro está ahí para protegerte, también puede ser un problema, especialmente en los tiempos de estrés de los Plan B. Puede perpetuar los sentimientos de temor que, si confías en ellos, te mantendrán cercado en un área pequeña y segura que te aleja de la oportunidad y el crecimiento, y de la vida que Dios tiene para ti.

El miedo te limita

El escritor y conferenciante Erwin McManus dijo en una ocasión: «Nuestros temores establecen los límites de nuestra vida».[1]

Y esto es muy cierto, ¿no te parece? Si le temes a las alturas, tenderás a mantenerte en el piso. Si le temes al exterior, te mantendrás adentro. Si le temes a la gente, te mantendrás solo. Si le temes al fracaso, simplemente no lo intentarás. Y cuando estás bajo estrés, he observado, se acentúa este efecto limitativo.

Así que cuando muchos de nosotros encuentran una situación Plan B —una crisis de esas que nos hace voltear la cabeza a mirar o una pérdida repentina, o una decepción importante— nuestro instinto es congelarnos... paralizarnos. Permitimos que el miedo a lo desconocido establezca los límites de nuestras vidas. No podemos tomar decisiones, no podemos movernos, no podemos crecer.

Esto, definitivamente, no es el plan de Dios para nuestras vidas. De hecho, seguramente evitará que lleguemos a ser las personas que Dios tenía en mente cuando nos creó.

Entonces, ¿qué hacemos? ¿Cómo nos movemos más allá de nuestro miedo acentuado, de nuestros peores escenarios, de nuestro ferviente deseo de evitar el dolor quedándonos dentro de una cerca cómoda y predecible?

Debido a que nuestros temores se originan en lo que nuestros cerebros han «aprendido», la solución es comenzar precisamente allí.

Un cambio de patrones

Romanos 12.2 nos recuerda: «No se amolden al mundo actual, sino sean transformados mediante la renovación de su mente. Así podrán comprobar cuál es la voluntad de Dios, buena, agradable y perfecta» (NVI).

Ahora bien, ¿cuál es el patrón del mundo? Si miramos detenidamente, con toda probabilidad podremos discernir algunos patrones distintivos.

Está el patrón de la prisa: *ahora, ahora, ahora, rápido, más rápido, más rápido.*

Está el patrón de la deuda: *disfrútalo ahora, págalo después (¡si es que lo pagas!).*

Sin embargo, uno de los patrones que veo todos los días en las vidas de las personas con las que interactúo es el miedo y la ansiedad. Realmente creo que existe un patrón de miedo en nuestra cultura, que es posible que empeore con la constante presencia de los medios de comunicación. Con mucha frecuencia se nos alerta sobre posibles fuentes de peligro, y esto nos condiciona a ver amenazas por todos lados. Se nos instruye a que cubramos nuestro rastro, a que no confiemos en nadie, a que evitemos el fracaso a toda costa. Hemos sido especialmente «configurados» para sentirnos amenazados por cualquier cosa que esté fuera de nuestra cerca.

Y entonces, ¿cómo te liberas de estos patrones de miedo? ¿Ya lo hemos aprendido, no es cierto? Ya están almacenados en nuestros cerebros. ¿Cómo pueden renovarse nuestras mentes? ¿Podemos reentrenar a nuestros centros de miedo?

Proverbios 3.5 nos sugiere un buen lugar para comenzar:

> *Fíate de Jehová de todo tu corazón,*
> *Y no te apoyes en tu propia prudencia.*

Lo que esto implica es que no siempre podemos confiar en nuestras mentes porque estas han sido entrenadas por los patrones de este mundo. No siempre podemos confiar en los banderines rojos que nos lanza nuestra mente. No podemos vivir en el patrón del miedo. Es posible, de hecho, que Dios nos llame a correr en la dirección diametralmente opuesta adonde nuestras mentes temerosas nos dicen que vayamos.

Pero eso presenta algunas dificultades, ¿no te parece? Después de todo, sí necesitamos algo de miedo. Necesitamos los mensajes que nos advierten sobre los peligros auténticos. Sin embargo, no necesitamos la preocupación y la ansiedad que nos llena de estrés, y que nos impide vivir realmente.

Por lo tanto, el truco está en aprender de nuevo a qué temer y a qué no tenerle miedo; qué merece que nos preocupemos y qué no lo amerita. La belleza para aquellos de nosotros que afirmamos seguir a Cristo es que podemos confiar en algo mucho más fiable que nuestro propio pensamiento, o el pensamiento del mundo que nos rodea, para que nos ayude a tomar una decisión.

El truco está en aprender de nuevo a qué temer y
a qué no tenerle miedo; qué merece que nos
preocupemos y qué no lo amerita.

Una nueva perspectiva

Una de las enseñanzas más brillantes de Jesús habló precisamente de este tema. En su famoso Sermón del monte, él hace referencia a la preocupación, al miedo y a la ansiedad paralizante que cada uno de nosotros tiende a experimentar cuando confrontamos una experiencia Plan B:

> Por tanto os digo: No os afanéis por vuestra vida, qué habéis de comer o qué habéis de beber; ni por vuestro cuerpo, qué habéis de vestir. ¿No es la vida más que el alimento, y el cuerpo más que el vestido? (Mateo 6.25)

¿Te está diciendo Jesús que no debes preocuparte sobre el hecho de que acabas de perder tu empleo, la economía va cuesta abajo, tu matrimonio se está deshaciendo, tus hijos se están perdiendo o que tu amigo se está muriendo? Absolutamente no. Él sólo está diciendo: «Quiero darte una perspectiva diferente. Quiero ayudarte a reentrenar tu mente».

No sé si alguna vez has tenido la oportunidad de pasar tiempo cerca de alguien que está enfrentando a la muerte. Como pastor, he pasado tiempo con muchas personas que han estado a días o a minutos de partir de esta vida. La similitud en nuestras conversaciones es casi misteriosa. Las personas agonizantes casi siempre hablan sobre cómo, finalmente, «ahora sí entienden». Comprenden que han pasado demasiado tiempo en sus vidas preocupándose por cosas que no lo merecían, temiendo cosas que no valían la pena temer. Con frecuencia, anhelan tener otra vez esos momentos.

Pues bien, creo que Jesús está tratando de ayudarnos a «entenderlo». Él no está diciendo que no debemos preocuparnos por los problemas. Simplemente está tratando de ayudarnos a entender qué es, a fin de cuentas, lo que importa.

«¿Acaso la vida no es mucho más que tu coche averiado?», nos está diciendo. «¿No es más importante que el hecho que tus hijos no asistan a la escuela de su preferencia? ¿No es más importante que lo que ocurra con tu plan de retiro?»

Y cuando miramos más allá, él dice: «Mirad las aves del cielo, que no siembran, ni siegan, ni recogen en graneros; y vuestro Padre celestial las alimenta. ¿No valéis vosotros mucho más que ellas?» (v. 26).

¿Alguna vez has observado a un pájaro? Con frecuencia, mis amigos se burlan de mi pasatiempo secreto de observar aves. No sé por qué me gusta observar a las aves, pero hay algo muy apacible en ello. Lo sé, lo sé... soy un anciano de ochenta y tres años atrapado en el cuerpo de un hombre joven. Sin embargo, lo que he aprendido al observar aves es que ellas realmente no hacen mucho. Parecen simplemente volar de rama en rama, algo así como pasando su día sin rumbo fijo.

¿Te han llamado alguna vez «cabeza de chorlito»? ¡No es un elogio! La verdad es que las aves no son las más brillantes criaturas del reino animal. En efecto, la mayoría del espacio en sus pequeños cráneos está ocupado por su globo ocular, dejando así muy poco espacio para materia gris.

No obstante, a pesar de una aparente falta de propósito y de intelecto, Jesús dice que Dios las cuida. «Oye, fíjate en esos pájaros. Si Dios conoce sus problemas y sus retos, ¿acaso no crees que conozca los tuyos? ¿Acaso no eres tú más valioso que un pájaro?»

Ahora mira el versículo que sigue, donde Jesús realmente va al grano. Mira esto: «¿Y quién de vosotros podrá, por mucho que se afane, añadir a su estatura un codo?» (v. 27).

Cada vez que leo este versículo, no me queda otra cosa que mover la cabeza de un lado a otro. Jesús tiene una manera tan única y especial de exponer las cosas, que sencillamente nos hace parar en seco, y nos obliga a pensar en el fundamento de nuestras vidas.

Medita en lo que dice aquí, la perspectiva que nos está dando. ¿Puede alguien sinceramente decir que el tiempo que ha pasado temiendo al Plan B, preocupándose por lo desconocido, ha añadido algo de duración o de valor a su vida?

El conferenciante y motivador Earl Nightingale, piensa que no. En una ocasión hizo una famosa comparación entre la preocupación y una neblina que evita que veamos las cosas como son realmente. Él procedió a señalar que «una densa neblina que cubre siete cuadras en una ciudad, hasta una profundidad de treinta metros, está compuesta de un poco menos que un vaso de agua». Él dijo que si creamos categorías de nuestros afanes comunes y corrientes, un cuarenta por ciento de las cosas por las que nos preocupamos nunca ocurren. Un treinta por ciento adicional son cosas que ocurrieron en el pasado y que ya no pueden cambiarse. Un afán innecesario por nuestra salud personal ocupa un doce por ciento de nuestras preocupaciones, y otro diez por ciento son simplemente asuntos insignificantes.

En otras palabras, según Nightingale, «el noventa y dos por ciento de las preocupaciones son pura neblina, sin ningún tipo de sustancia». Esto nos deja con cerca de un ocho por ciento de nuestras preocupaciones que son asuntos legítimos y que sí merecen que nos preocupemos.[2]

Creados para la fe

Dicho sea de paso, la palabra griega traducida como *preocupación* o *afán* que se usa en todo este pasaje en Mateo, literalmente significa «ser arrastrado en distintas direcciones».[3] Esto es lo que ocurre dentro de nuestras mentes cuando sucumbimos a los patrones de la preocupación y del miedo paralizante. Somos descompuestos en distintas piezas, debatiéndonos dolorosamente entre lo conocido y lo desconocido.

Y esto no es bueno para nosotros. No es la forma en la que se supone que viviéramos. Simplemente no fuimos creados para ese tipo de estrés.

¿Alguna vez te has preguntado por qué te sientes tan extenuado después de un período de preocupación? ¿Alguna vez te has cuestionado por qué parece que el miedo sencillamente te drena? Pienso que estarías en apuros si trataras de conseguir a alguien que esté en legítimo desacuerdo con el hecho de que el miedo y la preocupación pueden, y van, a causar un daño inmenso a tu cuerpo y a tu mente con el paso del tiempo.

Mientras más vivo, más me convenzo de que fuimos creados para la fe, no para el miedo ni la preocupación. Vivir con miedo es vivir en contra de la realidad de nuestra creación.

El problema

Y por el vestido, ¿por qué os afanáis? Considerad los lirios del campo, cómo crecen: no trabajan ni hilan; pero os digo, que ni aun Salomón con toda su gloria se vistió así como uno de ellos. Y si la hierba del campo que hoy es, y mañana se echa en el horno, Dios la viste así, ¿no hará mucho más a vosotros, hombres de poca fe? (vv. 28-30)

Aquí, una vez más, Jesús da en el clavo con el problema. Él muestra la razón básica por la que nuestros temores nos consumen.

Realmente no tenemos un problema de miedo.

Tenemos un problema de fe.

Hemos perdido la confianza en que nuestro Padre celestial va a cuidar de nosotros.

¿Sabes? El temor, en sí y por sí mismo, no es realmente un problema. Como hemos visto, en su expresión más sencilla, el miedo es inevitable, y hasta necesario. Pero el miedo sin fe es un gran problema. El miedo sin fe te va a devorar vivo.

El miedo, en sí y por sí mismo, no es realmente un problema. Pero el miedo sin fe es un gran problema. El miedo sin fe te va a devorar vivo.

He notado que aun aquellos de nosotros que hemos confiado nuestra eternidad a nuestro Padre celestial, con frecuencia nos da trabajo confiarle nuestros mañanas. De hecho, por lo que sé, la mayoría de nosotros los cristianos tiene las mismas preocupaciones básicas que nuestros vecinos no cristianos. Como cualquier otra persona, nos preocupamos por la economía, por nuestra salud, nuestros hijos, nuestras relaciones. Como cualquier otra persona, tememos perder nuestros empleos, perder nuestra salud o perder nuestras casas.

Sin embargo, ¡no debemos ser como todo el mundo! Nuestra respuesta ante las amenazas que enfrentamos debe ser tan fuera de lo ordinario que la gente se sorprenda. No es que no nos preocupemos, ni siquiera es que no sintamos temor, sino que debemos reaccionar diferente ante las amenazas del mundo porque nuestra esperanza está anclada en otra parte.

La respuesta al miedo

Y esa, creo yo, es la respuesta para el miedo paralizante, el antídoto para el miedo a lo desconocido y la alternativa para la preocupación que drena nuestra energía. Jesús lo describe en Mateo 6.33. Si quieres comenzar a reentrenar tu mente, tienes que hacer realidad este versículo: «Más bien, busquen primeramente el reino de Dios y su justicia, y todas estas cosas les serán añadidas» (NVI). En este punto Jesús no nos está invitando a que simplemente cambiemos nuestra perspectiva. Él nos está invitando a una manera de pensar y de vivir completamente distinta. Él quiere que hagamos de su agenda para el mundo —su «reino»— nuestra primera prioridad.

¿Aun en medio de mi crisis? Sí, especialmente en medio de tu crisis. Porque tu crisis se reducirá a menos que una crisis cuando reemplaces tu miedo a lo desconocido por un saludable temor de Dios.

De hecho, la Biblia habla bastante sobre el temor de Dios. En Proverbios 1.7, por ejemplo, nos dice que «el temor del Señor es el principio del conocimiento» (NVI). Pero, en esos versículos estamos hablando de un tipo de temor completamente distinto. No estamos hablando de una amenaza a nuestro bienestar. Estamos simplemente refiriéndonos a un respeto saludable hacia Dios y a sus maneras de obrar.

A través de la historia, este tipo de temor le ha dado valor, dirección y motivación a los individuos para tomar decisiones difíciles y vivir de maneras que honren a Dios. Oswald Chambers describió esto claramente en *The Pilgrim's Song Book* [El libro de canciones del peregrino]: «Lo extraordinario sobre el temer a Dios es que cuando temes a Dios no temes a nada más; mientras que, cuando no temes a Dios, le temes a todo lo demás».[4]

Jesús está diciendo esencialmente lo mismo en el Sermón del monte. Nos dice: «Si realmente quieres tomarte en serio eso de batallar contra los miedos que te limitan, si quieres tomarte en serio el atender los asuntos en tu vida que te llevan a la preocupación y a la ansiedad crónica, entonces tienes que tomar la decisión de colocarme primero a mí y a mi agenda».

En otras palabras, ¡le vas a temer hasta que lo entregues!

Este, entonces, es el secreto para reentrenar nuestras mentes, para poner el temor en su lugar apropiado, para liberarse de la costumbre de la preocupación y para evitar la parálisis del Plan B —aun cuando no podamos evitar el Plan B por completo. Es un asunto de enfocarse en lo que es más importante, de poner primero lo que debe ir primero, lo que, por supuesto, en el reino de Dios son sus prioridades, sus planes, su agenda.

Primero el reino de Dios... segundo las preocupaciones financieras.

Primero el reino de Dios... segundo los problemas con los hijos.

Primero el reino de Dios... segundo los conflictos matrimoniales.

Primero el reino de Dios... segundo los asuntos de soltería.

Primero el reino de Dios... nuestras voluntades, nuestras preocupaciones, nuestros planes, deseos y sueños... segundo.

Poner todo, incluyendo nuestro miedo a lo desconocido, en las manos de Aquel que conoce todo. Y luego movernos hacia adelante porque podemos confiar en él.

Aun en la oscuridad.

SEIS LATIGAZO

¿Alguna vez se te ha hecho difícil disfrutar de una época en tu vida porque temes que se vaya a pique de un momento a otro? Con frecuencia escucho a personas decir: «Claro, todo está marchando bien, ¡pero quién sabe lo que se avecina!» O pueden decir: «Me siento que estoy caminando de puntitas, simplemente esperando a que estalle la siguiente bomba».

La verdad es que, en este mundo, hay buenas noticias y hay malas noticias, y con frecuencia unas llegan detrás de las otras.

Nunca voy a olvidar las veces que me senté en el balcón de la casa de mis amigos Rob y Rhoda Brock. Hemos ministrado juntos por muchos años y los conozco a ambos extremadamente bien. No estoy seguro si alguna vez he visto a una pareja entregar de sus recursos para ayudar a otra gente de la manera en que lo hacen ellos dos. Son el tipo de personas que cualquier plantador de iglesias sueña con tener en su equipo principal de trabajo: con muchos talentos, generosos, y comprometidos con honrar y proclamar a Dios. Además, son también excelentes padres. Pero ninguno de sus dos hijos ha tomado el camino que ellos hubieran deseado.

Todavía recuerdo el día que su hijo, Matt, se me acercó y me contó que había dejado embarazada a una muchacha. Ella ni siquiera era su novia. Simplemente habían tenido un encuentro experimental, del tipo «sólo una noche» que resultó tener un impacto para toda la vida. Rob y Rhoda estaban devastados. ¿Cómo pudo ocurrirle esto a su hijo que tenía

A en todas sus asignaturas, nunca se metía en problemas y era el líder del grupo de jóvenes?

Pero ocurrió.

Tal vez lo único que es más doloroso que no ver tus sueños personales hechos realidad, es ver hacerse añicos los sueños que tienes para tus hijos. Las siguientes semanas y meses estuvieron repletos de un crecimiento doloroso para los Brock. Si bien es cierto que costó muchas lágrimas, oraciones y largas conversaciones, Dios obró en sus corazones. Con una asombrosa cantidad de gracia, ofrecieron su ayuda a su hijo y a la muchacha involucrada. Eventualmente, se convirtieron en magníficos abuelos del hermoso bebé de Matt.

Las cosas parecían ir muy bien. La gente los señalaba como un ejemplo de una pareja que había permitido que Dios tomara algo que pudiera considerarse una mala noticia y convertirlo en una buena noticia. Aun cuando sus sueños para su hijo se habían hecho trizas, no habían perdido la esperanza en Dios.

Entonces, unos siete años después, su hija —quien estaba en su último año de escuela secundaria— quedó embarazada sin haberse casado. Y entonces pensé: *Tienes que estar bromeando, ¿no?* Posiblemente ellos lo pensaron también. ¿Podrían soportar de nuevo otra situación tan desgastadora como esa?

En ocasiones, parece que la vida está llena de estos momentos que parecen latigazos, de esos que te llevan a empujones de lo pacífico y sereno a lo estresante y turbulento sin ningún tipo de aviso —y a veces una y otra vez.

Buenas noticias/Malas noticias

Quiero presentarte a un individuo en la Biblia cuya vida entera fue una historia al estilo buenas noticias/malas noticias. En cierta medida, fue la foto del afiche de una vida de latigazos. Sin embargo, a pesar de todos los altibajos en su vida —o tal vez, debido a ellos— podemos aprender de él lecciones de valor incalculable.

Cuando en Génesis 37 se nos presenta a José por primera vez, se nos dice que es el hijo preferido de su padre. Supongo que eso es algo bueno, pero provoca que sus hermanos estén extremadamente celosos. De hecho, lo detestan, y esto sí que es malo.

A medida que José sigue viviendo su vida como el «preferido», su padre decide regalarle esta hermosa túnica. ¿Las túnicas hermosas caen dentro de cuál categoría? Exacto —buenas noticias. Excepto que el regalo provoca que los hermanos de José se sientan aun más celosos, así que ellos deciden que tiene que morir. Rompen la túnica, lo golpean y lo lanzan en un pozo, con la intención de matarlo más adelante. Esto, obviamente, sería considerado un mal día —definitivamente malas noticias para José.

Sin embargo, uno de los hermanos siente pena por él y decide que posiblemente no deberían matarlo, lo que es una buena noticia si te gusta respirar. Sin embargo, en lugar de darle nuevamente la bienvenida en la familia, los hermanos deciden venderlo como esclavo.

¡Y pensaste que tu familia era un desastre! Tengo una hermana menor, y aunque tengo que admitir que pensé en venderla varias veces, nunca llevé a cabo el plan. Y aunque parezca increíble, estos tipos hicieron justamente eso. Venden a José a una caravana de comerciantes, quienes se lo llevan muy lejos, a la tierra de Egipto.

Cuando él llega a Egipto, la buena noticia es que José consigue un trabajo con Potifar, un mero mero del gobierno egipcio. José era un chico trabajador, y la Biblia dice que también era guapo (algo así como el cantante Keith Urban, a quien mi esposa encuentra increíblemente atractivo, aunque yo soy realmente una pulgada más alto que él, pero... como que me estoy desviando del tema). Todo esto es buena noticia para José, y él debe estar pensando que la vida parece estar tomando un buen giro.

Lamentablemente, la esposa de Potifar decide que siente atracción hacia José y trata de seducirlo. José se resiste, pero como simplemente él necesita algunas malas noticias adicionales, ella se inventa una historia y él termina en la cárcel.

Pero la historia no termina aquí. Mientras está en prisión, lo que se parece mucho al pozo donde estaba cuando toda esta historia comenzó,

José entabla una relación con un individuo que tiene el poder para liberarlo. Le hace un favor a esta persona, y el individuo le promete a José que va a sacarlo de la prisión.

Buenas noticias, ¿cierto? Excepto que el tipo se olvida de José, así que José tiene que pasar dos años más en la cárcel, lo que es muy, muy malo.

La historia de José casi parece increíble. Pero, otra vez, es probable que tú también hayas estado allí. Tal vez no tantas veces como José, pero sí reconoces la sensación de latigazo. Has estado en una temporada de buenas noticias en tu vida, cuando sientes que las cosas no pueden ponerse mejor, sólo para pasar a un período de devastación y malas noticias.

Tal vez has orado por un trabajo en particular y te sentiste muy feliz cuando por fin lo conseguiste... sólo para descubrir que tu jefe era todo un imbécil que hizo tu vida miserable.

Quizás recuerdas la celebración al descubrir que finalmente estabas embarazada luego de muchos años intentándolo y orando... sólo para tener un aborto espontáneo unas semanas después.

Posiblemente estuviste parada allí en el altar contemplando los ojos de alguien que pensaste que estaría contigo por el resto de tu vida... pero algo ocurrió. Ahora estás mirando a los ojos de la misma persona en una sala de corte.

¿Cuál crees que debe ser nuestra respuesta cuando vamos de un capítulo de «buenas noticias» en nuestra vida a uno de malas noticias, donde todo parece estar haciéndose pedazos, cuando nos mueven del Plan A deseado a un Plan B que ni pedimos ni queremos? Pienso que existe una pregunta que puede llevarnos a una relación con Dios mucho más profunda e íntima... sólo si tenemos las agallas de hacerla.

La pregunta es esta: ¿Qué harías si tuvieras la absoluta certeza de que Dios está contigo?

Cuando respondes ante tus circunstancias
actuales como si tuvieras la certeza de que Dios
está allí, vas a ver a Dios en las circunstancias.

Digamos que tu matrimonio se está deshaciendo y que estás apretando el botón de pánico. ¿Qué harías si tuvieras la certeza de que Dios está contigo?

O, ¿qué pasaría si tus hijos se están alejando de Dios y todas las noches pierdes el sueño preocupándote por ellos? ¿Qué harías si tuvieras la certeza de que Dios está contigo?

O, supongamos que vas al doctor para chequear algunos síntomas que te están molestando, sólo para descubrir que tienes esclerosis múltiple. ¿Qué harías si tuvieras la certeza de que Dios está contigo?

¿El punto? Simplemente es este: cuando respondes ante tus circunstancias actuales como si tuvieras la certeza de que Dios está allí, vas a ver a Dios en las circunstancias. Tal vez no inmediatamente, pero sí eventualmente.

Porque la verdad simple y sencilla es que Dios *está* ahí. Dios siempre está ahí. El problema viene cuando permitimos que nuestras circunstancias distorsionen nuestra perspectiva y nos perdemos a Dios.[1]

Preguntas

Eso ocurre muy fácilmente cuando nos estamos tambaleando debido a las malas noticias en nuestras vidas. No hay nada como el latigazo de una situación dolorosa para que nos sintamos como si Dios estuviera a un millón de kilómetros de distancia.

Apuesto que así se sintió David cuando escribió este salmo:

> *Mi alma tiene sed de Dios, del Dios vivo;*
> *¿Cuándo vendré, y me presentaré delante de Dios?*
> *Fueron mis lágrimas mi pan de día y de noche,*
> *Mientras me dicen todos los días: ¿Dónde está tu Dios?*
> *Me acuerdo de estas cosas, y derramo mi alma dentro de mí;*
> *De cómo yo fui con la multitud,*
> *y la conduje hasta la casa de Dios,*

Entre voces de alegría y de alabanza
del pueblo en fiesta. (Salmo 42.2-4)

E imagina cómo debió sentirse José mientras estaba sentado en el fondo del pozo. ¿Puedes imaginarte su dolor debido al rechazo que sintió como resultado del violento y vicioso acto cometido en su contra por sus propios hermanos? Él no podía evitar que sus hermanos sintieran tantos celos hacia él. Bueno, tal vez sí estaba un poco consentido. Pero, aún así, ¡no merecía eso!

Seguro se sentía solo, asustado y tenía mil preguntas: *Digo, si Dios realmente se preocupa por mí, ¿no debía estar aquí justo ahora?* Debió haber golpeado su cabeza contra las paredes del pozo, gimiendo: «¿Por qué yo? ¿Por qué yo? ¿Por qué yo?»

También has estado ahí, ¿cierto? No necesariamente en el fondo de un pozo, pero sí conoces el sentimiento de ¿por qué yo? Has estado acostado en tu cama tarde en la noche, mirando al techo, sin poder dormir y orando en silencio: *¿Por qué? ¿Por qué a mí, Dios? ¿Por qué ahora?*

Es posible que hayas estado también en ese lugar solitario donde has gritado: «Dios, ¿dónde estás? ¿Por qué no me estás escuchando? ¿Por qué me has abandonado?»

Cuando la vida no está resultando de la manera que esperamos, casi siempre —y de forma automática— comenzamos a sentir que Dios nos ha abandonado.

Tal vez no nos gusta admitirlo, pues nos hace sentir insignificante e inmaduros. Pero, es la verdad, ¿no es cierto? ¿Acaso no tendemos a envolver nuestros planes, sueños y deseos alrededor de nuestro concepto de la presencia de Dios, que cuando nuestros planes, sueños y deseos se frustran, asumimos que simplemente Dios ya no está allí? Cuando nuestros planes, sueños y deseos se deshacen, nuestra fe tiende a recibir un fuerte golpe. Instantáneamente nos sentimos defraudados y distantes de nuestro Padre celestial.

Y, sin embargo, la verdad es que Dios está presente de manera más poderosa aun cuando parece estar aparentemente ausente. Él siempre está obrando. Aun cuando no podemos verlo y sentirlo, toda la evidencia circunstancial de nuestras vidas testificará de su presencia.

Esto es, si estamos dispuestos a prestar atención.

Cuando la vida no está resultando de la manera que esperamos, casi siempre —y de forma automática— comenzamos a sentir que Dios nos ha abandonado.

A la orilla de las aguas

Tal vez has oído de la cantante de música cristiana contemporánea, Tammy Trent. Es posible que hasta hayas escuchado su historia. Si es así, espero que seas paciente porque este es un relato que merece hacerse otra vez.

La historia comenzó en septiembre de 2001, cuando Tammy fue invitada a un viaje misionero a Jamaica. Su esposo, Trent (ella asumió el nombre de él como su apellido), la acompañó, pues habían planificado tomar una semana de vacaciones antes de comenzar el viaje misionero. Pasaron una excelente semana en Jamaica. Entonces, un día antes de comenzar el viaje misionero, Trent decidió que quería ir a bucear en la «laguna azul», una famosa y profunda charca justo al este de Port Antonio. Él había sido un buzo certificado desde los doce años, así que Tammy no se preocupó para nada. Era sólo el último día precioso en lo que habían sido unas vacaciones inolvidables.

Luego de manejar hasta la laguna azul, Tammy y Trent almorzaron junto al muelle. Charlaron mientras Trent se ponía su traje de buzo y sus chapaletas, y luego se sentaron un rato juntos al lado de la profunda agua azulada. Tammy hasta le tomó a Trent algunas fotos, a petición de él. Luego Trent entró al agua.

—*Baby* —le dijo— sólo voy a tomarme como unos quince minutos. Cuando salga, vamos y hacemos algo que tú quieras hacer.

—*Bien*, Trent —contestó Tammy despreocupadamente.

Tammy observó a su esposo entrar al agua y nadar hacia el profundo hueco que quería explorar. Como a mitad de camino, él sacó la cabeza del agua y le dijo adiós con la mano. Tammy le devolvió el gesto.

Ella no tenía idea que aquella sería la última vez que vería a su esposo con vida.

Aquella tarde, Trent estaba practicando el buceo libre; es decir, buceando sin tanque de oxígeno. Así que, mientras Tammy lo esperaba, ella lo veía subir en intervalos de algunos minutos para tomar aire. Ella terminó de almorzar y se distrajo con un bote y con algunos turistas haciendo *esnórqueling* en el área.

Entonces, de repente, se dio cuenta que había pasado más de media hora desde la última vez que Trent había subido a coger aire.

Está bien —se dijo a sí misma, tratando de no entrar en pánico. *Todo está bien. Trent es un excelente buzo. Ha hecho este tipo de buceadas un millón de veces. No hay razón para preocuparme.*

Pero Tammy sí estaba preocupada. De hecho, estaba frenética. Los hombres en el bote le permitieron abordarlo para buscar a Trent, pero no encontraron nada. Llamaron a un grupo de buzos, pero tuvieron que interrumpir la búsqueda cuando cayó la noche. Todo lo que Tammy podía hacer era esperar y orar —y prepararse lo mejor que podía para lo que encontrarían.

Recuperaron el cuerpo de Trent a la mañana siguiente.

Este fue el suceso más aterrador en la vida de Tammy, y ella estaba en un lugar donde no conocía a nadie. Su familia, sus amistades y su iglesia estaban a miles de kilómetros de distancia, tratando de hacer arreglos para regresarla. Y Tammy estaba conmocionada, sintiéndose desconsolada, asustada y aturdida. Aun sabiendo que Dios estaba con ella —realmente nunca lo dudó— sin embargo, se sentía totalmente sola.

Se encontraba en la habitación de su hotel, tratando de entender lo que había ocurrido, cuando otro huésped la llamó para pedirle que encendiera la televisión. La encendió justo para ver un jet estrellarse contra las torres gemelas del World Trade Center.

El día era el 11 de septiembre de 2001.

Tammy sencillamente se quedó allí parada, conmocionada... pensado: *¿Qué significa esto? ¿El mundo se está rompiendo en pedazos? ¿Estados Unidos se viene al suelo?* Nada parecía tener sentido. Simplemente seguía preguntándose: *¿Y ahora qué? Dios... ¿y ahora qué?*

Pero, un par de días después, mientras la familia y las amistades de Tammy seguían intentando desesperadamente regresarla a su hogar, Tammy tuvo una experiencia que nunca olvidará. Ella recuerda que estaba sentada sola en el baño de su habitación, gimiendo y llorando a Dios. Con las lágrimas bajando profusamente por sus mejillas, oró desesperadamente: «Dios, ¡necesito saber que eres real! ¿Estás ahí? ¿Puedes oírme? ¿Puedes verme? ¿Acaso sientes el dolor que estoy sintiendo?»

En aquel momento, anhelaba desesperadamente estar con alguien que la amara. Todos los viajes a Estados Unidos habían sido suspendidos debido a la tragedia del 9/11, así que ningún miembro de su familia podía llegar adonde ella. Especialmente extrañaba a su mamá —y así se lo dijo a Dios. Le dijo: «Dios, si puedes escucharme, ¿puedes enviarme a alguien para que me abrace? No te estoy pidiendo miles, ni siquiera cientos de ángeles, sólo un ángel que pueda abrazarme».

Silencio. Tammy se quedó allí sentada un rato más, llorando. Entonces, de alguna manera, tuvo la impresión de que tenía que pararse de allí y salir del baño. Caminó hacia la habitación y mientras daba vueltas de un lado a otro, escuchó a alguien moviéndose. Sacó su cabeza hacia el pasillo y se percató que la puerta de la habitación del lado estaba abierta. Dentro, vio a una linda mujer jamaiquina, parada allí, vistiendo el uniforme del hotel Hilton.

Tammy miró a la mujer y le preguntó: «Señorita, podría venir a mi habitación y arreglar mi cama?»

La mujer le respondió que sí. Pero también le dijo: «He estado intentando llegar hasta usted. La he escuchado llorar y he estado tratando de alcanzarle. ¿Podría acercarme y simplemente abrazarla?»

«Aquella fue una respuesta instantánea a mi oración», Tammy recuerda. «Todo lo que antes había anhelado experimentar en mi caminar con Dios ocurrió en aquel lugar. Le había preguntado: ¿Podrías mostrarte justo en este momento? Y él lo hizo por mí en aquel momento. Así que lo supe... supe que de alguna manera superaría aquello. Supe que Dios era muy, muy real... Supe que no estaba sola».[2]

¿Puedes creer esta historia? Me tiró al suelo la primera vez que Tammy me la contó, y todavía lo hace. Le pregunté a Tammy qué le diría a alguien que está pasando por un doloroso Plan B. Y luego de una larga pausa, me dijo: «Le diría que dé un paso hacia atrás, que se aleje del caos. No podemos ver con claridad cuando estamos en medio de él. Respira hondo. Permite que el viento sople en tu rostro. Cualquiera sea tu reto, vas a superarlo».

Porque no importa cómo se vean las cosas, Dios está contigo.

¿Conmigo?

Claro está, Dios no siempre responde a la oración de una forma tan dramática. No siempre nos concede una prueba tan poderosa de que él está presente y obrando en nuestras vidas en medio de un Plan B. La mayoría de las veces, las señales son más sutiles. Y, en ocasiones, para ser sincero, se nos hace realmente difícil creer que Dios está con nosotros, especialmente cuando estamos viviendo en el Plan B.

No obstante, permíteme enseñarte algo interesante en esta historia de José. Al principio, tal vez te resulte algo confuso, pero no te impacientes.

Cuando José fue llevado a Egipto, los ismaelitas que lo habían trasladado allá lo vendieron a Potifar, un egipcio que era funcionario del faraón y capitán de su guardia. Ahora bien, el Señor estaba con José y las cosas le salían muy bien. Mientras José vivía en la casa de su patrón egipcio. (Génesis 39.1-2, NVI)

¿Te diste cuenta? «El Señor estaba con José». ¿No es esto interesante? ¿O es confuso y sorprendente?

¿«El Señor estaba con José»?

Toda esta historia, si se lo permites, puede realmente enredarte en tu teología. Digo, ¿acaso José no acaba de ser golpeado por sus propios hermanos? ¿Acaso no acaba de ser capturado y llevado a una tierra lejana? ¿No era él un esclavo?

Mientras crecía, siempre asumí que «el Señor está contigo» significaba que las cosas estaban marchando de maravilla. Significaba que tus padres no iban a divorciarse. Significaba que te habían aceptado en la universidad de tu predilección, que te habías casado con la mujer, o el hombre, de tus sueños, que habías comprado la casa que siempre deseaste. Si el Señor estaba contigo, significaba que finalmente te habían asignado la oficina de la esquina, la que tiene la mejor vista, ¿no es cierto?

Bueno, es cierto que a José le va de lo más bien cuando lo vemos en este pasaje. Pero nota *por qué* le va bien:

> Éste se dio cuenta de que el Señor estaba con José y lo hacía prosperar en todo. José se ganó la confianza de Potifar, y éste lo nombró mayordomo de toda su casa y le confió la administración de todos sus bienes. Por causa de José, el Señor bendijo la casa del egipcio Potifar a partir del momento en que puso a José a cargo de su casa y de todos sus bienes. La bendición del Señor se extendió sobre todo lo que tenía el egipcio, tanto en la casa como en el campo. (vv. 3-5, NVI)

¿Puedes verlo? José no está seguro de que el Señor está con él porque las cosas le están yendo bien. Es al revés. Las cosas le están yendo bien a José porque él cree que el Señor está con él. Aparentemente, él lo creyó en todo momento. Aun cuando estaba en el pozo. Incluso cuando iba dando tumbos sobre el camello del comerciante. Aun cuando estaba viviendo como esclavo en casa de un desconocido.

Al igual que Tammy, posiblemente tuvo momentos, y hasta días, en los que sencillamente no podía sentir la presencia de Dios. Sin embargo, confía en que Dios está allí. Y es evidente. El amo nota algo especial en este chico —algo que habla sobre el favor de Dios—, así que lo promueve.

Me parece que es realmente importante resaltar esto. José puede haber estado desprovisto de su túnica, pero no de su identidad. Puede haber sido rechazado y abandonado por su familia, pero nunca dejó de depender en su Dios. Y, si bien es cierto que la vida no está resultando de la forma que él asumió que lo haría, José tomó la decisión de responder en medio de todas las circunstancias como si Dios estuviera con él.

Él no tenía que tomar esa decisión. Podía quejarse y volverse un amargado. Podía haber dicho: «Que se fastidie todo... ¡me voy de aquí! Una semana atrás yo era dueño de esclavos y ahora soy uno de ellos». Pero no lo hace. En lugar de esto, tiene suficiente fe para entender que tal vez Dios tiene un plan en todo lo que le ha ocurrido. *Quizás Dios puede usarme aquí. Ciertamente, este no es el plan que tenía en mente, pero tal vez Dios tiene otros planes.*

Esto nos lleva a la complicada pregunta sobre la voluntad de Dios.

La voluntad de Dios

La pregunta que con más frecuencia me hacen dentro de los círculos eclesiásticos es: «¿Cómo descubro la voluntad de Dios para mi vida? ¿Cómo sé qué trabajo debo aceptar o con quién debo casarme? ¿Cómo sé qué es lo que Dios quiere que haga con mi vida? ¿Cómo sé si estoy haciendo lo que Dios quiere?

Cuando las personas me preguntan cómo pueden
conocer la voluntad de Dios para sus vidas,
les digo que el primer y mejor paso es conocer
a Dios. Más allá de esto, realmente no
tengo ningún paso.

Preguntas como estas parecen todavía más difíciles de contestar cuando nuestros planes han sido desviados hacia el Plan B y estamos dudando si Dios está cerca en alguna parte. Con frecuencia, las personas asumen automáticamente que si están pasando por una crisis Plan B, seguro que malentendieron o malinterpretaron la voluntad de Dios. Muchas de ellas están intensamente preocupadas con entender la voluntad de Dios para que las cosas puedan regresar a la normalidad.

El problema es que... no es así de sencillo.

Cuando las personas me preguntan cómo pueden conocer la voluntad de Dios para sus vidas, les digo que el primer y mejor paso es conocer a Dios. Más allá de esto, realmente no tengo ningún paso. Tienes que entender que el conocer la voluntad personal de Dios para tu vida, conocer su voluntad específica para tu vida, no es ninguna ciencia. No existe una ecuación mágica. Con frecuencia, es un asunto de prueba y error, de tanteo. A veces lo malinterpretamos completamente. Y, otras veces, no tenemos la más mínima idea si lo estamos entendiendo o no hasta mucho más tarde.

El capítulo dieciséis del libro de los Hechos contiene una historia interesante en la que Pablo se está preparando para viajar a Asia porque él siente que se supone que vaya allá y predique. Él cree que es la voluntad de Dios. Y si alguien conoce la voluntad de Dios, ese es Pablo, ¿verdad? Él tal vez sea uno de los individuos más importantes que jamás haya existido para el movimiento cristiano. Es evidente que está caminando con Dios y escuchando a Dios. Pero algo no está del todo bien con esto porque Hechos 16.6 nos dice que el viaje a Asia simplemente no está resultando. El texto en verdad dice que «el Espíritu Santo les había impedido que predicaran la palabra en la provincia de Asia» (NVI).

¿Acaso se equivocó?

Es posible que recuerdes un momento en el que te tropezaste con una encrucijada como esa.

Finalmente encontraste a la persona correcta para casarte, pero la boda tuvo que ser cancelada.

Solicitaste para entrar al colegio de postgrado, pero entonces no te aprobaron el préstamo.

Estabas lista para regresar a trabajar, pero quedaste embarazada otra vez.

Invertiste el dinero responsablemente, pero entonces la bolsa de valores se cayó.

Estabas bastante seguro de que ibas en la dirección que Dios te estaba señalando, pero de repente te asalta la duda porque las cosas no están saliendo como esperabas.

Ahora bien, cuando la Biblia dice que el Espíritu Santo le había impedido a Pablo ir a Asia, no está claro qué significa esto exactamente. ¿Fue Pablo detenido físicamente —tal vez por una tormenta o un accidente? ¿Acaso un consejero confiable argumenta sobre el cometido? ¿O simplemente Pablo no siente paz con respecto a sus planes?

En verdad no sabemos. Pero sí sabemos que termina en un lugar llamado Troas. Pablo no tiene ni la más mínima idea de lo que sigue. Y, a decir verdad, esto me da una gran tranquilidad. No puedo decirte cuántas veces he estado en ese punto en mi vida. Pensaba que sabía exactamente cuál era la voluntad de Dios para mí. Pero mientras iba en esa dirección, me tropecé con una pared, con una situación Plan B, y terminé en Troas preguntándome qué rayos estaba pasando.

Me parece que muchos de nosotros estamos en Troas, ¿cierto? Estamos esperando impacientemente porque no sabemos qué es lo que sigue. Sin embargo, según Erwin McManus, parte del problema es que estamos haciendo las preguntas equivocadas.

Comentando justo sobre este pasaje en Hechos, McManus señala que Pablo no sabe el qué, el cuándo ni el dónde de sus circunstancias. Él no sabe *qué* exactamente se supone que esté haciendo. No sabe *cuándo* lo va a saber: ¿es mañana o el año siguiente? Ni sabe *adónde* va a ir. Él había asumido que era a Asia, y ahora se encuentra en Troas. (Más adelante en Hechos 16 descubrimos que es llamado a ir a Macedonia.)

No obstante, si bien Pablo no sabe el qué, el cuándo ni el dónde, él sí conoce la respuesta para una pregunta importante. Él sabe *por qué* está haciendo lo que está haciendo. Pablo conoce su propósito, su misión: dar gloria a Dios con su vida.

Me temo que la mayoría de nosotros tiende a hacer lo opuesto, especialmente cuando nuestras situaciones Plan B se están revelando.

Invertimos demasiado tiempo preocupados sobre *qué* nos está pasando...

- ¿Es fatal esta enfermedad?
- ¿Serán buenos individuos nuestros hijos?
- ¿Podemos pagar la factura de combustible?

Enfocamos gran parte de nuestra atención en *cuándo* podrían ocurrir las cosas...

- ¿Hasta cuándo durarán nuestros ahorros?
- ¿Cuándo los chicos finalmente se mudarán de la casa?
- ¿Cuándo van a aprobar la adopción?
- ¿Cuánto tiempo pasará antes de restaurar nuestro crédito?

Y hacemos demasiadas preguntas sobre *dónde* terminaremos...

- ¿Dónde voy a vivir?
- ¿Dónde voy a trabajar?
- ¿Es aquí donde se supone que esté?

El problema es que la mayoría de nosotros nos enfocamos tanto en el qué, el cuándo y el dónde que descuidamos la pregunta más importante, que es *por qué*.

Piensa en José. Estoy seguro que durante todo el proceso de su jornada, a través de la serie de latigazos inducidos por los Plan B (¿o acaso debe ser Planes B?), él tiene que estar tratando de descifrar cuál es la voluntad de Dios para su vida. Sin embargo, creo que José comprende bastante temprano que tiene un control limitado sobre el qué, el cuándo y el dónde. Cada vez que está cerca de entender cuál será su siguiente paso, su vida parece dar otra vuelta drástica.

De hecho, casi lo único que José puede controlar sobre su vida es el por qué hace lo que hace. Puede vivir deliberadamente, decidiendo confiar en Dios en todas sus circunstancias y permitir que su vida sea usada para los propósitos divinos.

En la vida, a menudo, el qué, el cuándo y el dónde no van a resultar de la manera en que quieres que resulten. No siempre puedes escoger esas cosas, pero sí puedes escoger el porqué.

Tal vez no puedes escoger dónde trabajas, pero sí puedes escoger por qué trabajas.

Quizás no puedes escoger cuándo te conviertes en padre, pero sí puedes escoger por qué quieres tener hijos.

Es posible que no puedas escoger qué va a ser de tu futuro, pero en cualquier momento sí puedes escoger por qué estás viviendo de la manera en que lo haces.

Si puedes enfocarte en el porqué, el qué, el cuándo y el dónde van a llegar. Aférrate a tu propósito central, y de una forma u otra, los otros detalles se resolverán por sí mismos.

Esto es algo que también malinterpretamos con frecuencia sobre la voluntad de Dios; y es que se trata tanto de la persona en la que nos estamos convirtiendo como del destino al cual nos encaminamos.

El proceso importa

Nuestro enfoque en el qué, cuándo y dónde de nuestro Plan B comprueba que con frecuencia malinterpretamos algo importante sobre la voluntad de Dios: que a menudo es un proceso, no un destino final.

He aquí un ejemplo. Te sientes dirigido a intentar obtener un trabajo. Pasas por el proceso de entrevista, pero no te seleccionan para la posición. Y puedes asumir, *¡Ah! No lo logré. Supongo que no era la voluntad de Dios que me entrevistara.* Sin embargo, es posible que esa no sea para nada la razón. Quizás Dios quería que aprendieras algo a través del proceso de la entrevista. Tal vez simplemente pensaste que te perdiste la voluntad de Dios porque te enfocaste en el punto final en lugar del proceso.

Sólo porque Dios te llame para un cometido, no garantiza que el cometido tendrá éxito. Simplemente porque la vida no resulte de la manera en que pensaste, no significa que dejaste pasar la voluntad de Dios.

Esto es algo que también malinterpretamos con frecuencia sobre la voluntad de Dios; y es que se trata tanto de la persona en la que nos estamos convirtiendo como del destino al cual nos encaminamos.

Hace casi ocho años, tomé la decisión de regresar a mi ciudad natal, Nashville. Eso significó dejar la iglesia que había comenzado en Kentucky cinco años antes —una iglesia que amaba de todo corazón. Simplemente sentí que Dios me estaba llamando a salir otra vez de mi zona de comodidad.

Así que vine a trabajar en una iglesia aquí en Nashville, y en mi primer día de trabajo supe que aquello no era idóneo. Recuerdo haber bajado la cabeza sobre el escritorio y pensar: *Pete, ¿qué has hecho?*

Durante los siguientes meses realmente luché en aquella situación. Oraba una y otra vez: «Dios, pensé que esta era tu voluntad. Dios, pensé que esto era lo que tú querías que hiciera. ¿Cómo no lo entendí? ¿Cómo eché a perder todo de esta forma?»

Creo que fue el pastor Rick Warren el que dijo: «Dios está más interesado en tu carácter que en tu comodidad».[3] Durante el año que pasaría en aquella iglesia, descubriría cuán cierto es esto. El asunto es que Dios tenía algunas cosas que él quería que aprendiera. Él deseaba refinar, renovar y recalibrar algunos aspectos de mi corazón y mi alma, y, sí, de mi carácter. Lo que él hizo en mi vida durante aquel período de tiempo ha tenido un valor incalculable en estos últimos seis años de mi vida y de mi liderazgo.

Pienso que tal vez sea útil que mantengas esto en mente durante esos momentos Plan B, en los que te sientes confundido y frustrado sobre lo que parece estar ocurriendo en tu vida; cuando los planes que pensaste que eran de Dios no están resultando. ¿Será posible que Dios esté tratando de hacer algo con quién eres?

Es posible que te haya llamado a amar a la persona que lastimó tus sentimientos porque quiere ablandar tu corazón.

Quizás te llamó a entrevistarte para el trabajo porque quería enseñarte obediencia y perseverancia.

Tal vez te puso en una ciudad que detestas, en una ciudad donde te sientes completamente fuera de lugar, porque quiere aumentar tu dependencia en él.

Me encanta lo que dijo Erwin McManus con relación a esto: «El proceso de llegar a ser la persona que Dios quiere que seamos, usualmente no viene de éxito, éxito, éxito. Es de pérdida, éxito, fracaso, éxito, despecho, éxito, desilusión, éxito».[4]

Esto me recuerda lo que escribió C. S. Lewis en su novela *El gran divorcio*. En ella el autor, George MacDonald (un hombre real pero también un personaje en el libro), dice:

> ¡Ah!, los Salvados... lo que les ocurre a ellos se describe mejor como lo opuesto a un espejismo. Lo que parecía ser el valle de la miseria, cuando entraron en él, en retrospectiva, resultó haber sido un pozo; y donde la experiencia presente vio sólo sal abandonar a la memoria, verdaderamente hace constar que los pozos estaban llenos de agua.[5]

En otras palabras, nuestra visión de lo que Dios quiere y lo que está haciendo en nuestras vidas es muy, muy limitada.

Tendemos a pensar que Dios está con nosotros sólo cuando todo está marchando de maravillas y todas las gráficas de nuestra vida van hacia arriba y hacia la derecha. Pensamos que nuestras situaciones Plan B son señales de que no estamos donde Dios quiere que estemos. Creemos que nuestro sufrimiento es una señal de que no estamos entendiendo algo bien, y no que es evidencia de que Dios está obrando para enseñarnos y traernos bendición.

Elije en quién

Esto nos lleva de vuelta a José, quien, de alguna manera, sí entendía muy bien. Porque después de una crisis tras otra, inducidas a latigazos, José estaba tomando una decisión muy importante que evitó que cayera en un patrón de desilusión y resentimiento. Él estaba escogiendo el porqué, en lugar de quedarse varado en el qué, dónde y cuándo.

Más importante aun, estaba escogiendo *en quién* iba a confiar. Él escogió creer en Dios en lugar de sus circunstancias actuales.

Cada uno de nosotros tiene que tomar una decisión muy importante y esta decisión tendrá enormes implicaciones en cómo procesamos la vida. Tenemos que decidir si vamos a poner nuestra fe en lo que Dios hace o en quién Dios es.

En esta vida, muchas de nuestras preguntas simplemente no van a tener respuesta. Pero a través de todas ellas, Dios en sí mismo nunca va a cambiar. Por eso nuestra fe debe descansar en su identidad y no necesariamente en su actividad.

Si pones tu fe en lo que Dios hace, mejor es que te prepares para la frustración y la desilusión porque, de este lado del cielo, nunca vas a entender los caminos de Dios. ¡Y eso es así porque Dios es Dios! Tal como le dijo al profeta Isaías...

> *Como son más altos los cielos que la tierra,*
> *así son mis caminos más altos que vuestros caminos,*
> *y mis pensamientos más que vuestros pensamientos.*
> *(Isaías 55.9)*

¿Por qué estás pasando por lo que estás pasando? No lo sé.

¿Es la voluntad de Dios para tu vida eso que estás haciendo? No lo sé.

¿Terminará pronto? No lo sé.

Tal vez tú tampoco lo sepas. Quizás nunca lo sabrás. En esta vida, muchas de nuestras preguntas simplemente no van a tener respuesta. Pero a través de todas ellas, Dios en sí mismo nunca va a cambiar. Por eso nuestra fe debe descansar en su identidad y no necesariamente en su actividad.

¿Y quién es él?

Él es el Dios que es fiel. El Dios que cumple sus promesas. El Dios que está con nosotros en cada momento, y que está en el proceso de que todo obre para bien. Aun en los momentos que parecen latigazos. Aun cuando el fondo parece desprenderse y las malas noticias hacen que nuestras cabezas den vuelta.

Aun en medio de un Plan B, tú realmente sólo tienes una tarea, un llamado.

Y es hacer lo que harías si estuvieras seguro que Dios está contigo.

SIETE ¿QUÉ HAS HECHO POR MI RECIENTEMENTE?

El otro día estaba en casa poniéndome al día con algunos correos electrónicos. Era un sábado en la mañana, y los chicos estaban en medio de su ritual sabatino, viendo sus programas de dibujos animados. Como una nota al margen, quiero establecer claramente que no creo que los programas de dibujos animados hoy día sean tan buenos como eran hace veinticinco años atrás. Ni siquiera se acercan. Pero bueno, ¿cómo compites con Los Pitufos?

En fin, el televisor tenía el volumen muy alto y nuestro control remoto ahora mismo está roto. (Nuestro nuevo perrito de alguna forma lo confundió con uno de sus juguetes para masticar.) Así que le pedí a nuestro hijo de ocho años, Jett, que si podía pararse y bajar el volumen. Me miró y me preguntó: «Papi, ¿qué has hecho por mí recientemente?»

Pensé: ¿*Quéééé*? (Bien, realmente pensé otra cosa, pero este es un libro cristiano.) ¿*Qué he hecho por ti recientemente? ¿Quieres decir además de proveerte alimento, ropa, un techo sobre tu cabeza? ¿Además de criarte, comprarte regalos y amarte incondicionalmente?*

Mi hijo malagradecido, concentrado en sus caricaturas, estaba reflejando una actitud muy usual entre aquellos de nosotros que decimos llamarnos seguidores de Cristo. ¿Acaso no es cierto que te resulta más difícil ser obediente y fiel cuando sientes que Dios no está haciendo nada por ti? ¿No te sorprendes cuestionando a Dios cuando no se revela a ti de la forma en que pensaste que lo haría?

Pienso que con frecuencia tratamos a Dios como si se tratara de una máquina expendedora. Cuando te acercas a una máquina expendedora, esperas insertar la cantidad de dinero apropiada, oprimir el código o el número correcto, y del tiro sale cualquier cosa que deseas comer. Todo el proceso toma como unos cuarenta y cinco segundos.

Esperamos lo mismo de Dios. Tal vez no conscientemente. Quizás nunca lo diríamos. Sin embargo, aún así asumimos que si hacemos todo de la forma correcta, si decimos lo apropiado y tenemos la actitud requerida, simplemente podemos oprimir el botón mágico espiritual y recibir lo que deseemos en el momento. Estamos buscando una transacción espiritual rápida que no necesariamente nos lleve a un nivel de intimidad más profundo, pero que sí nos dé lo que deseamos. Y como los niños, ¡lo queremos *ahora*!

Estamos buscando una transacción espiritual
rápida que no necesariamente nos lleve a un nivel
de intimidad más profundo, pero que sí nos dé lo
que deseamos.

El espejo de nuestra necesidad

Por mucho, el tiempo más difícil de la paternidad que he experimentado hasta ahora ha sido los primeros tres o cuatro meses de vida de cada uno de nuestros niños. La falta de sueño y el llanto constante eran suficientes para llevarme al borde de la locura, y hasta el día de hoy no sé como mi esposa lo sobrevivió.

Puedo recordar a cada uno de nuestros niños llorando al momento en que sentía el primer asomo de hambre. Nuestros bebés eran incapaces de vernos como otra cosa que personas que respondían a sus necesidades.

A ellos no les preocupaba lo cansados que estábamos o qué tan estresados pudiéramos estar. Nunca se despertaron a las dos de la madrugada y pensaron: *¡Eh!, tengo un poco de hambre, pero sé que papi y mami deben estar realmente agotados, así que simplemente voy a dormirme otra vez y voy a esperar como hasta las seis más o menos.* ¡No! Gritaban, pataleaban y demandaban que atendiéramos aquel asomo de hambre.

Nuestros chiquitos siempre nos vieron en el espejo de su propia necesidad.[1] Y eso es exactamente lo que hacemos nosotros con Dios. Comenzamos a verlo en el espejo de nuestras propias necesidades. Y cuando lo hacemos, le robamos a él su gloria y su portento. O mejor dicho, nos robamos a nosotros mismos el Dios que *realmente* necesitamos; el Dios que no está a nuestro servicio, ese que no es meramente una proyección de nosotros mismos.

El libro *La búsqueda de Dios por A. W. Tozer* cambió mi vida de muchísimas maneras. Me encanta este pasaje de Tozer porque señala una tentación sutil que es común para muchos de nosotros: adorar nuestros propios deseos en lugar de Dios.

Antes de que el Señor Dios creara al hombre del barro, primero se preparó para él creando un mundo de cosas útiles y placenteras para su sustento y deleite... Fueron hechas para el uso del hombre, pero siempre estuvieron destinadas a ser externas al hombre, supeditadas a él. En lo profundo del corazón del ser humano había un santuario donde nadie, excepto Dios, merecía entrar. Dentro de él estaba Dios; afuera, miles de regalos con los que Dios le había colmado.

Sin embargo, el pecado ha introducido una complicación y ha convertido esos mismos regalos de Dios en una fuente potencial de ruina para el alma.

Nuestros infortunios comenzaron cuando Dios fue obligado a salir de su propio santuario, y se les dio entrada a las «cosas». Dentro del corazón del hombre, las «cosas» han tomado el control. Ahora, el hombre no tiene paz por naturaleza dentro de su corazón, porque ya Dios no está coronado allí, sino que allí, los usurpadores agresivos y obstinados en el anochecer moral pelean entre ellos mismos por el primado en el trono.

Esto no es una mera metáfora, sino un análisis fiel de nuestro problema espiritual real. Dentro del corazón humano existe una fibrosa y resistente raíz de vida caída cuya naturaleza es poseer, siempre poseer. Que codicia «cosas» con una pasión profunda y feroz. Los pronombres «mi» y «mío» parecen suficientemente inocentes cuando los vemos escritos, pero su uso constante y universal es trascendente... Ellos son síntomas verbales de nuestra grave enfermedad. Las raíces de nuestros corazones se han adentrado en las cosas, y no nos atrevemos a arrancar ni una raicilla por miedo de morir. Las cosas han llegado a ser necesarias para nosotros, un propósito que originalmente nunca fue proyectado. Los regalos de Dios ahora toman el lugar de Dios, y todo el curso de la naturaleza está trastornado por la monstruosa sustitución.[2]

Seamos sinceros. ¿No es acertada la descripción de Tozer?

Siempre que no recibimos lo que pedimos, ¿no nos enojamos? ¿Acaso no sentimos o que hemos hecho algo mal que nos está alejando de la bendición de Dios o que Dios está siendo injusto? No obtener lo que queremos tiende a hacer tambalear nuestra fe.

También funciona de la otra manera. Siempre que somos fieles, siempre que somos obedientes, siempre que hacemos lo correcto, ¿no esperamos, hasta cierto punto, que la vida se torne a nuestro favor?

- Nuestros hijos se arreglarán.
- Nuestra cuenta bancaria aumentará.
- Nuestras relaciones se harán más fáciles.
- Ascenderemos más rápido.
- Nos sentiremos mejor con nosotros mismos.

Creo que la mayoría de los cristianos cree en esta falacia en un momento u otro, viviendo como si tuviéramos un acuerdo tácito con Dios: «Si vivo una vida un tanto moral, tú necesitas cumplir con tu parte del trato bendiciendo mi vida y no permitiendo que nada seriamente malo me ocurra ni a mí ni a mi familia».

En cierta forma, insistimos en pensar que si hacemos lo que pensamos que Dios quiere, tenemos el derecho a una vida buena.

El único problema es que la vida no funciona así. No es así ahora ni tampoco funcionaba así en los tiempos bíblicos.

Ciertamente no funcionó de esa manera con José.

¿Estás bromeando?

¿Te acuerdas de José, cuya historia leímos en el capítulo anterior? ¿Te acuerdas? Su vida era una serie de infortunios de esos que te hacen voltear la cabeza, de buenas noticias a malas noticias, y luego a empezar otra vez. Lo último de escuchamos fue que era un esclavo en Egipto que había sido ascendido a jefe de la casa de su amo. Sin embargo, mira lo que pasó luego.

Y dejó todo lo que tenía en mano de José, y con él no se preocupaba de cosa alguna sino del pan que comía. Y era José de hermoso semblante y bella presencia. Aconteció después de esto, que la mujer de su amo puso sus ojos en José, y dijo: Duerme conmigo. Y él no quiso, y dijo a la mujer de su amo: He aquí que mi señor no se preocupa conmigo de lo que hay en casa, y ha puesto en mi mano todo lo que tiene. No hay otro mayor que yo en esta casa, y ninguna cosa me ha reservado sino a ti, por cuanto tú eres su mujer; ¿cómo, pues, haría yo este grande mal, y pecaría contra Dios? Hablando ella a José cada día, y no escuchándola él para acostarse al lado de ella, para estar con ella. (Génesis 39.6-10)

¿Puedes imaginarte qué enorme tentación debió haber sido esto para José?

Últimamente, he estado intentando comer de manera más saludable. Mis vicios más grandes son las papas fritas y la pizza. Mi esposa, Brandi, sabe esto y no haría nada a propósito para tratar de tentarme. Pero, justo el otro día, ella hizo papas fritas para los chicos porque a ellos les encantan tanto como a mí. Me paseé cerca de la estufa, y admiré las deliciosas, calientes y saladas papas. Normalmente, podría resistir, pero tenía mucha hambre. Sólo una, ¿verdad? ¿Tal vez unas cuantas y listo? Si esperaba sólo unos pocos minutos, podía satisfacer completamente mi apetito con la comida que Brandi había preparado para nosotros. Pero, en un momento de debilidad, me rendí. Y me comí casi todas aquellas papas fritas.

He descubierto que es mucho más fácil ceder ante la tentación cuando nuestras necesidades no han sido satisfechas. Cuando sentimos como si Dios nos hubiera abandonado, ¿por qué sencillamente no continuamos y lo abandonamos a él? El que nuestros sueños y deseos no hayan sido satisfechos, nos deja con hambre, y cuando tenemos hambre somos tentados a satisfacer esa hambre con algo que no es bueno para nosotros.

> He descubierto que es mucho más fácil ceder ante la tentación cuando nuestras necesidades no han sido satisfechas. El que nuestros sueños y deseos no hayan sido satisfechos, nos deja con hambre, y cuando tenemos hambre somos tentados a satisfacer esa hambre con algo que no es bueno para nosotros.

Y tenemos que asumir que José tiene hambre. Después de todo, él es un esclavo. Está muy lejos de cualquier persona que lo estime. Probablemente se siente frustrado y solo. Sería muy fácil para él pensar: *Sé que esto es incorrecto, pero, ¿qué más da? Tal vez esta es la salida que estoy esperando. Quizás esto pudiera ser el escape al dolor que estoy sintiendo. Nada más está funcionando, así que, ¿por qué no?*

Pero mira lo que pasa. La esposa de Potifar sigue tras él, rogándole que se acueste con ella, y José logra resistir.

Tal vez lees sobre esta dramática situación y piensas: *¡Asombroso! ¡Qué clase de carácter! ¡Qué fortaleza! Si en algún momento Dios va a recompensar la fidelidad en medio de un sueño destrozado, va a ser ahora.*

¿Cierto? Hum. Sigue leyendo:

Aconteció que entró él un día en casa para hacer su oficio, y no había nadie de los de casa allí. Y ella lo asió por su ropa, diciendo: Duerme conmigo. Entonces él dejó su ropa en las manos de ella, y huyó y salió. Cuando vio ella que le había dejado su ropa en sus manos, y había huido fuera, llamó a los de casa, y les habló diciendo: Mirad, nos ha traído un hebreo para que hiciese burla de nosotros. Vino él a mí para dormir conmigo, y yo di grandes voces. (vv. 11-14)

¡Caramba! ¡Tienes que estar bromeando, ¿cierto? Esto tiene que ser una terrible broma. Sin duda esto no le está pasando a José. Después de todo lo que ha pasado, simplemente no puede ser. Pero sí.

Ahora bien, permíteme mostrarte otro detalle que puede confundirte realmente:

Y tomó su amo a José, y lo puso en la cárcel, donde estaban los presos del rey, y estuvo allí en la cárcel. Pero Jehová estaba con José y le extendió su misericordia, y le dio gracia en los ojos del jefe de la cárcel. (vv. 20-21)

Aquí aparece otra vez. Ahora mismo, José ha sido rechazado, golpeado, vendido como esclavo, acusado falsamente de violación y encarcelado. Él ha hecho lo correcto en una situación extremadamente difícil, y ha sido castigado por ello. José está viviendo ese doloroso cliché de que ninguna buena obra jamás queda sin castigo.

Sin embargo, la Biblia sigue insistiendo en que el Señor estaba con él.

¿Cómo puede ser posible?

No obstante, así es exactamente como muchos de nosotros nos sentimos en nuestros Plan B... hemos hecho todo lo correcto y aún así hemos sido castigados:

- Has sido un esposo fiel, y aún así ella ha sido infiel.
- Has servido a la compañía por muchos años, y te despidieron.
- Intentaste ayudar a alguien, y ella te demandó.
- Trataste de ser sincero con un amigo, y él tomó represalias.

Entonces, a veces vemos a otras personas hacer lo incorrecto, y ellos sí se salen con las suyas. Una cosa es estar atravesando un Plan B porque hiciste algo mal. Es completamente distinto el dar lo mejor de ti, no hacer nada incorrecto, y *aún así* que se vengan abajo todos tus planes. ¡Simplemente no es justo!

Entonces... ¿está Dios contigo aun cuando eso pasa?

Creo que la respuesta es sí... pero eso tal vez no quiera decir lo que tú quieres que diga.

Sólo una cosa

La historia de José continúa. José hace un par de amigos en la prisión. Un copero y un panadero. Ambos amigos tuvieron sueños y le piden a José que interprete sus sueños. Bueno, de acuerdo con José, el sueño del copero significa buenas noticias: va a ser liberado de la prisión. Esto también es una excelente noticia para José. Ha estado todo este tiempo en prisión esperando por un momento con este. Él le dice al copero:

> Acuérdate, pues, de mí cuando tengas ese bien, y te ruego que uses conmigo de misericordia, y hagas mención de mí a Faraón, y me saques de esta casa. Porque fui hurtado de la tierra de los hebreos; y tampoco he hecho aquí por qué me pusiesen en la cárcel. (Génesis 40.14-15)

José está haciendo una petición muy razonable, es un simple favor. Acuérdate de mí. Cuando te liberen, acuérdate de mí.

El copero parece estar de acuerdo con el plan y está más que dispuesto a ayudar a José. Y entonces, tres días más tarde, tal como lo predijo José, el copero es puesto en libertad. Pero entonces, leemos estas decepcionantes palabras: «Y el jefe de los coperos no se acordó de José, sino que le olvidó» (v. 23).

¿Te imaginas la conversación de José con Dios cuando eso ocurrió? «Dios, ¡después de todo esto! He sido tan fiel. Todo lo que pedí fue una cosa: simplemente permite que este hombre se acuerde de mí. ¿Es esto demasiado pedir?»

¿Cuántas veces has caído de rodillas y, con lágrimas, le has suplicado a Dios por sólo una cosa?

- Sólo permite que mi hijo indisciplinado pueda cambiar.
- Sólo permite que me seleccionen para este trabajo.
- Sólo permite que mi esposo me acompañe a la consejería.
- Sólo cambia las circunstancias esta vez nada más.
- Dios, sólo necesito esta oportunidad.

¿Cuántas veces lo has pedido... y la respuesta no ha sido lo que esperabas? ¿Cuántas veces has suplicado que las cosas mejoren... y simplemente empeoran?

¿Y qué de los momentos como estos? ¿Está Dios todavía contigo? En tales momentos te obsesiona el pensamiento, *Dios pudo haber hecho algo y, sin embargo, no hizo nada.*

Completamente solo

Es muy importante que entiendas esto, y he aquí el porqué. Si todavía no te ha ocurrido, seguro te pasará. Vas a sentir que estás derramando tu corazón ante Dios y que tus oraciones están rebotando de vuelta, y nada está cambiando en medio de tu circunstancia.

Has estado orando por un sueño que parece estar escapando entre tus dedos; has estado orando por una expectativa insatisfecha. Y nada.

Oras, y no ves cambio en tus circunstancias.

Oras, pero justo eso que temes, ocurre.

Oras, pero aún así te sientes completamente solo.

Y tal vez no es simplemente solo. Sientes que te han pateado en el estómago. Cuando Aquel en quien dependes para que te dé lo que necesitas no hace su trabajo, te sientes traicionado, defraudado, absolutamente desilusionado.

Y esa es, en esencia, la definición de una circunstancia Plan B. Podrías hasta decir que es normal. O, por lo menos, no es inusual.

Peter Scazzero lo describe de esta manera:

> Nuestras gratas sensaciones de la presencia de Dios se evaporan. Sentimos que la puerta del cielo ha sido cerrada mientras oramos. La oscuridad, la impotencia, el cansancio, el sentido de fracaso o derrota, desnudez, vacío o sequedad, descienden sobre nosotros. Las disciplinas cristianas que hasta ahora nos han servido, «ya no funcionan». No podemos ver qué está haciendo Dios y percibimos muy pocos frutos visibles en nuestras vidas.[3]

Y sí, cuando estás pasando por todo eso, Dios todavía está contigo. Pero no pienses que esto quiere decir que elimina tu dolor, ira, desilusión y pérdida en ese momento. No pienses que no van a sentir una punzada de injusticia.

Me ha tomado mucho tiempo entender todo esto; entender que aun cuando Dios está conmigo, la vida no siempre va a resultar de la manera que he deseado. Sabía que existirían luchas y desilusiones. Sin embargo, una parte de mí aún así quería creer que mi fe podría funcionar como una especie de calmante gigante. Quería creer que mientras supiera que Dios estaba conmigo, el dolor de esos momentos difíciles sería aliviado.

Finalmente creo que lo estoy entendiendo: simplemente no funciona así.

Para José en la prisión, el hecho de que Dios estaba con él ciertamente no implicó que sus buenas obras fueron recompensadas —por lo menos no todavía. No significó que sus oraciones fueron contestadas —por lo menos no por mucho tiempo. Y ciertamente no hizo que su pérdida doliera menos. Todavía tenía que vivir allí en la prisión, sintiéndose olvidado y abandonado. Todavía tenía que lidiar con la comida desabrida y los pisos de piedra dura, y los demás prisioneros. Aún así, tenía que sentir nostalgia, sentirse inadecuado, solo y olvidado.

Sí, a pesar de que Dios estaba con él.

¿Cómo te ayuda?

Si saber que Dios está presente no alivia tu dolor ni resuelve tus problemas ni contesta tus preguntas, ¿cómo te ayuda?

Creo que esa es una pregunta válida. Y si todavía estás pensando con una mente tipo máquina expendedora, tal vez no te guste la respuesta. Si estás pensando algo así como que «Dios me debe», quizás te avecinas a otra desilusión. Sin embargo, si estás dispuesto a cambiar tu forma de pensar es posible que esta historia te ayude un poco.

Recuerdo que era mi primer año en la universidad y, por primera vez, me sentía solo. Por primera vez en mi vida, parecía que había más gente que no conocía que personas conocidas. Y encima de eso, de repente, tampoco contaba con la presencia de mis padres.

Llegué a la universidad manejando un Buick color celeste que le había comprado a mi abuelo unos años antes. Aquel auto realmente atraía a las chicas. *Bien*, no realmente. A pesar de que sí conocí a Brandi mientras manejaba aquella chatarra, y aún así, milagrosamente, salió conmigo.

Recuerdo la primera vez que, estando en la universidad, se averió mi auto. Me quedé allí parado, a la orilla de la carretera, preguntándome: *¿Qué rayos se supone que haga ahora? ¿Llamaré a una grúa? ¿Llamo a un mecánico?*

Y esto fue antes de que todo el mundo tuviera un teléfono celular, así que tuve que caminar hasta una estación de gasolina. Necesitaba encontrar un teléfono. Necesitaba llamar a mi papá. Realmente no esperaba que él pudiera reparar mi auto, pero sí sabía que él me diría cuál debía ser el siguiente paso.

Papá me dijo que se encontraría conmigo luego de su trabajo para echarle un vistazo al auto. E instantáneamente me sentí mejor. Todavía tenía un auto averiado a la orilla de la carretera. Todavía no sabía si íbamos a poder repararlo. Pero el simple hecho de saber que papá estaba al tanto de mis circunstancias fue un enorme alivio.

Dios sabe

A fin de cuentas, pienso que eso es lo que muchos anhelamos. Simplemente queremos y necesitamos estar seguros de que Dios sabe lo que nos está pasando, que no hemos sido ni olvidados ni abandonados. Aun si no conocemos cuales serán los resultados de nuestras circunstancias actuales, existe una tremenda paz y consuelo que viene con eso.

Y Dios sí sabe. Isaías 53.3 describe al Hijo de Dios como «varón de dolores, hecho para el sufrimiento» (NVI). Él sabe lo que es estar triste y sentirse desilusionado. Él sabe lo que es sufrir y llorar. Y aunque nunca nos ha prometido quitarnos el dolor, él sí ha prometido estar justo a nuestro lado en medio de él. Él sufre con nosotros. Se entristece con nosotros. Llora con nosotros. Él *sabe*.

Así que esta es una manera en que la presencia de Dios puede ayudarte mientras estás viviendo tu Plan B: puedes estar seguro de que no importa lo malas que puedan ponerse las cosas, y no importa cómo te sientas, no estás solo.

Sin embargo, no fue sólo saber que Dios estaba al tanto lo que me hizo sentir mejor con respecto a mi situación con el auto. También ayudó el saber que mi papá me iba a asistir... y que él sabía lo que estaba haciendo.

Yo no sabía exactamente cuánto tiempo le tomaría llegar. Papá dijo que vendría después del trabajo, y sabía que eso era un recorrido bastante largo, y tampoco sabía cómo estaría el tráfico. No sabía lo que papá estaría haciendo mientras tanto. Pero conocía a mi papá. Conocía su carácter. Sabía que él estaba dispuesto a ayudarme y también sabía que era capaz de hacer lo que fuera necesario. Así que pude relajarme y esperar a que él llegara.

Creo que José tenía ese mismo conocimiento que lo consolaba mientras todavía estaba pasándola muy duro en aquella prisión egipcia. Él no sabía cómo resultarían las cosas. No tiene falsas ilusiones de que sus buenas obras van a ser recompensadas —ya él sabe más que eso. No tiene la más mínima idea de cuánto tiempo tomará para que Dios resuelva las cosas. Digo, ya ha esperado años y años, y todavía está allí en la cárcel.

Pero José conoce a su papá. Él conoce su carácter. Y eso le trae a José no sólo consuelo, sino esperanza.

José tiene fe en que Dios está con él, y pienso que José tiene fe en que Dios va a resolver aquello de alguna manera. No porque él lo merezca, y no necesariamente de la manera en que él piensa que debería ocurrir, si no de la forma mejor posible.

¿Cómo estoy tan seguro? No lo estoy. No hay ningún versículo que nos muestre lo que José está pensando mientras su trasero está estacionado en aquella prisión. Sin embargo, encuentro una pista bastante buena de lo que José dice justo al final de su historia.

¿Sabes? Tomó algo de tiempo, pero a la larga todo resultó bien para José. De hecho, resultó fantástico. No obstante, los planes de Dios involucraron mucho más que liberar a José de la esclavitud u otorgarle un trabajo cómodo o sacarlo de la prisión por algo que no hizo. Conllevó mucho más de lo que José quería o necesitaba en cualquier momento determinado.

El resto de la historia

He aquí un corto resumen de lo que ocurrió. A la larga, el copero de Faraón se acuerda de José: justo después que Faraón tiene un sueño que necesita interpretación. El copero recomienda a José como interpretador de sueños. José es capaz de interpretar el sueño correctamente (que concernía a una hambruna que se avecinaba) y le da algunos consejos (almacenar alimentos para el tiempo de hambruna), así que eventualmente lo nombran a cargo de ejecutar su propio consejo. Esto significa que es el oficial de más alto rango en Egipto. Y José está justo ahí, ejerciendo su posición oficial, cuando sus propios hermanos —los que lo golpearon y lo vendieron— llegaron a suplicar por alimentos.

Después de jugar un poco con sus cabezas (¡eh, tenía todo el derecho a hacerlo!), José perdona a sus hermanos y les pide que traigan a toda la familia a Egipto. (En el proceso, según leemos más adelante en la Biblia, se las arregla para salvar a todo su pueblo de la destrucción, pero esa es otra historia.) Y una vez están todos juntos otra vez (Génesis 45.4-8), él resume toda la historia de buenas-malas-buenas noticias de su vida diciéndoles a sus hermanos lo que él se mantuvo creyendo durante tantos años: «Ustedes intentaron hacerme daño, pero Dios lo usó para bien, para así lograr lo que ahora ha sido hecho: el salvar muchas vidas».

Sin embargo, tienes que entender esto (porque es también importante).

Nada de esto le ocurrió a José porque él era bueno. Nada de esto pasó porque José lo pidió y Dios estaba obligado a contestar. Ocurrió porque Dios sabía lo que estaba haciendo con la vida de José aun cuando José no tenía la más mínima idea. En aquellos momentos en los que todo parecía estar saliendo mal y él no podía ver el fin de sus problemas, José logró mantenerse aferrado a eso.

Y eso es algo a lo que tú también puedes aferrarte, cuando en esos tiempos de Plan B no puedes ver el final a todos tus problemas.

Él sabe por lo que estás pasando. Él está justo a tu lado, compartiendo tu dolor, aun cuando tal vez no lo quite. Y él sabe lo que está haciendo con tu vida, aunque tú no lo sepas.

¿Puedes hacer una pausa por un momento y permitirte asimilar bien esa verdad? Permite que se asiente en tu mente y en tu corazón. Permite que te dé fortaleza, valor, paz y consuelo.

Dios está contigo. Justo ahora. En este preciso instante. No importa cómo te sientas.

Sin embargo, para que eso pueda marcar una diferencia en tu vida, es posible que tengas que cambiar tu forma de pensar. Tal vez tengas que renunciar a algunas de tus expectativas sobre lo que Dios te debe y cómo *se supone* que sean las cosas.

¿Qué pasaría si viéramos nuestras dificultades y nuestros retos como oportunidades para ser los hombres o las mujeres que Dios tenía en mente cuando nos creó? ¿Qué pasaría si dejáramos de tomar lo que creemos que merecemos y tratáramos de recibir cada momento con gratitud?

Receptivo y agradecido

Anoche me quedé despierto hasta muy tarde leyendo el maravilloso libro de Ronald Rolheiser, *The Shattered Lantern* [La linterna rota]. Esta oración en particular capturó mi imaginación: «El pecado original de Adán y Eva, el prototipo de todo pecado, es presentado como un fracaso a ser receptivo y agradecido».[4]

Piensa en esto por un segundo. Dios crea a Adán y a Eva, y los coloca en el huerto donde están rodeados por una belleza inconfundible y toda la bondad de la vida. Ellos están experimentando la plenitud de la vida; la vida de la manera en que se suponía que fuera, y se les promete que continuará siendo así bajo una condición: que no coman el fruto de cierto árbol.

¿Y qué hacen ellos? Ya conoces la historia. En lugar de recibir la vida con gratitud, como el regalo que es, y seguir las condiciones del obsequio, tratan de apoderarse de ella como si la merecieran.

Cuando pienso en el pecado que entra furtivamente en mi propia vida, con frecuencia comienza con esta misma incapacidad de recibir la vida como un regalo. Mi codicia, mi orgullo, mi ira, mi falta de perdón... todo esto nace de un corazón que cree que tiene derecho a algo.

Me pregunto qué tan diferente sería la vida para cada uno de nosotros si decidiéramos ver nuestras circunstancias y nuestras relaciones como los regalos que son. ¿Qué pasaría si viéramos nuestras dificultades y nuestros retos como oportunidades para ser los hombres o las mujeres que Dios tenía en mente cuando nos creó? ¿Qué pasaría si dejáramos de tomar lo que creemos que merecemos y tratáramos de recibir cada momento con gratitud?

Sí, aun la injusticia del dolor de nuestro Plan B.

El asunto es que Dios es Dios. Él no nos debe nada.

Sin embargo, nos da todo, incluyendo a sí mismo.

Él lo hace en su manera espléndida, misteriosa y enloquecedoramente impredecible. Lo hace en su tiempo, lo que a veces toma mucho más de lo que pensamos que debe tomar. Él lo hace con el cuadro completo en mente, sin hacer caso a la forma en que nosotros pensamos que debe ocurrir. Y con mucha frecuencia, en vez de darnos lo que nosotros pensamos que merecemos, en lugar de quitar el dolor, la frustración y la confusión en nuestros Plan B, él nos ofrece la promesa de su presencia.

Y esto no es un premio de consolación. Es exactamente el regalo que necesitas para lo que estás pasando en cualquier momento. Si puedes confiar en eso, si puedes recibirlo, estarás en una mejor posición para ver qué es lo próximo que Dios va a hacer.

Pero, ¿puedes hacerlo? ¿Puedes creer sinceramente que Dios está contigo?

Tal vez la pregunta más apropiada es: ¿lo vas a creer?

«Todos los días tenemos que tomar esta decisión», dice Andy Stanley. «¿Voy a definir a Dios al interpretar mis circunstancias o simplemente voy a confiar en que Dios es quien él dice que es?»[5]

La decisión no es sencilla, pero puede marcar toda la diferencia.

Es una decisión que puedes hacer cada día, sin importar qué esté ocurriendo.

En lugar de refunfuñar porque Dios no está llenando tus expectativas, porque no está supliendo tus necesidades, porque no está contestando tus oraciones con la rapidez de una máquina expendedora... puedes tomar la decisión de recibir lo que te está ofreciendo en este momento.

El consuelo de comprender que él sabe por lo que estás pasando.

La esperanza de entender que él realmente sabe lo que está haciendo.

OCHO OSCURIDAD

Dos de mis personas favoritas en todo el mundo son Jeff y Vicki Rogers. Mi esposa Brandi y yo arreglamos su primera cita romántica mientras estudiábamos en la universidad, y Jeff estuvo en el primer grupo de discipulado que dirigí. Jeff y Brandi también trabajaron conmigo en un ministerio estudiantil que dirigía en una iglesia local mientras estaba en la universidad.

En 2001, cerca del mismo tiempo en el que me preparaba para comenzar Cross Point Church en Nashville, Jeff y Vicki sintieron un llamado para hacer trabajo misionero a tiempo completo, así que se unieron al equipo de trabajo de los Ministerios GO, con sede en Louisville. Ellos anhelaban ir a la República Dominicana para difundir el mensaje de esperanza a un grupo de personas pobres. Realmente no me sorprendió su llamado ni su obediencia para ir. Siempre han sido el tipo de pareja totalmente abierta a ir dondequiera que Dios les dirija.

Durante varios años, Jeff y Vicki dividieron su tiempo entre Estados Unidos y la República Dominicana. Sin embargo, con cada viaje hacia el sur, sus corazones quedaban más y más destrozados por los dominicanos y los haitianos a quienes Dios les estaba permitiendo ministrar. Finalmente, tomaron la decisión de servir en la República Dominicana a tiempo completo. En enero de 2005, comenzaron a vender o a regalar casi todas sus posesiones aquí en Estados Unidos para hacer la gran movida.

Recuerdo haber pensado: *¿En verdad quieren hacer eso? ¿En serio que quieren mudarse allá permanentemente? ¿Por qué no mantienen su actual arreglo y siguen dividiendo su tiempo? Pueden tener lo mejor de los dos mundos. Pueden hacer misiones, pero también pueden regresar aquí y pasar tiempo importante con sus familias y amigos.*

Muy sabiamente, Jeff y Vicki no escucharon a personas como yo, sino que siguieron sus corazones y el llamado de Dios. Y se mudaron a la República Dominicana en pos de su sueño. Pero apenas llegaron, Vicki se sorprendió al descubrir que estaba embarazada. Y eso no era parte del plan. Si bien ellos no se oponían a tener hijos, habían deseado establecerse bien en su nuevo ministerio en la isla antes de siquiera pensar en comenzar una familia. Sin embargo, ahora sabían que tendrían que salir de la República Dominicana temporalmente y viajar de regreso a Estados Unidos para tener al bebé.

Esto era algo así como un Plan B para los Rogers. Pero nada demasiado complicado. Decidieron que sencillamente se mantendrían flexibles e irían con la corriente. Comenzaron a trabajar para levantar su ministerio antes que el bebé les redujera el paso.

A los varios meses de embarazada, el doctor dominicano de Vicki le dijo que había escuchado dos latidos de corazón. Vicki le contestó: «Seguro que sí. El mío y el del bebé, ¿cierto?»

Él contestó: «No, escucho dos bebés».

Claramente, su Plan B tenía un segundo capítulo. Con dos bebés en camino, tendrían que dejar la isla antes de lo esperado. Así que, en junio de 2005, a regañadientes, regresaron a Estados Unidos. El plan era tener a sus bebés en un ambiente seguro y regresar rápidamente a la República Dominicana, donde habían dejado sus corazones.

Sin embargo, todavía le faltaba mucho más a la historia de Jeff y Vicki. A unas pocas semanas de llegar a Estados Unidos, un ultrasonido reveló una complicación muy seria, y posiblemente fatal. Las gemelas eran mono amnióticas, lo que significa que compartían un solo saco amniótico y una sola placenta. Esta rara condición implicaba que las niñitas tenían sólo un cincuenta por ciento de posibilidades de sobrevivir dentro del vientre.

Aquel día, Jeff y Vicki salieron de la oficina del médico conmocionados, pero todavía esperanzados. La meta era llegar a las treinta y dos semanas, y luego intentar parir a las bebés. Mientras más tiempo permanecieran en el vientre, y más crecieran, menos probabilidades tenían de sobrevivir.

Ni siquiera llegaron a aquella meta. En la semana veintisiete, otras complicaciones obligaron a recluir a Vicki en el hospital para que pudieran monitorearla todo el tiempo. Y dos semanas más tarde, los alarmantes resultados de unas pruebas obligaron a los doctores a provocar el parto de Sophie y Renea. Cada bebé pesó sólo dos libras. Y si hubieran esperado un solo día más, los doctores dijeron, por lo menos una de las bebés habría muerto.

Las gemelas fueron llevadas de inmediato a la Unidad de Cuidado Intensivo Neonatal, donde permanecerían durante las siguientes seis semanas luchando por sus vidas. Mientras tanto, Jeff y Vicki estaban luchando por obtener respuesta a algunas preguntas muy difíciles.

«Estábamos enfrentando la muerte de expectativas», me dijo Vicki después. «Tenía sueños de *baby showers* y de ir de compras con mis amigas. El sueño de simplemente sostener en los brazos a mis niñas luego de nacer. El sueño de regresar a casa con un cuarto listo para ellas. El sueño de hijas saludables que no estuvieran conectadas a máquinas. Todas esas expectativas estaban muriendo».

Entonces una noche, durante la estadía de ocho semanas en el hospital, los doctores les informaron a Jeff y a Vicki que Sophie había desarrollado un sangrado cerebral. Era muy posible que no sobreviviera la noche.

En aquel momento, Jeff y Vicki tampoco estaban seguros si ellos sobrevivirían.

¿Puedes manejarlo?

Tal vez igual que tú, yo crecí en la iglesia. Y mi experiencia general con eso fue, en realidad, bastante positiva. No soy uno de los que camina por ahí amargado y con mucho bagaje debido a mis primeras experiencias en la iglesia.

Sin embargo, hubo varios momentos en mi vida en los que personas muy bien intencionadas hablaron a mi vida lo que pensaron que eran verdades bíblicas. Sin embargo, aquellas «verdades», que resultaron no ser para nada bíblicas, sólo crearon capas de distorsión sobre la forma en la que me relaciono con Dios.

Una frase en particular que parecía escuchar una y otra vez era esta: «Dios nunca te va a dar más de lo que puedes manejar».

Suena muy dulce y bíblico, algo como lo que mi abuelita habría bordado y colgado en la pared de su casa.

El problema es que nada puede estar más lejos de la verdad.

¿De dónde rayos nos llegó esta teología gastada? ¿Dónde aparece ese versículo en la Biblia? ¿Alucinaciones 4.32, tal vez?

Pensemos en Jeff y en Vicki. Ellos habían consagrado sus vidas a seguir a Cristo y a impactar al mundo. Estuvieron dispuestos a dejar sus vidas seguras aquí en Estados Unidos para servir como misioneros, sólo para pasar de un contratiempo a otro. Ahora están sentados en un oscuro y solitario cuarto de hospital, viendo a sus hijas gemelas luchar por sus vidas, y reciben la noticia de que una de ellas posiblemente no sobreviva la noche.

No sé tú, pero esto sencillamente no se oye bien para mí. Esto no suena a algo que una persona promedio puede manejar, ni siquiera con la presencia de Dios.

Esta es la verdad —y esta es completamente bíblica: a lo largo de tu vida vas a enfrentar una situación tras otra que va a estar completamente más allá de lo que puedes manejar.

Esta es la verdad —y esta es completamente bíblica: a lo largo de tu vida vas a enfrentar una situación tras otra que va a estar completamente más allá de lo que puedes manejar.

Ciertamente al apóstol Pablo le ocurrió. Él escribe en 2 de Corintios 12.7 sobre una situación a la que llama «un aguijón en mi carne, un mensajero de Satanás». No sabemos exactamente qué era: ¿una discapacidad física o una condición médica o un hábito difícil de romper? Pablo no nos dice. Pero sí nos dice que no podía manejarlo. Tuvo que entregarlo a Dios:

> Respecto a lo cual tres veces he rogado al Señor, que lo quite de mí. Y me ha dicho: Bástate mi gracia; porque mi poder se perfecciona en la debilidad. Por tanto, de buena gana me gloriaré más bien en mis debilidades, para que repose sobre mí el poder de Cristo. Por lo cual, por amor a Cristo me gozo en las debilidades, en afrentas, en necesidades, en persecuciones, en angustias; porque cuando soy débil, entonces soy fuerte. (vv. 8-10)

La Biblia está repleta de historias como esa. De hecho, la mayoría de las historias que escuchamos en la Escuela Dominical tratan de individuos que enfrentaron situaciones que estaban complemente más allá de lo que ellos podían manejar.

Situaciones que les obligaron a tomar una decisión: abandonar a Dios o adorarle en medio de un Plan B.

La pared

Toma por ejemplo a Abraham. A través de su larga vida, él enfrentó un Plan B tras otro.

El primero es descrito en Génesis 12, cuando Dios llama a Abraham a que abandone todo lo que le era familiar. Dios le pide que deje a su familia, su riqueza y la seguridad de lo conocido para que vaya a un lugar anónimo. Y Abraham lo hace. Él escoge adorar a Dios a través de su obediencia, aun en medio de la oscuridad.

Dios le promete a Abraham que él va a ser el padre de una gran nación. Pero entonces, Abraham se encuentra en medio de otro Plan B: una decepcionante situación llamada infertilidad. Aquí Dios ha plantado un maravilloso sueño y deseo en el corazón de Abraham, pero este sueño no parece estar yendo a ninguna parte. Este Plan B lleva a Abraham a pasar por todo tipo de tensiones matrimoniales, pero él escoge adorar a Dios a través de su fe, aun en medio de su frustración.

A la larga, Abraham tiene un hijo llamado Isaac, y parece que todo el mundo va a vivir feliz para siempre. Seguro que Dios no permitiría que pasara algo más después de todo lo que ya ha pasado, ¿verdad?

Bueno, si has estado leyendo este libro, sabes lo suficiente como para responder a esa pregunta. De hecho, Abraham está a punto de enfrentar el Plan B más doloroso que cualquiera pueda imaginar. Dios está a punto de probar su fe pidiéndole que haga lo inexplicable.

> Aconteció después de estas cosas, que probó Dios a Abraham, y le dijo: Abraham. Y él respondió: Heme aquí. Y dijo: Toma ahora tu hijo, tu único, Isaac, a quien amas, y vete a tierra de Moriah, y ofrécelo allí en holocausto sobre uno de los montes que yo te diré. (Génesis 22.1-2)

¿Puedes imaginarte lo que estas instrucciones provocan en Abraham? Dios le está pidiendo que sacrifique a su único hijo, al hijo por el que esperó tantos años, el hijo que estaba supuesto a ser el cumplimiento de la promesa de Dios. Esto no es algo que él pueda manejar fácilmente. ¡Es algo que nadie puede manejar!

Lo que está ocurriendo aquí es que Abraham se golpeó contra lo que Janet Hagberg y Robert Guelich llaman «la pared». Él llegó a los límites de lo que es capaz de hacer.[1]

Para la mayoría de nosotros, la pared aparece cuando nos encontramos con un Plan B que pone nuestro mundo de cabeza. Puede ser un divorcio, una traición, la pérdida de un empleo. Puede involucrar una muerte repentina, una experiencia desilusionante en la iglesia, o tal vez una depresión profunda. Cualquiera de estas puede hacer estrellar a una persona contra la pared.

Y cualquiera que sea, nos coloca al final de nuestra habilidad para manejar nuestras vidas. Probablemente también nos encontramos cuestionando a Dios, a la iglesia y a nosotros mismos. Descubrimos por primera vez que nuestra fe no parece «funcionar». Tenemos más preguntas que respuestas. No sabemos dónde está Dios, qué está haciendo, adónde se dirige, cómo nos va a llevar allí, o cuándo va a terminar. Sentimos que el fundamento mismo de nuestra fe parece estar en peligro.

La pared puede ser un lugar muy oscuro... como lo descubrieron Jeff y Vicki.

Gracias a Dios, Sophie sobrevivió aquella noche difícil en el hospital. Pero llegarían muchísimos otros obstáculos para ambas niñas, obstáculos que probarían la fe de Jeff y Vicki una y otra y otra vez.

Finalmente, después de cinco transfusiones de sangre, infecciones bacterianas, e infinidad de otros problemas de salud, las gemelas pudieron salir del hospital. Parecían haberse recuperado de su comienzo tambaleante. Pero apenas unas pocas semanas más tarde, cuando las niñas tenían cuatro meses de nacidas, Jeff y Vicki recibieron más noticias dolorosas. Tanto Sophie como Renea eran profundamente sordas. La condición estaba completamente desligada al hecho de haber sido prematuras. Era producto de un gene poco común que portaban Jeff y Vicki.

Al igual que Abraham, cuando llegó el diagnóstico, se encontraron frente a su propia pared.

Dejar ir

No obstante, hay algo interesante con respecto a lo que hace Abraham cuando enfrentó su pared. Me parece casi irreal que Abraham, sin ningún argumento, ni retraso, ni resistencia aparente, se dirige al monte para cumplir la petición de Dios. Ni siquiera parece estar enojado ni amargado. Debe estar preguntándose qué se trae Dios entre manos, pero no pelea. Simplemente se dirige a obedecer. Y recuerda, a estas alturas, él no tiene ninguna idea de lo que a la larga va a ocurrir. Él no sabe que Dios lo va a detener antes que sacrifique a Isaac. Él realmente piensa que Dios lo está llevando al monte para matar a su hijo... y aún así está dispuesto a confiar en Dios.

¿Cómo es posible que Abraham sea tan confiado? Hay varias respuestas posibles a esa pregunta. No obstante, creo que una de las más importantes es que Abraham ha desarrollado en su vida la práctica de la gratitud.

En varias ocasiones a lo largo de su vida, vemos que Abraham edifica altares para marcar un momento en el tiempo en el que Dios cumple una promesa. Por ejemplo, en Génesis 12.7, edifica un altar para marcar la llegada de su familia a Canaán, la tierra que Dios prometió darle. Edifica otra vez un altar en Génesis 12.8 y en Génesis 13.18.

Creo que estos altares sirvieron como «gatillos» para la fe a lo largo del resto de su vida. Estos altares le recordaban todas las veces que Dios se había revelado en medio de lo imposible. Eran un recordatorio de todas las veces que Dios cumplió sus promesas.

Jeff Henderson, pastor de la Iglesia Buckhead en Atlanta, lo dice de esta manera: «Abraham descubre una manera de recordar, "Dios está con nosotros". Si no tienes una forma sistemática de recordar la fidelidad de Dios en el pasado, Dios se va a encoger en tu corazón».[2] En otras palabras, si no recuerdas la fidelidad pasada de Dios, se te va a hacer muy difícil confiar en él cuando te encuentres contra la pared.

Así que, año tras año, Abraham edifica altares de gratitud para recordarse a sí mismo que puede confiar en toda la sabiduría de Dios. Entonces, cuando Abraham se encuentra contra la pared, tiene algo en qué apoyarse. Él puede decir, esto no parece tener sentido. Pero de lo que sí estoy seguro es que puedo confiar en el Creador del universo.

Tengo entonces que preguntarte: ¿Cuáles son algunos de tus altares? ¿Cuáles son los «gatillos» que te recuerdan la fidelidad de Dios a lo largo de tu vida? Tal vez es una foto, un versículo particular, algo que escribiste en tu diario, o un hijo. Sin estos recordatorios, siempre serás tentado a dudar, a retroceder y hasta a darte por vencido cuando te encuentras contra la pared.

Si no recuerdas la fidelidad pasada de Dios, se te va a hacer muy difícil confiar en él cuando te encuentres contra la pared.

Despojados

Después que descubrieron que sus hijas eran sordas, Jeff y Vicki entraron en lugar muy oscuro. «Nos fuimos a casa y simplemente nos desmoronamos», me contó Jeff. «Sin duda, después de todo lo que habíamos pasado, Dios no permitiría que pasáramos por algo más. Durante meses habíamos estado junto a ellas al lado de sus camitas, cantando canciones, leyendo la Biblia y susurrando palabras de esperanza a nuestras dulces niñitas, sólo para descubrir que no podían oír ni una sola palabra.

»Supimos aquel día que todo iba a ser diferente», recuerda. «Esta no es la manera en que pensábamos que luciría esto de tener hijos. Esta no es la manera en que pensábamos que luciría el ministerio. Esta no es la manera en que pensábamos que la vida iba a presentarse».

Me parece que esta es una verdad difícil de comprender, pero Dios te ama lo suficiente como para despojarte de cualquier cosa que te aleje de él. Y, con frecuencia, esas cosas que te separan no son malas en sí. De hecho, a menudo, son cosas buenas: relaciones, misiones, trabajos. Pero si por alguna razón evitan que conozcamos a Dios como debemos, él puede quitarlas de nuestras vidas.

Y eso es lo que sucede en la pared. Por eso es tan doloroso... porque hemos sido despojados de todo, estamos desnudos. Pero eso es necesario que pase porque en la pared hay una transformación de lo que creemos en nuestras cabezas, a una creencia que penetra cada fibra de nuestro ser. La mayoría de las veces, implica un encuentro profundo con quién somos y con lo que creemos que es cierto en el fondo del alma.

Hagberg y Guelich lo describen de esta manera: «La pared representa nuestra voluntad encontrándose cara a cara con la voluntad de Dios... Fundamentalmente, de lo que trata es de ir derribando poco a poco las barreras que hemos levantado entre nuestra voluntad y una nueva apreciación de Dios en nuestras vidas».[3]

Obviamente, esto es lo que está ocurriendo cuando Abraham se pega contra su pared. Su verdadero corazón, su alianza con Dios, están siendo probados.

Un día, Jeff me dijo que sentía que Dios los había despojado a él y a Vicki de la República Dominicana. Él había estado orando a través de todo esto: «Dios, ¿por qué? Dios, ¿cómo puedes hacernos esto? ¿Es esta la forma en que tratas a la gente que desea servirte?» Y él sintió que Dios le respondió diciendo: «Jeff, ¿vas a servir a mi reino de la forma en que yo te pido o de la forma en que tú quieres hacerlo?»

Fue en aquel momento cuando Jeff se dio cuenta: «La República Dominicana había llegado a ser un ídolo para nosotros. Era un ídolo del que Dios nos estaba despojando porque se había convertido en algo que estábamos usando para compararnos con otras personas y así sentirnos mejor con respecto a lo que hacíamos para Dios».

La pared es el lugar donde tengo que renunciar a eso a lo que me aferro para encontrar identidad. Es donde tengo que soltar lo que me impide tener intimidad con Dios y adorar a Dios. Esto podría ser trabajo o religión o algunos dones dados por Dios. Podrían ser expectativas o sueños, o pueden ser adicciones. Tal vez es control o la necesidad desesperante de aprobación.

No sé lo que es para ti. Pero sí sé que a Dios le honra la fe y él va a influenciar cualquier cosa en tu vida para expandir y aumentar tu fe.

Te ruego que entiendas y que te prepares porque si todavía no te has enfrentado a la pared, lo vas a hacer tarde o temprano. Dios va a permitir que pases por algo. Tal vez sea una pérdida, una tragedia, una situación de esas que cambian la vida, y no va a haber una explicación sencilla de por qué está pasando.

Seamos sinceros aquí. Una y otra vez en la vida vas a sentirte como que Dios no se está revelando. Vas a sentirte como que Dios no está sanando, no está restaurando, no está mostrando su gran poder.

Esos momentos son cruciales en tu relación con él. Esos momentos son cruciales porque Dios está tratando de llevarte a un lugar en el que tú no puedes manejar las cosas por ti mismo, a un lugar donde estás dispuesto a rendir tus planes para así recibir los de él. Él está tratando de hacer madurar tu fe.

En momentos como esos, ¿seguirás escogiendo creer que él es quien él dice que es?

La tierra de Uz

Uno de los mejores ejemplos de alguien estrellándose contra la pared tiene que ser la historia de Job que encontramos en el Antiguo Testamento.

Se nos dice inmediatamente que Job es «un hombre recto e intachable» (Job 1.1, NVI). Es temeroso de Dios y apartado del mal. Es considerado un hombre bendecido porque tiene siete hijos y tres hijas, es dueño de siete mil ovejas, tres mil camellos, quinientas yuntas de bueyes y quinientas asnas. En realidad no tengo nada que pueda comparar con esto, pero ciertamente me parece que son bastantes animales apestosos. No estoy seguro que podría llamar bendición a cuidar tanto ganado, pero aparentemente en el tiempo de Job, esto era señal de una gran riqueza.

La historia de Job tiene lugar en la tierra de Uz —y por favor, no la confundas con la tierra de Oz, donde merodean enanos, espantapájaros, leones y burros voladores. Los expertos creen que la tierra de Uz estaba en realidad en una región de lo que hoy día conocemos como Israel. Esto es indicio de que Job no es sólo la historia de un hombre, sino realmente la historia de todo el mundo; o como una vez escuché que la describían: «la historia de todos nosotros».

Lo primero que sabemos de Job, aparte del hecho que es rico, es que Job es un buen hombre y que le están pasando muchas cosas buenas. Es casi como si recibiera bendiciones en proporción directa a la obediencia que ofrece. Y aunque la mayoría de nosotros sabe bien adentro que esta no es la forma en que funciona la vida, muchos todavía tenemos la creencia —aunque pendiendo de un hilo— de que esta es la forma en la vida *debiera* funcionar.

Pero la tierra de Uz es diferente. Es un lugar donde cosas muy malas pueden ocurrirle a gente muy buena. John Ortberg la describe de esta manera: «Uz sería un lugar donde no sólo llega el sufrimiento, sino que llega sin aviso ni explicación, y crea confusión y desesperación».[4]

Uz, en otras palabras, es la tierra de los Plan B.

Tal vez estás lo suficientemente familiarizado con la historia de Job como para saber que su primera situación Plan B consiste en perder su ganado, su riqueza, sus sirvientes, sus hijos y casi todo lo que él aprecia. Básicamente, Job es el blanco de una apuesta entre Dios y Satanás, y lo que están apostando es sobre cómo va a responder ante la pérdida de todo.

¿Y cómo responde? Inicialmente, con una actitud tan buena que es casi inhumana.

Al llegar a este punto, Job se levantó, se rasgó las vestiduras, se rasuró la cabeza, y luego se dejó caer al suelo en actitud de adoración. Entonces dijo:

> *«Desnudo salí del vientre de mi madre,*
> *y desnudo he de partir.*
> *El Señor ha dado; el Señor ha quitado.*
> *¡Bendito sea el nombre del Señor!»*

A pesar de todo esto, Job no pecó ni le echó la culpa a Dios. (Job 1.20-22, NVI)

La mayoría de nosotros ni siquiera puede comenzar a entender cómo se puede responder a este nivel de sufrimiento con adoración y palabras de confianza. La respuesta de Job nos está llevando al meollo de lo que realmente trata toda esta historia. Antes de que todo esto ocurriera, Satanás hizo un señalamiento clave. Él dijo: «¿Y acaso Job te honra sin recibir nada a cambio?» (Job 1.9, NVI).

Satanás le está diciendo a Dios: «La gente te ama sólo por lo que tú les das. Sólo te seguirán, sólo se comprometerán a seguir tus caminos, si hay un beneficio inmediato para ellos. Elimina las bendiciones, elimina los juguetes, quítales esas cosas, y les quitarás su devoción y su adoración».

Así fue como empezó toda esta apuesta. De lo que trata es de qué tan difícil puedes hacerle la vida a alguien antes que deje de adorar a Dios.

Algo no está bien

Y aquí viene el siguiente golpe devastador. Satanás y Dios subieron la apuesta, y Dios le permite a Satanás que aflija a Job con unas horribles y dolorosas llagas. Como si no fuera suficiente que le hubieran arrebatado todo aquello que él valoraba y amaba, ahora también está sufriendo un inmenso dolor físico.

Esta vez Job reacciona un poco diferente. No peca, pero ciertamente ya comienza a luchar. Empieza a hacer preguntas y cae en una etapa de desaliento.

Esto ocurre fácilmente en la tierra de Uz, donde todo puede ponerse muy oscuro. Algunas veces esta oscuridad puede durar por mucho tiempo. Y con la oscuridad llegan preguntas sin respuesta y una insistente sensación de que las cosas no están como debieran estar. El porqué que no tiene respuesta parece empeorar más nuestro sufrimiento.

¿Alguna vez te has preguntado por qué es que sabemos que las cosas no están como deberían estar? ¿Cómo es que sabemos que hay algo bien o mal?

Cuando Job perdió a sus hijos y todas sus posesiones, él supo que algo no estaba bien.

Cuando un avión se estrella contra un edificio y mata a miles de personas, sabemos que no está bien.

Cuando vemos niños que crecen sin nadie que los cuide ni los atienda, sabemos que no está bien.

Cuando un niñito de cuatro años muere a causa de un tumor cerebral, o una madre de tres hijos muere lentamente a causa de cáncer del seno, sabemos que no está bien.

Cuando una mujer es abusada, sabemos que no está bien.

Cuando las bebitas de una pareja de misioneros están luchando por sus vidas y ellos no pueden regresar al trabajo que aman porque sus hijitas son sordas, sabemos que no está bien.

Ya sea que creamos o no en Dios, la mayoría de nosotros sabe intuitivamente que hay ciertas cosas que no deberían ocurrir en el mundo. Es esa intuición la que, de primera instancia, nos lleva a preguntar por qué.

Pero, ¿de dónde viene esto? ¿Por qué tenemos esta sensación, no sólo de que la vida es difícil, sino de que las cosas no son como se supone que sean?

Para contestar esta pregunta, tenemos que tomar un corto atajo y regresar justo al comienzo del libro de Génesis.

Cuando Dios puso a Adán y a Eva en el huerto, todo el mundo estaba justo como se suponía que estuviera. A través de todo el proceso de la creación, el Creador decía una y otra vez: «Es bueno». El primer hombre y la primera mujer tenían todo lo que necesitaban para estar saludables y ser felices. Y sólo había una regla:

Dios el Señor tomó al hombre y lo puso en el jardín del Edén para que lo cultivara y lo cuidara, y le dio este mandato: «Puedes comer de todos los árboles del jardín, pero del árbol del conocimiento del bien y del mal no deberás comer. El día que de él comas, ciertamente morirás.» (Génesis 2.15-17, NVI)

¿Notaste cuál era el fruto prohibido? Era el conocimiento... el conocimiento del bien y del mal. Una vez que Adán y Eva desobedecieran a Dios y comieran de aquella fruta, sabrían demasiado. Obtendrían algo que nunca antes habían tenido, algo que les enloquecería por el resto de sus vidas. Conocerían cuando las cosas son de la manera que deben ser y cuando están completamente mal.

Eso, por supuesto, fue exactamente lo que ocurrió. Y como al mismo tiempo habían introducido el pecado en el mundo, ahora estaban doblemente atados. Como comieron la fruta, el «bien» que ahora conocían y anhelaban estaría fuera de su alcance para siempre. Y también porque comieron de aquella fruta, tendrían que vivir con ese triste y doloroso conocimiento.

Nosotros, los descendientes de Adán y Eva, hemos heredado este doloroso dilema. No importa lo duro que tratemos, la vida nunca va a ser de la forma en que pensamos que debiera ser. Por eso es que nos decepciona tanto el que las cosas no sean como se supone que sean. Es porque realmente hay una forma en que las cosas están supuestas a ser... y según la Biblia es impresionante y espléndida más allá de nuestra imaginación.

Los antiguos profetas hebreos solían soñar con esta «forma correcta». Y hasta tenían una palabra para esto: *shalóm*.

Tal vez has escuchado la palabra como un saludo, algo así como los hawaianos dicen «aloha». Sin embargo, *shalóm* es mucho más que eso. La palabra se deriva de *shalám*, que significa «ser, estar seguro (en mente, cuerpo o estado); estar completo, perfecto y lleno». *Shalóm*, en otras palabras, significa «todas las cosas como están supuestas a ser».[5] Y un día, según la Biblia, lo serán. Pero no todavía. No mientras estamos viviendo en la tierra de Uz. Mientras estemos aquí, vamos a seguir tropezándonos con situaciones que nos hacen gemir y preguntarnos por qué... o vamos a gritar la pregunta con mucha ira.

No sé si alguna vez has pensando en esto, pero sólo los seres humanos buscamos significado en el sufrimiento. Por mucho que Disney quiere hacernos creer que los animales hacen esto, realmente no lo hacen. Cuando ves una bandada de buitres a la orilla de la carretera rasgando los restos de un ciervo muerto, ellos no se están preguntando por qué este violento acto sin sentido le ocurrió a una de las creaciones de Dios. No los ves dando vueltas alrededor del cuerpo, preguntándole a Dios: «¿Por qué? ¿Por qué le pasó esto a otro precioso ciervo?»

Sólo los seres humanos tienen este anhelo de conocimiento en medio del dolor sin sentido e incomprensible. Sólo los humanos tienen este deseo de preguntar: «¿Por qué? ¿Cuál es el propósito? ¿Por qué Dios lo permite? ¿Por qué todo está tan mal?» Y ese deseo, esa necesidad, únicamente aumenta el sufrimiento que experimentamos.

Eso hasta puede dificultar el que creamos que existe un Dios, o que él se preocupa por nosotros. Cuando estamos viviendo en la tierra de Uz, las dudas tienden a llegar fácilmente.

Creyentes con dudas

El otro día recibí un correo electrónico de un querido amigo, quien es un músico cristiano muy exitoso aquí en Nashville.

Estoy pasando por momentos realmente difíciles y necesito tus oraciones. En el transcurso de un par de semanas me he sentido cada vez más y más triste, hasta el punto que ya no soy capaz de disfrutar ni un momento. Estoy renuente a llamarlo depresión porque no conozco la definición clínica real de eso. Al principio, iba y venía —desde sentimientos de melancolía hasta sentimientos de absoluta desesperación e incredulidad— pero ahora es todo el tiempo. (No estoy pensando en el suicidio.) Y para colmo, estoy teniendo serias dudas.

Primero, se me estaba haciendo difícil conciliar el sueño. Durante varias noches corridas me quedé despierto la mayor parte del tiempo con unos intensos sentimientos de falta de valor, pequeñez y pensando sobre qué corta es la vida y qué larga es la eternidad; qué grande es el universo y lo pequeño que soy yo; en fin, la falta de propósito en todo. Entonces me puse más y más triste. No tenía ninguna razón real para sentirme así. En estos momentos mi vida realmente está bastante cerca de lo que llamarías perfecta.

Entonces, estaba haciendo algunas investigaciones para un libro que estoy supuesto a escribir sobre el reino de Dios y me tropecé con unas aseveraciones de algunos eruditos que me han hecho dudar sobre mis creencias en Jesús como el Hijo de Dios.

No puedo hablar en contra de estas acusaciones en este estado de confusión. Muchas otras cosas molestosas me hacen dudar cuando leo las Escrituras o trato de encontrar respuestas. Me siento consumido por esto, ya no puedo reírme, ni siquiera sonreír, y me siento incapaz de pensar con claridad. ¡Escribirte este e-mail me ha tomado una eternidad!

En el pasado, he leído acusaciones más condenatorias contra el cristianismo y nunca me han molestado. Sé que estas declaraciones no me molestarían si mi mente estuviera lúcida. Pero no es así. Estoy en un lugar muy oscuro en el que mi cerebro está haciendo que todo gire —cada versículo de la Biblia— hacia la duda. Es como si el Espíritu se hubiera ido y ya no puedo ver las cosas a través de ojos espirituales... de repente, nada parece cierto. Y todo esto ha ocurrido gradualmente en un par de semanas.

Te cuento todo esto —a pesar de que es muy, muy vergonzoso— porque necesito ayuda. En este momento creo en Dios y en el poder de la oración, y mientras todavía lo creo, te pido que ores por mí. No sé cómo debes orar, pero por favor hazlo.

Comparto este correo contigo porque lo que sé de este muchacho que tú no sabes es que tiene uno de los corazones más puros que conozco. No sólo quiere hacer buena música, él quiere que el mundo sea mejor. Él anhela engrandecer el reino de Dios en esta tierra viviendo la mejor vida cristiana posible. Tiene una visión inquebrantable sobre cómo debe ser este mundo.

Algunas personas —usualmente llamadas idealistas o soñadoras o visionarias— tienen un sentido más agudo de *shalóm*. Sienten la desconexión entre lo que es y lo que debería ser más intensamente que otros. Sin embargo, la mayoría de nosotros, muy en lo profundo, tenemos ilusiones secretas de un mundo muy diferente al que ahora vivimos. Y como tenemos estas ilusiones, estamos propensos a desilusionarnos cuando vemos lo lejos que están de la realidad.

Y ahí, me parece, es donde comienzan a surgir las dudas para los creyentes que están viviendo en un mundo de Planes B.

El teólogo francés, Jacques Ellul lo explicó muy bien: «La persona que está sumergida en la duda no es la incrédula, sino la persona que no tiene otra esperanza que la esperanza».[6]

De hecho, si lo piensas bien, el incrédulo no tiene que luchar contra la duda. Realmente no puede dudar algo en lo que no cree, en primer lugar. Sin embargo, nosotros los creyentes podemos caer fácilmente en la duda porque aunque creemos en Dios, realmente no tenemos prueba. Estamos viviendo «por fe, no por vista» (2 Corintios 5.7, NVI).

¿Entiendes lo que estoy diciendo? Si crees, si tienes fe, entonces siempre vas a ser susceptible a dudar.

Deja de creer, y dejarás de dudar.

Deja de creer, y no tendrás ninguna necesidad de cuestionar a Dios.

Deja de creer, y ya no sentirás más enojo (por lo menos, no contra Dios).

¿Ves lo quiero decir? Mientras más crees en la posibilidad de *shalóm*, mientras más anhelas que el reino de Dios haga su entrada en este mundo que sufre, más propenso estás de caer de vez en cuando en la duda, especialmente cuando te encuentras viviendo en la realidad de un Plan B.

Esta es la tensión inherente a la tierra de Uz. Fuimos creados para algo mucho mayor, mucho mejor. No obstante, hoy día vivimos en un mundo quebrantado que está lleno de violencia en lugar de paz, enfermedad en lugar de salud, y, en última instancia, muerte en lugar de vida.

¡Con razón nos asaltan las dudas y las preguntas!

¡Con razón estamos enojados!

¡Con razón el porqué nos acosa!

Ira y confusión

No sabemos cuánto tiempo duró el suplicio, pero debe haberse sentido como una eternidad. Sí sabemos que durante la mayor parte del libro (cerca de veintiocho capítulos), Job le lanza a Dios sus preguntas. Realmente nunca llega al punto de duda, pero sí expresa muchísima ira y confusión desde su lugar oscuro.

Y toda la situación empeora cuando tres amigos le sugieren a Job una y otra vez que su calamidad es el resultado de su propio pecado.

Los amigos de Job me parecen muy conocidos. Sus argumentos se parecen muchísimo a las falsas y comunes ideas religiosas con las que crecí. Con frecuencia me recalcaron que la gente no era sanada porque no oraban lo suficiente o con la rapidez necesaria, o lo leían la Biblia lo suficiente o hasta porque no creían lo suficiente. Si la vida no marchaba bien y Dios no se revelaba de la manera en que querías que lo hiciera, eso significaba que simplemente no estabas viviendo a la altura de lo que Dios quería.

El problema real con esta suposición, claro está, no es que nos lleve a un legalismo fuera de control. El problema real no es que sea sumamente inútil. El problema real es que sencillamente no es cierta.

Y Job lo sabe. Él sabe que sus amigos están totalmente equivocados con respecto a él. Scazzero escribe lo siguiente sobre Job: «Él fue una víctima inocente. Sus amigos no tenían lugar para el "confuso entremedio", no tenían lugar para el misterio. Como muchos cristianos hoy día, ellos sobreestimaron su comprensión de la verdad. Jugaron a ser Dios y asumieron el papel de Dios».[7]

Somos llamados a ser fieles a Dios, aun cuando parece que él no nos ha sido fiel. Somos llamados a amarle, aun cuando nos sentimos abandonados. Somos llamados a buscarle, aun en medio de la oscuridad. Somos llamados a adorarle, aun en medio de nuestras lágrimas.

Lamentablemente, todavía veo que esto ocurre hoy día con mucha gente que está en medio de un Plan B. Se quedan atascados en la generalizada mentira que dice: «Si haces bien, Dios te bendecirá con bien; y si haces mal, Dios permitirá que te alcance el mal».

Job sabe más que eso. Así que cuando sus amigos insisten en presionarle con esta noción, él presiona de vuelta, insistiendo en que su experiencia de sufrimiento, dolor y pérdida es mucho más complicada que simplemente un juego de haz mal, recibe mal. Y sorprendentemente, a pesar de que Job siente ira y confusión a lo largo de esta inexplicable tragedia, él se las ingenia para mantenerse aferrado a su fe. Él cuestiona a Dios, le grita a Dios, pero nunca pierde la esperanza en Dios. Mantiene su compromiso. A la larga, le permite a Dios que lo lleve a un lugar mejor y más sólido, un lugar de sabiduría, humildad y de una fe más profunda. Y todo eso *antes* de que Dios restaure toda su riqueza.

Job es un recordatorio para todos los que vivimos en la tierra de Uz. Habrá momentos en los que aparentemente estamos haciendo todo bien, y de repente y a empujones, vamos a ser llevados a un Plan B. Todo el mundo experimenta momentos de dolor y crisis, momentos cuando la vida resulta como no debe, porque todos vivimos en la tierra de Uz.

Job también es un recordatorio de que no sabemos cuánto tiempo vamos a caminar en la oscuridad. El dolor profundo y las preguntas sin respuesta pudieran durar un día más u otros cuatro años, o posiblemente, podrían durar toda una vida.

No obstante, Job también es un recordatorio de que lo que importa realmente es nuestra respuesta a Dios durante estos momentos. Somos llamados a ser fieles a Dios, aun cuando parece que él no nos ha sido fiel. Somos llamados a amarle, aun cuando nos sentimos abandonados. Somos llamados a buscarle, aun en medio de la oscuridad.

Somos llamados a adorarle, aun en medio de nuestras lágrimas.

Aun en Uz

Recientemente experimenté un momento muy conmovedor en uno de nuestros servicios de adoración en Cross Point Church.

A principio de la semana, mientras me preparaba para una reunión con varios pastores que estaban de visita en la cuidad, una mujer irrumpió en nuestras oficinas. Conozco a Jan desde hace muchos años y nunca la había visto así. Estaba literalmente histérica. Mis colegas y yo nos sentamos con ella, y finalmente pude comenzar a juntar las piezas de su historia, entre el llanto, los sollozos y el temblor incontrolable.

Jan acababa de descubrir que su esposo de casi veinte años estaba teniendo una aventura amorosa. Todo su mundo se había puesto al revés.

Aquel día, pudimos ministrar tanto a Jan como a su esposo, y luego, durante el resto de la semana pasaron un tiempo intenso con un maravilloso consejero cristiano. Escuché que, si bien es cierto que la consejería está marchando bien, todavía no han tomado una decisión final con respecto a su matrimonio. Todavía hay demasiado dolor, demasiadas preguntas sin contestar para saber adónde se dirigen.

Lo que hace que esta historia sea tan memorable es lo que vi y experimenté aquel mismo domingo, sólo cuatro o cinco días después de haber visto a Jan y a su esposo en mi oficina. Estaba parado donde siempre me paro durante la adoración, abajo y al frente, y con la esquina de mi ojo una mujer captó mi atención. Un segundo vistazo confirmó que era Jan, con sus manos levantadas, adorando a Dios con todo su ser.

Recuerdo que me emocioné mucho en aquel momento. Recuerdo haber pensado: *¿Cómo es capaz de adorar en medio de una crisis como esta?*

Sin embargo, cuando lo pensé mejor, entendí. Era porque ella verdaderamente estaba adorando a su creador. No estaba adorando a sus circunstancias. No estaba haciendo algo para cumplir con las formalidades. Jan estaba tomando la decisión consciente de adorar a Dios aun cuando estoy seguro que internamente las dudas la acechaban.

Estaba eligiendo adorar mientras seguía su jornada al centro de la tierra de Uz.

Nadie habría culpado a mi amiga Jan si se hubiera quedado en su casa, en posición fetal y llorando.

Nadie la habría culpado si hubiera gritado y maldecido a Dios.

Nadie la habría culpado si hubiera estado tan ensimismada en los «¿dónde estás?» y en los «¿cómo permitiste que esto pasara?» como para siquiera poner los pies en las puertas de la iglesia.

Pero no, allí estaba ella, en primera fila, los brazos levantados, inmersa en la adoración a un Dios quien, circunstancialmente, no estaba por ninguna parte.

Luz en la oscuridad

¿Puedes hacer algo así? ¿Has hecho algo así? Cuando el Plan B está creando estragos en tu vida, y Dios parece no estar haciendo nada, ¿puedes aún así adorarle? ¿Puedes aún así seguirle? Cuando él no está orquestando las circunstancias en tu vida en la manera que deseas, ¿todavía confías lo suficientemente en él para buscarlo con un abandono temerario?

Abraham lo hizo. Job también, con el tiempo. Y Jeff y Vicki también lo hicieron.

Después de descubrir la discapacidad de sus niñas, tomaron la decisión de permanecer en Estados Unidos. A pesar de su profundo anhelo de regresar a la República Dominicana, entendieron finalmente que Dios les estaba diciendo que permanecieran en casa.

Vicki me comentó: «Creo que Dios rompió nuestros corazones con la República Dominicana para que pudiéramos ser mejores siervos aquí en Estados Unidos de América» Jeff y Vicki ahora están tratando de usar lo que Dios les enseñó en la República Dominicana en todos los nuevos campos misioneros que él les está proveyendo justo aquí en la casa. «Estamos hablando del amor de Dios dentro de la comunidad de bebés prematuros y de personas sordas, y en nuestro vecindario y dondequiera que Dios nos está permitiendo tener influencia y relaciones».

Es asombrosa la forma en que Dios permite que nuestras vidas se conviertan en una luz tan radiante cuando le entregamos a él todo lo que tenemos en medio de la oscuridad.

NUEVE YO TAMBIÉN

La escritora Anne Lamott dijo que el sermón más poderoso en el mundo consiste de dos palabras: *yo también.*[1]

Y creo que ha dado en el clavo con algo muy importante.

Porque cuando estás luchando con las circunstancias del Plan B, cuando estás lidiando con expectativas insatisfechas, cuando te sientes herido y tienes dudas, cuando te estás haciendo preguntas y estás llorando, no hay nada más conciliador que saber que alguien más ha estado allí. Cuando estás dolido y tienes dudas, no hay nada más reconfortante que escuchar a alguien decir: «Sé por lo que estás pasando». Cuando te estás haciendo preguntas y estás llorando, no hay nada que te ayude más que alguien te diga: «Estoy contigo en esto».

Yo también.

Cuando otras personas se acercan a decirte esas palabras, de alguna manera sabes que no te van a juzgar ni a menospreciarte ni a sermonearte. Ellas entienden. No tienen que decir ni una palabra porque su simple presencia es como un ungüento sanador para tu dolor.

Muchas de mis amistades más íntimas hoy día se formaron en medio de un Plan B. Es asombroso cuán rápido puede hacer una conexión profunda con otra persona cuando comparten una lucha común.

Yo también... es realmente una descripción de uno de los regalos más maravillosos de Dios: el regalo de estar en comunidad. Dallas Willard lo describe de esta manera:

El objetivo de Dios en la historia humana es la creación de una comunidad de personas afectuosas, con todo incluido, donde él sea parte como el sostenedor principal y su más glorioso habitante. Justo ahora él está trabajando en llevarlo a cabo. Tú has sido invitado —a un alto costo para Dios mismo— a ser parte de esta comunidad radiante. Tú, justo ahí, en tu vida.[2]

Pero, ¿te *sientes* parte de una «comunidad radiante» en tu vida, mientras estás luchando con tu situación Plan B? ¿Estás experimentando el consuelo y la fortaleza que pueden traer el «yo también»?

Ese es precisamente el problema, ¿no es cierto? Porque cuando estás en Plan B, necesitas, más que nunca antes, estar en comunidad. Y, sin embargo, debido al dolor que viene con el Plan B, es fácil perderse el regalo de comunidad dado por Dios.

Cuando estás en Plan B, necesitas, más que nunca antes, estar en comunidad. Y, sin embargo, debido al dolor que viene con el Plan B, es fácil perderse el regalo de comunidad dado por Dios.

El regalo de comunidad

Pienso que el libro de Rut es uno de los libros más interesantes de la Biblia. Es un libro sobre las formas sutiles en las que Dios puede obrar en la vida de las personas. Es un libro para la gente que se pregunta dónde está Dios cuando las cosas no marchan según lo planificado, cuando una tragedia tras otra parece atacar sus vidas.

De hecho, es exactamente ahí donde comienza el libro de Rut: con la situación difícil de una buena mujer llamada Noemí, que vive en la tierra de Judá.

En realidad, la familia de Noemí está atravesando por un momento muy difícil. Han sido afectados por una depresión económica y su esposo pierde su medio de ganarse la vida. La familia termina perdiendo casi todo lo que posee, así que en su desesperación, se mudan a un país extranjero llamado Moab.

Ahora, Noemí no es sólo pobre, sino que también está viviendo entre personas que no hablan su idioma, y está inmersa en una cultura que es extraña y desconocida. Toda la situación es un enorme Plan B para ella. Pero al menos todavía tiene todo lo que es profundamente preciado para ella: su esposo y sus dos hijos.

Esto es, hasta que su esposo se enferma y muere.

¿Puedes imaginarte el duro golpe que esto representa para Noemí? Ella no es sólo una forastera en tierra extranjera sino que también ha perdido a su compañero de vida, al amor de su vida y a su principal fuente de sustento. Gracias a Dios que tiene a sus dos hijos para ayudarla a atravesar otra serie de circunstancias devastadoras.

En un período de diez años, ambos hijos se casan y la vida parece estar volviendo a la normalidad. Noemí es todavía una viuda pobre que vive en una tierra extranjera, pero encuentra consuelo en su creciente familia. Ella se lleva muy bien con sus nuevas nueras, Orfa y Rut, y espera con ansia convertirse en abuela algún día.

Entonces, una vez más, ocurre lo inimaginable. Los dos hijos de Noemí, los muchachos que representan todo para ella, también enferman y mueren.

Sólo puedes imaginar sus gritos y sus reclamos a Dios. «¿Por qué a mí? ¿Por qué a mí? ¿Por qué a mí? ¿Cómo permitiste que esto sucediera? Después de todo lo que he pasado, Dios, ¿por qué a mí? ¿Por qué te llevaste a mis dos hijos?»

Hasta ahora, Noemí ha experimentado devastación económica, la pérdida de todas sus posesiones, y se vio obligada a mudarse a un país desconocido. Perdió a su esposo y a sus dos hijos. Ahora es una viuda que vive con sus dos nueras, que también son viudas. Le ha sido arrebatado todo lo que podría darle esperanza. ¿Cierto?

Ya en su límite, Noemí decide regresar a Judá. Pero se está mudando sin nada. Como viuda, no tiene nombre, ni identidad, ni derechos. Ella sabe que probablemente vivirá su vida como una mendiga.

La desesperanza de Noemí es tan profunda, de hecho, que se cambia el nombre. En su cultura, el nombre tiene mucho significado. Simboliza quién es la persona. Por eso Dios siempre le está cambiando los nombres a la gente en la Biblia. Un cambio de nombre significa que algo fundamental ha sido alterado en la vida de un hombre o de una mujer.

Cuando Noemí regrese a su casa, le dirá a la gente: «No me llaméis Noemí [que significa dulce o placentera], sino llamadme Mara [amargo]; porque en grande amargura me ha puesto el Todopoderoso» (Rut 1.20).

¿Quién puede culpar a Noemí por tener esta actitud? Ha perdido todo lo que significa algo para ella. Sin embargo, no ha perdido su habilidad de preocuparse por las necesidades de los demás. Así que antes de irse de Moab, les aconseja a sus dos nueras, que viven con ella, que regresen a sus hogares y a sus familias y que traten de rehacer sus vidas. «Ustedes son jóvenes. Ustedes pueden encontrar nuevos esposos», les sugiere. «No se aten a mi triste vida».

Pero mira lo que ocurre entonces:

> Y ellas alzaron otra vez su voz y lloraron; y Orfa besó a su suegra, mas Rut se quedó con ella. Y Noemí dijo: He aquí tu cuñada se ha vuelto a su pueblo y a sus dioses; vuélvete tú tras ella. Respondió Rut: No me ruegues que te deje, y me aparte de ti; porque a dondequiera que tú fueres, iré yo, y dondequiera que vivieres, viviré. Tu pueblo será mi pueblo, y tu Dios mi Dios. Donde tú murieres, moriré yo, y allí seré sepultada... sólo la muerte hará separación entre nosotras dos. Y viendo Noemí que estaba tan resuelta a ir con ella, no dijo más. (Rut 1.14-18)

Aquí vemos las primeras señales de esperanza en esta historia, y llega a través del regalo divino de la comunidad. En la hora más oscura de Noemí, cuando toda la esperanza parece haberse disipado, Dios le da a Rut. Dios le da a alguien que dirá «yo también». Alguien que conoce su dolor y su pérdida, pero que aún así puede dirigirla a la esperanza oculta en su situación.

Por raro que parezca, no creo que Noemí realmente se percate del inmenso regalo que es Rut. Cuando regresan juntas a Israel, todas las mujeres reconocen a Noemí y ella procede a decirles en el versículo 21: «Yo me fui llena, pero Jehová me ha vuelto con las manos vacías». En otras palabras, ella está diciendo: «Ni siquiera tengo una razón para vivir. Todo lo que me importaba ya no existe». No obstante, justo a su lado con ella está Rut.

En aquel momento, Noemí está ciega a la sublime gracia de Dios en su vida. Ella subestima lo valioso que es el regalo de la comunidad. ¿Por qué? Por la misma razón que tú y yo tendemos a no captar la gracia de Dios en medio de nuestros Plan B. Ella tenía su vida redactada en un manuscrito, y no se suponía que era así que ocurriera. Así que asume que Dios la ha abandonado y que ya nada bueno puede ocurrirle.

He visto a muchísimas personas perderse por completo el regalo de la comunidad en medio de su Plan B porque asumieron que Dios no estaba con ellas. Asumieron que nada bueno podría resultar de su dolor. No comprendieron, ni siquiera reconocieron a las personas «yo también» que se presentaron en sus vidas, ofreciendo consuelo y fortaleza en medio de la oscuridad.

Y esa justamente es la lección para mí y para ti: ¡no lo hagas!

No permitas que tu dolor, sin importar lo profundo que pueda ser, te impida el que aceptes el regalo de la comunidad.

No permitas que tu desilusión, sin importar lo devastadora que pueda ser, te impida escuchar (¡o decir!) «Yo también».

El juego del círculo

Siempre he dicho que la vida de un pastor es una montaña rusa emocional. En un minuto estás en el teléfono con alguien cuyo padre acaba de morir; el siguiente minuto estás celebrando con una pareja de jóvenes que se acaban de comprometer. En un momento estás parado en un cuarto, rodeado de personas entusiastas y dirigiendo una oración por uno de los miembros de tu iglesia que acaba de abrir una nueva empresa. A la hora siguiente estás parado en la sala de espera de un hospital rodeado de personas que sufren y dirigiendo una oración por un joven de dieciséis años, víctima de un accidente, que está luchando por su vida.

Y claro está, los pastores no son los únicos que experimentan estás subidas y caídas tipo montaña rusa. Cualquiera de nosotros, en cualquier momento, puede formar parte del círculo de ganadores o del círculo de perdedores. El círculo de ganadores está lleno de personas cuyas vidas en ese momento parecen estar marchando de la forma en que ellas quieren. El círculo de perdedores está lleno de gente que está frustrada, herida, y tal vez hasta enojada, mientras tratan de entender por qué sus vidas se están haciendo añicos en ese momento.

Esto trae a colación un punto muy interesante. ¿Sabes? La mayor parte de mi vida he intentado encontrar la forma de entrar al círculo de ganadores y permanecer ahí el mayor tiempo posible. Crecí creyendo que esa era la meta de la vida: entrar al círculo de ganadores, donde podría celebrar con otros ganadores en la vida, y evitar el círculo de perdedores tanto como fuera posible.

Creo que muchos de nosotros crecemos con este mensaje, ya que es muy poderoso en nuestra cultura. También creo que es una razón por la que podemos pasar por alto el regalo de comunidad de Dios. Es porque seguimos mirando hacia todos los lugares equivocados buscando la comunidad que necesitamos.

Recibimos este mensaje, me parece, no sólo de la cultura en la que crecimos, sino también de la iglesia. La idea cultural del círculo de ganadores tiende a incluir cosas como una casa bonita, hijos buenos y la oficina con la mejor vista. La versión de la iglesia incluye ser bueno, moral, respetable y espiritualmente exitoso, y lo que implica es que sólo los realmente comprometidos —los que en verdad dan la talla—, van a llegar allí algún día.

Ha habido épocas en mi vida en las que he estado en los círculos de ganadores, en ambos de ellos. Y no puedo explicarte la profunda desilusión que sentí mientras estuve allí. Los ganadores tienen la tendencia a ser superficiales, arrogantes y completamente dependientes de sí mismos. Casi siempre les gusta criticar y emitir juicio. Hay muy poco dar o compartir. Hay poca autenticidad. Y muy frecuentemente terminas sintiendo como si acabaras de ganar un paquete llamado éxito, que terminó pesando una tonelada pero que está completamente vacío.

También he estado en suficientes círculos de perdedores con personas que estaban experimentando dolor, sufrimiento y desilusión para saber que tienden a ser diferentes. Mientras que las personas en el círculo de ganadores son notorias por sus críticas, la gente quebrantada en el círculo de perdedores es un poco más renuente a juzgar. Sus Planes B les han recordado que todos dependemos de la misericordia de Dios.

Así que este es el asunto: es mucho más probable que encontremos comunidad en el círculo de personas que han sido quebrantadas. Sin embargo, a menos que logremos quitarnos de la cabeza que ganar es la meta de la vida, o lo único que cuenta, seremos propensos a perder la comunidad que ofrece. A menos que podamos admitir que nosotros, tampoco, hemos llegado, seremos propensos a perder la comunidad.

Otra manera de decir esto es que si queremos escuchar un «yo también» sanador, tenemos que ser sinceros con respecto a lo que está pasando con nosotros. Tenemos que ser *auténticos* para así poder experimentar la comunidad auténtica.

Es la comunidad auténtica la que puede llevarnos a la sanidad aún en medio de las más dolorosas circunstancias del Plan B.

Falsa realidad

¿Por qué el énfasis en auténtico? Porque estoy convencido que es en gran parte nuestra incapacidad de ser auténticos —o genuinos— los unos con los otros o con nosotros mismos lo que hace tan difícil que reconozcamos el regalo de comunidad que Dios nos ofrece.

La cultura en la que vivimos hoy día designa demasiadas expectativas sobre cómo luce el éxito. Nuestras comunidades cristianas instituyen estándares que ningún ser humano puede cumplir coherentemente. Entonces, ¿qué hacemos?

Con demasiada frecuencia, nos escondemos.

Pretendemos ser algo que no somos.

Nos sumergimos en una falsa realidad.

Podemos «fingir hasta tener éxito»... pretendiendo ser un ganador aunque sospechamos que no lo somos. Podemos ocultar nuestro dolor y sufrimiento escapando hacia una conducta adictiva. O, tal vez simplemente podemos adoptar el hábito de no dejar que nadie —incluyéndonos a nosotros mismos— sepa quiénes somos realmente o con qué estamos luchando en realidad.

Hace un par de años, estaba en la piscina del vecindario con mis dos hijos mayores. Era uno de esos calurosos días de julio en el que parecía que toda la urbanización estaba en la piscina. Mi segundo hijo, Gage, que tiene una vejiga del tamaño de un maní, se me acercó y me dijo que tenía que orinar. Otra vez.

Ahora bien, por favor no me juzgues por esto. Pero en aquel momento, estaba inmerso en la lectura de un libro muy bueno, y en un instante de debilidad le dije que simplemente se orinara en la piscina (lo sé, lo sé... no ejercí la mejor sabiduría paternal).

Unos treinta segundos más tarde, escuché jadeos por toda la piscina. Levanté la mirada de mi libro para ver a mi hijo Gage parado en el borde de la piscina, con el traje de baño alrededor de sus tobillos, orinando en la piscina. Tiré el libro y grité: «No, Gage, ¡no puedes hacer eso!» Ya para este momento todo el mundo en la piscina estaba misteriosamente callado, así que cuando mi hijo gritó su respuesta, se oyó un eco: «Pero papá, ¡tú me dijiste que lo hiciera!»

¡Ay, ay, ay! ¡Qué humillación! Todo el mundo supo en aquel momento que yo no era parte del círculo de padres ganadores. Y fue bueno que todo el mundo supiera quién yo era aquel día. De lo contrario, es muy posible que me hubiera parado y me hubiera ido, pretendiendo que ni siquiera conocía a aquel muchacho.

«¿Qué quieres decir con eso de que te dije que orinaras en la piscina? ¡Nunca en mi vida he visto a este muchacho!»

Claro, estoy exagerando. Pero es justamente eso lo que he hecho en el sentido emocional, al pretender ser algo distinto de lo que era. Pretendiendo ser un ganador en cualquiera fuera el sentido de la palabra que creía en aquel momento. Pretendiendo que no me importaba lo que otros pensaran de mí. Pretendiendo que no necesitaba a nadie. Mintiendo a otros y a mí mismo sobre quién era y lo que me estaba pasando.

Y mientras más lo hacía, más me alejaba de vivir en comunidad con otros.

Thomas Merton dijo: «No existe un mayor desastre en la vida espiritual que estar inmersos en la irrealidad, pues la vida se mantiene y se nutre en nosotros a través de nuestra relación vital con las realidades que están más allá y por encima de nosotros».[3]

También dijo esto con respecto a nuestra falsa realidad:

> Me encanta... cubrir este falso yo... Y me rodeo de experiencias y me cubro con placeres y gloria como vendajes para así hacerme perceptible a mí mismo y al mundo, como si yo fuera un cuerpo invisible que sólo puede hacerse visible cuando algo visible cubre su superficie.
>
> Pero no existe sustancia debajo de las cosas con las cuales estoy cubierto. Estoy vacío... Y cuando ellas desaparezcan, no quedará nada de mí excepto mi propia desnudez y vacío y futilidad.[4]

Muchos de nosotros tememos tanto a la desnudez, al vacío y a la futilidad de nuestras vidas que nos zambullimos de cabeza en una piscina de irrealidad. El problema es que sólo en la realidad es donde Dios se encuentra con nosotros, y a veces en maneras muy profundas. Y es sólo en la realidad que podemos experimentar comunidad verdadera, auténtica y sanadora con otros. Así que mientras escojamos no vivir en la realidad, mientras insistamos en cubrir nuestros pecados y negarlos, mientras sigamos pretendiendo que tenemos todo bajo control... probablemente nos vamos a seguir perdiendo la esperanza que ofrece la comunidad.

No podemos beneficiarnos del poder de la comunidad hasta que nos atrevamos a encarar quiénes somos realmente.

Alguien me dijo hace años que sólo puedes ser amado en la medida que eres conocido. Hay mucha verdad en esto. No importa cuántas veces me digas que te preocupas por mí. Mientras yo te esté ocultando cosas, mi corazón va a rechazar tu oferta de amor y amistad. Voy a seguir pensando: *Si conocieras mi verdadero yo, no dirías eso.*

Es simplemente una realidad de vida básica: no podemos experimentar ni apreciar la comunidad real hasta que nos atrevemos a ser auténticos. No podemos beneficiarnos del poder de la comunidad hasta que nos atrevemos a encarar quién somos en realidad.

La lista

Jesús hizo hincapié en la importancia de la autenticidad a lo largo de los cuatro evangelios. Uno de mis pasajes preferidos se encuentra en una parábola que cuenta la historia de dos hombres que fueron a orar:

> A unos que confiaban en sí mismos como justos, y menospreciaban a los otros, dijo también esta parábola: Dos hombres subieron al templo a orar: uno era fariseo, y el otro publicano. El fariseo, puesto en pie, oraba consigo mismo de esta manera: Dios, te doy gracias porque no soy como los otros hombres, ladrones, injustos, adúlteros, ni aun como este publicano; ayuno dos veces a la semana, doy diezmos de todo lo que gano. (Lucas 18.9-12)

Nota el comentario de Jesús respecto a la postura del fariseo. Lo que implica es que el fariseo quería distanciarse de los sucios pecadores a su alrededor. Él se considera superior, y por lo tanto, quiere separarse físicamente de aquellos a quienes él considera «impuros».

Entonces comienza a orar, pero no es tanto una oración sino una lista de todas las personas que no están en su círculo de ganadores. Y él es bastante específico: ladrones, injustos, adúlteros, y por supuesto, los colectores de impuestos o publicanos, a quienes se consideraba como lo más bajo de lo bajo en su sociedad.

Ahora bien, esta lista no debería parecerte muy extraña puesto que tú también tienes una. Todos tenemos una lista inédita en nuestros corazones de las personas que, al compararnos con ellas, nos creemos mejores.

No hablamos de la lista públicamente, y nos devastaría el que alguna vez alguien la viera, pero la realidad es que la lista está causando un tremendo daño a nuestra habilidad de vivir en el contexto de comunidad.

Por lo general, nuestra lista de pecados involucra aquellos con los que personalmente no luchamos mucho. ¿Sabes qué pecados considero que son los más despreciables para el corazón de Dios? Aquellos que normalmente no cometo. Aquellos que simplemente no me tientan, o aquellos a los que temo tanto que nunca admitiría. *Esos* son los pecados en mi lista, esos son contra los que hago campaña.

En serio. ¿No es eso lo que hacemos con frecuencia como cristianos? También lo hacemos en grupo, señalando con nuestros dedos hacia un grupo de pecados «malos» y escogiendo ignorar los otros.

En otras palabras, está bien ser orgulloso mientras no seas homosexual.

Está bien ser codicioso mientras que no pienses en practicarte un aborto.

Está bien ser poco cariñoso mientras que no bebas.

¿Sabes qué pecados considero que son los más despreciables para el corazón de Dios? Aquellos que normalmente no cometo. Aquellos que simplemente no me tientan, o aquellos a los que temo tanto que nunca admitiría. *Esos* son los pecados en mi lista, esos son contra los que hago campaña.

Me voy a bajar aquí de mi tarima de suficiencia, pero permíteme ser muy claro. Estas listas de pecados selectivos, y de orgullo, y de actitudes críticas que las acompañan son, a fin de cuentas, destructivas para nuestro crecimiento espiritual. También eliminan cualquier oportunidad de tener comunidad auténtica porque es casi imposible apoyarnos y amarnos unos a otros si no podemos admitir los pecados y las luchas en nuestras vidas. Es casi imposible recibir amor y apoyo si ni siquiera podemos admitir que lo necesitamos.

¿Ves? No tenemos que leer mucho en la historia para darnos cuenta que el fariseo no ha ido al templo realmente a orar. En realidad vino a informarle a Dios, y a todo el que estaba reunido allí aquel día específico, lo bueno que él es. No está allí buscando ayuda ni comunidad con otros pecadores, sino para recordarles a todos lo autosuficiente que él es.

Sin embargo, en aquel mismo lugar, nos dice Jesús, alguien más ha venido a orar. Un publicano... alguien en la lista de pecados del fariseo.

«Mas el publicano, estando lejos, no quería ni aun alzar los ojos al cielo, sino que se golpeaba el pecho, diciendo: Dios, sé propicio a mí, pecador» (Lucas 18.13).

¡Qué contraste entre estos dos individuos! Uno está fanfarroneando sus virtudes escogidas como una manera de distinguirse de los que están a su alrededor. El otro simplemente es él mismo quebrantado, incluyendo sus pecados escogidos y todo lo demás.

¿Y cuál de los dos crees que tiene una mejor oportunidad de acercarse a Dios y a los demás?

Auténtico significa rendición

Me gusta estar rodeado de gente quebrantada. Algunas de las personas más quebrantadas con las que he pasado tiempo son aquellas que luchan contra adicciones. Tengo muchos amigos que han encontrado libertad a través de los famosos Doce Pasos de Alcohólicos Anónimos (AA). Creo que hay mucha verdad bíblica en esos pasos.

Mi amigo Jon ya lleva casi diez años de sobriedad, luego de décadas luchando con su adicción a las drogas y el alcohol. Él da crédito a Cristo por su libertad. Sin embargo, también acredita la práctica de sumergirse en la auténtica y quebrantada comunidad que él identifica como su grupo AA.

Un día, Jon y yo estábamos conversando sobre AA y sobre cómo han ayudado a tanta gente a superar sus adicciones. Entonces Jon me dijo:

«¿No crees que es irónico que una de las herramientas más poderosas contra una de las adicciones más poderosas nunca le pide a la gente que decida dejar de hacer lo que sea que necesitan dejar de hacer?»

Me parece que nunca antes lo había pensado realmente, pero así es como Alcohólicos Anónimos en realidad funciona. Un programa Doce Pasos no intenta movilizar la voluntad de los adictos. Nunca, nunca les dicen a los adictos que simplemente se «hagan los fuertes» y que superen sus adicciones. Los adictos ya han tratado eso —posiblemente cientos de veces— y han fracasado.

En lugar de esto, el mensaje de AA no es fuerza de voluntad y autosuficiencia, sino rendición.

Si no estás familiarizado con el programa Doce Pasos, el primer paso de su enunciado dice: «Admitimos que éramos impotentes ante el alcohol [o lo que sea] y que nuestras vidas se habían vuelto ingobernables».[5]

El paso tres también se inclina hacia la práctica de la rendición. Dice: «Decidimos poner nuestras voluntades y nuestras vidas al cuidado de Dios, como nosotros *lo concebimos*».[6]

De nuevo, no sé cuál es tu Plan B. Puede o no que se relacione con una adicción. Lo que sí sé es que en medio de tu Plan B, la vida no está resultando de la manera en que esperabas. Te han hecho recordar que no estás en control, y todo esto puede llevarte a algunos extremos malsanos.

He aquí algo que también sé. Si tratas de vencer tu Plan B, tu problema, tu basura, tus pecados, por tu cuenta, te va a derrotar. Rinde tu voluntad, humíllate, a pesar de lo intimidante que es esto, y entonces otro tipo de vida se hace posible.

«Ten misericordia de mí, un pecador» son las palabras que hacen posible que aceptes el perdón y el consuelo de Dios. También esas son las palabras que abren tus oídos para escuchar el «yo también» de otras personas que están a tu alrededor.

El rendirte es esencial para que puedas experimentar la comunidad que necesitas.

Simplemente lee las palabras finales de Jesús en esta historia. Él establece claramente la importancia de una postura auténtica delante de él:

«Os digo que éste descendió a su casa justificado antes que el otro; porque cualquiera que se enaltece, será humillado; y el que se humilla será enaltecido» (v. 14).

Cuando pensamos en rendición, tendemos a pensar en una bandera blanca. Tendemos a pensar en pérdida. Sin embargo, creo que las Escrituras nos enseñan que, a fin de cuentas, el rendirse es la única manera en la que podemos ganar. Es la única manera de ser exaltados por Dios mismo, y la única manera en que entramos en auténtica comunidad unos con otros.

Trae tus problemas

Sin embargo, seamos sinceros. Estos momentos de auténtica rendición, como los que habla Jesús, parecen ser poco comunes en la iglesia hoy día. ¿Y por qué pasa esto? Bueno, este no es realmente el propósito de este libro, pero creo que es un conejo que vale la pena perseguir.

Me temo que existe una suposición generalizada en algunos círculos cristianos de que una vez que entregas tu vida a Cristo, una vez que te conviertes en cristiano, necesitas por lo menos aparentar que todo está en orden. Recuerdo haber escuchado al pastor Matt Chandler describirlo de esta manera: «Queremos que traigas tu Biblia, pero no tus problemas».

¿No son esas palabras muy tristes para describir a muchas de nuestras iglesias? Trae tu Biblia, trae tu religión, trae tu máscara, luce bonito. Pero, sin importar lo que pase, no seas un llorón. No hagas preguntas, no seas un dolor de cabeza, no seas una carga. Esta actitud es un asesino de la comunidad, y le está haciendo un daño inmenso al cuerpo de Cristo.

No estoy seguro de dónde nace exactamente esta actitud, pero creo que se origina en el temor. No queremos que la gente hable de sus sueños truncados, de sus heridas ni de su dolor porque tememos no tener la respuesta. Aun peor, tal vez tengamos que encarar nuestro propio quebrantamiento, en lugar de pretender que vamos camino hacia el círculo de ganadores.

Independientemente de su origen, el resultado es claro. La gente en la iglesia con frecuencia no trae sus verdaderos problemas a la iglesia. Con demasiada frecuencia en nuestras iglesias, no escuchamos sobre algunos asuntos hasta que ya es demasiado tarde. Es como si nadie tuviera problemas pequeños.

Tal como alguien me lo describió en una ocasión: sólo escuchamos sobre la casa que se está quemando, no oímos sobre el problema eléctrico.

Escuchamos sobre el divorcio... ¿pero qué tal si hubieran podido hablar sobre el asunto de la pornografía?

Escuchamos sobre el arresto por malversación... ¿pero qué tal si hubieran podido hablar sobre los abrumadores problemas financieros?

Escuchamos sobre los suicidios... ¿pero qué tal si hubieran podido hablar sobre la abrumadora oscuridad que los estaba cubriendo?

Escuchamos que el hijo se fue de la casa... ¿pero qué tal si hubieran podido hablar de todos los conflictos que estaban teniendo antes de esto?

Nunca sabremos qué habría pasado si las personas hubieran sido capaces de abrir sus vidas lo suficiente para escuchar —o para decir— «yo también».

No cabe duda de que a veces la comunidad cristiana puede ser un lugar peligroso cuando tus sueños se hacen trizas. Los cristianos (igual que otros pecadores) pueden ser culpables de ofrecer respuestas cliché, promesas deshonestas y expectativas falsas. A los cristianos (igual que a otros pecadores) se les ha tildado de críticos o simplemente inconscientes. Los cristianos (igual que otros pecadores) con frecuencia olvidan decir «yo también», o ni siquiera reconocen que eso es posible.

Así que si te sientes tentado a huir de la iglesia o simplemente a ocultar tu dolor cuando estás con otras personas, puedo entenderlo. Sin embargo, me gustaría que no lo hicieras. Me gustaría alentarte a que luches con la tentación de ocultar. Arriésgate a compartir tu auténtico ser todas las veces que sea posible. Confía en que Dios, con el tiempo, te va a proveer una comunidad que te rodeará, aun si esto llega del lugar que menos lo esperes. (En el proceso, puede que te conviertas en un verdadero don del cielo para alguien que también está herido y que necesita escuchar «yo también».)

Juntos

El apóstol Pablo nos ofrece un cuadro conmovedor de cómo *debe* lucir una comunidad cristiana, cuando escribe: «Sobrellevad los unos las cargas de los otros, y cumplid así la ley de Cristo» (Gálatas 6.2). Pero no podemos ayudarnos unos a otros con los problemas hasta que revelemos esos problemas a la comunidad. Tenemos que llegar a un punto en el que superemos nuestro orgullo y presentemos libremente nuestras necesidades a la comunidad que nos rodea. En esencia, necesitamos confesar como lo hizo el salmista en el Salmo 142.6:

> *Escucha mi clamor,*
> *porque estoy muy afligido.*

Crack Granny

Conocí a Sheila por primera vez un día que salía tarde del trabajo. Estaba oscuro, y me dio tremendo susto cuando dio vuelta a la esquina, montada en su bicicleta.

—Ey, necesito algo de dinero —me dijo—. ¿Me puedes dar algo de dinero?

—¿Para qué necesitas dinero? —le pregunté.

—No tengo dónde vivir y necesito algo de comida.

Bueno, Sheila no estaba mintiendo sobre no tener dónde vivir, pero estaba mintiendo sobre la comida. Estaba pidiendo dinero para poder satisfacer sus adicciones; unas adicciones que habían destruido su vida durante décadas. En un día cualquiera, Sheila podía correr en su bicicleta aquella carretera de arriba para abajo, pidiendo dinero y ofreciendo su cuerpo para tener sexo, a veces por sólo diez dólares. Ella era algo así como un personaje de mala fama en el vecindario donde estaba Cross Point. Y hasta tenía un apodo: *Crack Granny* [Abuelita en crack].

Casi todos los días, alguno de nuestros empleados tenía una conversación con Sheila. Usualmente consistía en que ella nos siguiera hasta nuestros autos, nos decía algunas mentiras y trataba de que le diéramos dinero. Sin embargo, con el tiempo, Ryan Bult, nuestro pastor de misiones, logró abrirse paso a través de aquel exterior endurecido y manipulador, y comenzó a entablar una relación con ella. Poco a poco, ella comenzó a abrirse con algunos de nosotros y a sincerarse con respecto a sus asuntos. Nosotros comenzamos a montar las piezas de su historia, una historia de una crisis Plan B tras otra.

Sheila había crecido en un hogar plagado de abuso. Tanto su madre como su padre, ambos alcohólicos, murieron antes de que ella llegara a la adolescencia. A los trece años, Sheila ya había comenzado a experimentar con el alcohol y las drogas. Durante los próximos treinta y siete años, abusó todas las sustancias que cayeron en sus manos: licor, marihuana, pastillas, y, finalmente, crack.

En una ocasión, ella me dijo: «Pete, había algo que me corroía por dentro. Nunca había ni un segundo de cada día que pueda recordar en el que no me consumiera la urgencia de conseguir mi próximo pase de droga. Me expuse a muchas situaciones peligrosas, especialmente con hombres. No me importaba cuánto dinero o cómo me trataran. Sólo quería conseguir mi próximo pase».

Un día le pregunté a Sheila por qué finalmente había comenzado a abrirse con Ryan. Ella me contestó: «Bueno, simplemente no podía creer que alguien quisiera escucharme. Él no me sermoneaba ni me humillaba. Simplemente me hablaba como una persona normal, eso me hacía sentir bien».

Evidentemente, tener un amigo con quien hablar era algo importantísimo para Sheila. Los años de abuso de parte de aquellos a quienes ella amaba y de parte de muchos a quienes apenas conocía habían hecho para ella muy difícil imaginar que alguien pudiera vivir en comunidad abierta y auténtica con otros. Era difícil para ella imaginar que alguien pudiera amar a la verdadera Sheila.

Aunque fue maravilloso para todos nosotros ver cómo Sheila comenzaba a abrirse con nosotros, durante mucho tiempo vimos muy pocos cambios en sus patrones de conducta. Y para ser sincero, eso era un poco frustrante. No obstante, hicimos el compromiso de proveerle un lugar al cual pertenecer antes de que ella creyera, así que continuamos en nuestro intento de alcanzarla.

Entonces llegó un momento definitorio. En el invierno del 2008, Sheila sufrió un ataque cardíaco masivo y murió. Milagrosamente, cinco minutos después, los doctores pudieron revivir su cuerpo inerte.

Más tarde, Sheila nos dijo que creía que Dios le estaba dando no sólo una segunda oportunidad, sino la última oportunidad: la oportunidad para finalmente dejar de huir de su doloroso pasado y rendir su vida a Cristo. Y eso fue exactamente lo que hizo. Con la ayuda de Ryan y otros miembros de la comunidad Cross Point, ella comenzó a entender lo que significaba recibir gracia y perdón al pie de la cruz... y a abrir su vida a la comunidad.

Desde ese momento en adelante, la vida de Sheila realmente comenzó a cambiar. Ryan y otros miembros de Cross Point la inscribieron en programas de tratamiento para sus adicciones. También la ayudaron a dejar las calles, y le consiguieron un apartamento y luego se lo amueblaron.

Ha sido maravilloso tener un asiento de primera fila ante la transformación que ha comenzado a ocurrir en la vida de Sheila. Mientras sigue aprendiendo a caminar con Dios y con las personas que él ha puesto en su vida, he visto un brillo en sus ojos que antes no veía. Por primera vez en treinta y siete años, es libre de los demonios que mantuvieron en cautiverio a su mente y a su corazón.

Justo la semana pasada, entré al vestíbulo de nuestra iglesia, y me topé con Sheila sentada en una mesa junto a la esposa de un exitoso contratista, a un hombre que está paralizado de la cintura hacia abajo, una mujer adicta a la metaanfetamina y un empresario local. Este grupo se reúne todos los jueves para doblar los programas para nuestros servicios dominicales en Cross Point. Mientras los doblan, hablan de sus luchas, sus triunfos y, en general, de lo que está ocurriendo en sus vidas. Cada vez que paso cerca de ellos, pienso en el increíble poder del evangelio... y en el poder de la comunidad.

Sheila solía aparecerse en nuestra puerta para ver qué podía recibir. Ahora se aparece para ver cómo puede dar. Y ya no es *Crack Granny*. Ahora es Sheila, una hija de Dios, perdonada, liberada y miembro de una comunidad que la quiere y la apoya. Sin embargo, esta sanidad en su vida sólo ha sido posible porque ella se arriesgó. Ella salió de su zona de comodidad y dejó de correr el tiempo suficiente para reconocer que Dios estaba enviando a su vida un grupo de personas para ayudarla con sus problemas.

Más valen dos que uno

El escritor de Eclesiastés señala sabiamente:

Más valen dos que uno,
porque obtienen más fruto de su esfuerzo.
Si caen, el uno levanta al otro.
¡Ay del que cae
y no tiene quien lo levante!
Si dos se acuestan juntos,
entrarán en calor;
uno solo ¿cómo va a calentarse?
Uno solo puede ser vencido,
pero dos pueden resistir.
¡La cuerda de tres hilos
no se rompe fácilmente! (Eclesiastés 4.9-12, NVI)

En medio de nuestro Plan B, necesitamos desesperadamente la seguridad de una comunidad que nos apoye y donde velemos por el bienestar mutuo. Pablo nos exhorta: «Así que, los que somos fuertes debemos soportar las flaquezas de los débiles, y no agradarnos a nosotros mismos» (Romanos 15.1).

Este tipo de comunidad es indispensable cuando nos parece que la vida se nos está haciendo pedazos.

Con la experiencia de haber visto a cientos de personas atravesar por sus Planes B, diría que uno de los factores más importantes para decidir si nos apoyamos en Dios o no es el grupo de personas que nos rodea. Separados de la comunidad, tendemos a pensar lo peor. Separados de la comunidad, tendemos a inclinarnos hacia la desesperanza. Y, si bien es cierto que la comunidad auténtica no nos quita el dolor en medio de un Plan B, ciertamente sí nos ayuda a redefinirlo.

Lo único que es peor que la desilusión es la desilusión sin comunidad. Es la desilusión en comunidad la que nos puede guiar hacia una esperanza anclada en nuestro Dios.

Philip Yancey dice que: «La presencia de Dios con frecuencia llega como una consecuencia de la presencia de otras personas».[7] Personalmente he experimentado muchos momentos en medio de los Plan B en los que la presencia de Dios fue más evidente debido a la comunidad que él había colocado a mi alrededor. Sin embargo, los beneficios de esta comunidad siempre llegaron *después* de haberme arriesgado a abrir mi vida a otros.

Separados de la comunidad, tendemos a pensar lo peor. Separados de la comunidad, tendemos a inclinarnos hacia la desesperanza. Y, si bien es cierto que la comunidad auténtica no nos quita el dolor en medio de un Plan B, ciertamente sí nos ayuda a redefinirlo.

Es realmente tu decisión. Puedes seguir intentando ocultar el dolor. Puedes volverte un amargado y un solitario, y sintiéndote que estás solo en medio de tu Plan B. O puedes abrir tus ojos, como lo hizo finalmente Noemí. (¡Lee el libro de Rut para que descubras cómo lo hizo!) Puedes arriesgarte como lo hizo Sheila. Comienza a confiar y a creer que tal vez, sólo tal vez, hay alguien en tu vida que puede y va a pronunciar esas palabras sanadoras... «Yo también».

DIEZ EL ANCLA

Es aquí donde pienso que comenzamos a tomar una curva en este libro... una curva que tal vez te cueste trabajo tomar. Este capítulo puede resultar difícil de leer. Sin embargo, si sólo te digo lo que quieres escuchar, entonces simplemente escribí un libro sobre mí, y no sobre Dios y de lo que él quiere hacer en nuestras vidas.

De lo que trata es de la realidad de lo que Dios ha hecho por nosotros y lo que nosotros le hemos hecho a él.

De lo que trata es de la cruz.

No de la cruz que frecuentemente colgamos en nuestras iglesias, sino de ese severo instrumento de tortura en el que murió Jesús. No de la cruz que colgamos de nuestros cuellos (en oro, plata o peltre), sino de ese agonizante evento que sacudió al mundo.

Mira a la oscuridad de la cruz.

Mira a la confusión de la cruz.

Mira a la tragedia de la cruz.

Jurgen Moltmann escribe:

La cruz es el factor totalmente inconmensurable en la revelación de Dios. Nosotros nos hemos acostumbrado demasiado a ella. Hemos rodeado con rosas el escándalo de la cruz. Aquí la fe en la creación, la fuente de todo el paganismo, se viene abajo. Aquí toda esta filosofía y sabiduría es abandonada a la locura. Aquí Dios es no-Dios. Aquí está el triunfo de la muerte,

143

el enemigo, la no-iglesia, el estado sin ley, el blasfemo, los soldados. Aquí Satanás triunfa sobre Dios. Nuestra fe comienza en el punto donde los ateos suponen que debe estar por terminar. Nuestra fe comienza con la desolación y el poder que es la noche de la cruz, abandono, tentación y duda sobre todo lo que existe.[1]

¿Ves lo que esto significa? Nuestra fe misma nace de la incertidumbre, oscuridad y desesperanza. Es de esta aparente tragedia, de este supremo Plan B, que nace algo maravilloso y transformador.

Eso es lo que nos dice la cruz.

Y nos dice algo más. Nos dice algunas cosas importantes sobre nosotros mismos y nuestros Plan B.

Dulces de fruta

El otro día mi esposa tuvo la inusual oportunidad de salir con algunas amigas, y yo tuve la oportunidad de pasar el día con nuestros tres hijos. Si bien es cierto que considero que soy un papá bastante bueno y que puedo hacer un trabajo aceptable controlando a nuestra manada, Brandi usualmente me deja una lista con recordatorios cuando va a estar fuera por un buen rato. Esta lista me recuerda las siestas, sugiere alternativas sobre comidas y hasta me da instrucciones médicas. No sé si la lista es necesaria, pero tengo que admitir que me ofrece cierto sentido de bienestar.

A Brewer, nuestro hijo de dos años, le encantan las meriendas. Se puede comer el equivalente a su peso en esos dulces de frutas sintéticos que son realmente golosinas gomosas en forma de frutas. De alguna manera, el que tengan forma de fruta nos hacen sentir mejor como padres y realmente comienzas a pensar que le estás dando a tu hijo una merienda saludable, aunque esa merienda en particular no contiene ningún ingrediente nutritivo.

La estábamos pasando de lo lindo hasta que decidí que ya era tiempo de que Brewer dejara de comer dulces de fruta. Estaba convencido de que si se comía un paquete más podría explotar internamente.

Cuando le negué el siguiente paquete, ¡se armó la de San Quintín! El chiquito se volvió loco y comenzó a correr por toda la casa y a gritar: «¡Yo quiero a mi mamá! ¡Yo quiero a mi mamá! ¡Yo quiero a mi mamá!»

Recuerdo haber pensado: *Ay, ay, ay... y yo también quiero a tu mamá. Nada me gustaría más que tu mami entrara por esa puerta justo ahora.*

¿Y sabes qué? Él realmente no quería a mamá. Lo que él quería era lo que pensaba que mamá podía darle.

Ahora bien, permíteme apretar el botón de pausa sólo un segundo. ¿Podemos ser mutuamente sinceros? Arriesgándome a que quieras cerrar el libro justo aquí, pienso que necesitas oír algo. Tal vez estás peleando con Dios en este momento. No estás feliz con la forma en que tu vida está marchando. Quizás le estás orando y suplicando a Dios.

Pero, ¿crees que es posible que realmente no quieras a Dios?

¿Es posible que sólo quieras lo que piensas que Dios puede darte?

¿Crees que es posible que realmente no quieras a Dios? ¿Es posible que sólo quieras lo que piensas que Dios puede darte?

Una de las cosas que creo que Dios me está enseñando en mi vida en estos días es que hay momentos en que queremos más nuestros sueños que lo que queremos a Dios. Queremos lo que Dios hace por nosotros en lugar de simplemente a Dios.

Tal vez por esto este pasaje de Éxodo 33 toca una fibra tan sensible en mí:

El Señor le dijo a Moisés: «Anda, vete de este lugar, junto con el pueblo que sacaste de Egipto, y dirígete a la tierra que bajo juramento prometí a Abraham, Isaac y Jacob que les daría a sus descendientes. Enviaré un ángel delante de ti, y desalojaré a cananeos, amorreos, hititas, ferezeos, heveos y jebuseos». (vv. 1-2, NVI)

¿Ves lo que te digo? Dios le promete a Moisés que va a tener éxito en la batalla, éxito en reclamar la tierra prometida para su pueblo. ¿Acaso no es esto lo que ha querido Moisés todo el tiempo? Este es el sueño que él ha estado persiguiendo desde que salió de Egipto.

Sin embargo, Moisés responde a la promesa de Dios de una manera inesperada:

> Moisés le dijo al Señor:
> —Tú insistes en que yo debo guiar a este pueblo, pero no me has dicho a quién enviarás conmigo. También me has dicho que soy tu amigo y que cuento con tu favor. Pues si realmente es así, dime qué quieres que haga. Así sabré que en verdad cuento con tu favor. Ten presente que los israelitas son tu pueblo.
> —Yo mismo iré contigo y te daré descanso —respondió el Señor.
> —O vas con todos nosotros —replicó Moisés—, o mejor no nos hagas salir de aquí. Si no vienes con nosotros, ¿cómo vamos a saber, tu pueblo y yo, que contamos con tu favor? ¿En qué seríamos diferentes de los demás pueblos de la tierra?
> —Está bien, haré lo que me pides —le dijo el Señor a Moisés—, pues cuentas con mi favor y te considero mi amigo. (Éxodo 33.12-17, NVI)

¡Me encanta esto! Moisés está diciendo: «Dios, el éxito no es suficiente para mí. Te quiero a ti. Quiero tu presencia. No sólo quiero lo que puedas darme. Te quiero a ti».

Estoy tratando desesperadamente de llegar a un punto donde crea esta verdad en lo más profundo de mi ser. Quiero alcanzar el punto donde sinceramente pueda decir: «Si Dios no me da ni una cosa más en esta vida, aún así le debo todo».

Preguntas difíciles

Hemos estado planteando algunas preguntas difíciles en este libro; preguntas como: «¿Qué haces con un sueño hecho añicos?» «¿Qué haces con una expectativa insatisfecha?» y «¿Qué haces cuando Dios no se revela de la forma en que pensaste que lo haría?»

Para ser más específico, ¿qué haces cuando tu matrimonio se deshace, cuando descubres que padeces de Alzheimer's, cuando pierdes a un ser querido o cuando te traiciona tu mejor amigo?

No sé si puedo darte una respuesta específica en alguna de esas circunstancias, pero esto es lo que sí sé. Lo he dicho a lo largo de este libro, y te lo diré otra vez. Todos vamos a llegar a ese lugar donde la vida nos duele y nuestros corazones están rotos. Todos nos vamos a encontrar en medio de un Plan B. Y este es el agregado que puede sorprenderte: ser cristiano para nada cambia esta realidad.

Y por favor, entiende bien lo que quiero decir. No estoy diciendo que ser cristiano no marca una diferencia en nuestras vidas. Sólo estoy diciendo que el cristianismo no siempre puede reducirse a respuestas sencillas.

Tal vez pensaste que cuando te convertiste al cristianismo ibas a tener todas las respuestas para las dificultades de la vida. Sin embargo, he aquí algo que puede eliminar las ambigüedades y, espero, aliviar algo de presión. Ser cristiano no quiere decir que sabes cómo responder ante todo lo que se te presenta. ¡Ser cristiano no quiere decir que tienes todas las respuestas!

Me siento muy frustrado con la versión del cristianismo donde pensamos que nuestra teología cabe realmente en una pegatina para el auto, una camiseta o un brazalete. La realidad no es así de sencilla. La realidad es que:

- Los cristianos con frecuencia tienen más preguntas que respuestas.
- Algunas veces carecemos de la fe que nos da una continua esperanza.
- Aunque sabemos que Dios está con nosotros, algunas veces nos sentimos absoluta y completamente solos.
- Aunque creemos, dudamos.
- Aun cuando sospechamos que Dios sabe lo que está haciendo, realmente no queremos hacer las cosas a su manera.

Me siento muy frustrado con la versión del
cristianismo donde pensamos que nuestra
teología cabe realmente en una pegatina para el
auto, una camiseta o un brazalete. La realidad no
es así de sencilla.

En Él

Me parece que Jesús entendía mejor que cualquiera de nosotros cuán complejo y confuso sería todo esto. En Juan 16 él habla sobre dos realidades que tú y yo tenemos que entender si es que alguna vez van a tener sentido los tiempos de Plan B en nuestras vidas.

Un rápido trasfondo: Jesús está a punto de ser crucificado. Va camino a la cruz. Lleva sobre él los pecados del mundo, y va rumbo a la cruz para que nosotros podamos experimentar el perdón y la redención por medio de su muerte sustitutiva. En otras palabras, Jesús se está preparando para pagar un castigo que debíamos pagar nosotros. Y esto es lo que les dice a sus seguidores: «Estas cosas os he hablado para que en mí tengáis paz. En el mundo tendréis aflicción; pero confiad, yo he vencido al mundo» (Juan 16.33).

¿Alguien está interesado en esta paz que él ofrece? Fíjate que él dice «para que en mí tengáis paz». Creo que esas palabras, «en mí», son realmente importantes. Jesús no dice que vamos a tener paz en la iglesia... o en una célula... o en este libro.

Él dice claramente «en mí». Cuando sumerges tu realidad dentro de su realidad, allí es donde encuentras paz.

Las palabras que salen de la boca de Jesús justo después nos recuerdan por qué esta paz es tan importante. Él dice: «En el mundo tendréis aflicción».

Esa es la manera de Jesús decirnos: «Realmente vas a necesitar paz porque los problemas se avecinan». (Tal vez digas: «¿De veras? ¡No te puedo creer, ¿en serio?!»)

Y no estamos hablando del problema «el perro se ensució en el piso» ni de «se me quedaron las llaves dentro del carro» ni «estoy varado en el tráfico». Estamos hablando del tipo de problema que te hace pensar, *no sé si existe un Dios. Ya no sé si creo o no.* Esta es la clase de problema, dolor y crisis que puede conmoverte hasta lo más profundo de tu ser.

Casi puedes imaginarte a Jesús en este versículo como un pronosticador del tiempo que nos está dando la previsión meteorológica para los próximos siete días. Y es problema, problema, problema, problema, problema, problema y problema. En una palabra, el pronóstico para tu vida aquí en la tierra es *problema.*

Esto es cierto porque estamos viviendo en dos realidades superpuestas:

- Existe un Dios que es grande y poderoso y que nos ama...
- ...pero vivimos en un mundo que parece estar haciéndose pedazos.

Y entonces Jesús termina este versículo diciendo: «pero confiad, yo he vencido al mundo». En otras palabras: «No pierdas de perspectiva el cuadro general. No cedas ante la desesperanza. Porque yo ya hice lo necesario para, a la larga, encargarme de todos los problemas que tendrás. No importa lo que venga, yo he vencido al mundo».

Mala teología

Es interesante, pero este versículo en particular puede generar algunas teologías bastante enfermizas. Escuché al pastor Louie Giglio comentar sobre este versículo. Él ayudó a que en verdad cobrara vida para mí en un momento en que lo necesitaba desesperadamente.[2] Fue justo después que Brandi y yo pasamos por nuestro primer aborto espontáneo, y yo estaba luchando con el cómo esto podía estarle pasando a nuestra familia.

Giglio señaló que Juan 16.33 tiene en realidad dos partes. Primero, Jesús claramente dice que vamos a tener problemas en este mundo. Luego

Jesús nos dice que seamos valientes porque él ha vencido al mundo. Dos declaraciones... y si las separas, tienes dos malas teologías.

Por ejemplo, si te enfocas solamente en la primera declaración, «en este mundo afrontarán aflicciones» (NVI), podrías desarrollar un sistema de pensamiento que te dice «este mundo apesta». Las cosas pasan y no puedes hacer nada para remediarlo. Vives, y luego mueres.

Estoy seguro que has conocido personas que han escogido este marco de pensamiento. Ellos siempre piensan que hay algo o alguien que intenta destruirlos. Sienten que la vida no tiene sentido. Es una forma de vivir bastante miserable.

Sin embargo, ¿qué pasa si te enfocas sólo en la segunda mitad de este versículo, donde Jesús dice: «Yo he vencido al mundo» (NVI)? Si tomas sólo esta declaración como tu marco de pensamiento, entonces comienzas a pensar que nunca habrá problemas, o por lo menos, no problemas serios. «Nada malo me ocurrirá mientras esté siguiendo a Jesús». Si te aferras sólo a esta declaración, te obligas a vivir en una realidad falsa. A pesar de toda la evidencia que dice lo contrario, simplemente pretendes que todo es maravilloso y que todas las gráficas de tu vida se van a seguir moviendo hacia arriba y hacia la derecha. En el proceso, probablemente te estás creando una trampa puesto que, a la larga, tu realidad falsa se va a hacer pedazos.

No obstante, si tomas las dos declaraciones en este versículo y las unes, entonces sí entiendes de lo que Jesús está hablando. Tienes una teología más completa.

Tú no estás exento de los problemas, aun de los problemas serios. No estás exento de los Plan B. Pero al mismo tiempo, puedes tener la confianza de que Jesús vencerá sobre el problema. Y en eso hay esperanza.

Sin embargo, puede que estés diciendo: «Bien, Pete, ¿y cómo sabes eso?»

Lo sé debido a la cruz y lo que ella le comunica a toda la humanidad.

La cruz

Ahora bien, puede que estés diciendo: «Es que tú no entiendes. Ya soy cristiano. Ya hice lo que tenía que hacer con respecto a la cruz. Ya he sido perdonado. No necesito la cruz. Lo que necesito es que me hables de soluciones. Necesito que me des algunos pasos. Necesito que hables del futuro. ¿Cómo me muevo de aquí?»

Creo que este es un error común que cometemos en el cristianismo de hoy día. Vemos la cruz como la línea de arranque. Una vez que hemos aceptado el perdón de Cristo, provisto por medio de la cruz, queremos seguir adelante.

Sin embargo, no funciona de esa manera. Necesitas entender que la cruz no es sólo la línea de arranque. Es el centro mismo de tu historia con Dios.

Es el lugar donde el dolor de «en el mundo tendréis aflicción» se encuentra con el triunfo de «yo he vencido al mundo».

Necesitas entender que la cruz no es sólo la línea de arranque. Es el centro mismo de tu historia con Dios. Es el lugar donde el dolor de «en el mundo tendréis aflicción» se encuentra con el triunfo de «yo he vencido al mundo».

Y es la razón por la que podemos tener esperanza aun en medio de nuestras situaciones Plan B.

El autor de Hebreos dice esto sobre las promesas de Dios: «Tenemos como firme y segura ancla del alma una esperanza que penetra hasta detrás de la cortina del santuario» (Hebreos 6.19, NVI).

No estoy seguro que exista algo que necesites más en este mundo impredecible que un ancla. ¿Sientes que has sido golpeado de un lado para otro por el mar de la vida? ¿Sientes que vas a la deriva, sin un rumbo fijo? Lo que necesitas es un ancla... un ancla de esperanza.

Y creo que la cruz puede y debe ser esa ancla. La cruz no es algo que simplemente te lleva al cielo. La cruz es también la fuerza estabilizadora que necesitas cuando tu mundo está en turbulencia debido a un Plan B o a una serie de Planes B.

El amor de Dios

A lo largo de los siguientes capítulos, quiero hablarte sobre lo que representa la cruz para nosotros, y quiero comenzar explicándote sobre el amor que ella comunica.

Entender y comprender el amor infinito de Dios es imprescindible en medio de cualquier Plan B. Es imprescindible porque es muy fácil asumir que *Dios no me ama cuando permite que esté pasando por esto. Dios tiene que haberme abandonado, o no me sentiría de esta manera.*

Si nos enfocamos sólo en las circunstancias, y si definimos a Dios a la luz de esas circunstancias, entonces esa conclusión parece tener sentido. Pero cuando dirigimos nuestros ojos a la cruz, entonces se nos recuerda que no hay límites en lo que Dios hará para acercarnos a él. Se nos recuerda que Dios nos ama mucho más de lo que jamás podremos imaginar.

El conocimiento del amor de Dios no va a hacer que desaparezca el dolor del Plan B. No obstante, sí podemos permitir que su amor se convierta en el combustible que nos sostiene mientras atravesamos los largos y difíciles días por delante.

Cuando nuestras vidas han sido sacudidas por este mundo en pedazos, necesitamos mirar a la cruz como un recordatorio de que Dios puede y va a redimir nuestras circunstancias. Dios nos ama, y eso reemplaza cualquier Plan B que podamos estar atravesando.

¿Cuál es tu ídolo?

El problema es que no siempre logramos hacer eso.

El problema es que con frecuencia somos tentados a quitar nuestra vista de la amorosa realidad de la cruz y a buscar otras maneras de enfrentar el dolor de nuestros Plan B. Una de las formas más comunes de tentación es la práctica de la idolatría.

Y no, no me refiero a que sacamos nuestras herramientas para tallar y creamos algo ante lo que literalmente podemos hacer reverencia.

Mi definición preferida de idolatría es simplemente tomar algo que no sea Dios y convertirlo en nuestro principal enfoque. Lo tornamos en lo más importante en nuestras vidas y lo perseguimos a toda costa. Dependemos de eso para que nos dé cosas buenas y nos ayude a salir de las malas situaciones. ¿Puedes ver lo que quiero decir? Cuando lo miras desde este punto de vista...

- El dinero puede ser un ídolo. (Es bastante popular.)
- La tecnología puede ser un ídolo. (Cada día se vuelve más importante.)
- La aceptación puede ser un ídolo. (Este es prominente en las escuelas secundarias y en las corporaciones.)
- Hasta la familia puede ser un ídolo. (¡Ay!)

La idolatría fue exactamente con lo que Satanás quiso tentar a Jesús en Mateo 4. ¿Recuerdas esa historia? Como Jesús tenía hambre y sed, Satanás lo tentó ofreciéndole comida y bebida... y la posibilidad de llamar a los ángeles y tomar la salida fácil para no cumplir la razón por la cual estaba en la tierra. Pero entonces, Satanás sacó el arsenal pesado de la idolatría. Trató de seducir a Jesús diciendo, de hecho: «Mira todos los reinos del mundo. Yo te los puedo dar. Mira todo lo que te podría dar si tan sólo me adoras. Pudieras tener todo eso si tan sólo te postras y me adoras. Permíteme dirigir tu vida».

Jesús, por supuesto, dijo que no.

No siempre nosotros podemos hacer eso.

Ahora bien, tal vez te estés preguntando qué tiene que ver la idolatría con tu Plan B, pero sólo quédate conmigo un minuto más en esto. Quiero llevarte a un texto algo confuso para mostrarte de qué estoy hablando. Es del libro de Ezequiel, y utiliza una descripción gráfica completamente diferente para hablarnos de las maneras en que tendemos a actuar hacia Dios y de la forma en que Dios nos mira. En este pasaje, Dios está hablando a Jerusalén (que nos representa a nosotros):

Y pasé yo otra vez junto a ti, y te miré, y he aquí que tu tiempo era tiempo de amores; y extendí mi manto sobre ti, y cubrí tu desnudez; y te di juramento y entré en pacto contigo, dice Jehová el Señor, y fuiste mía. (Ezequiel 16.8)

¿Algo atrevido, no te parece? Esa es la intención. Tienes que entender que este es un presagio profético de la relación de Dios con nosotros. La idea es que Dios nos ama tanto que, en realidad, hace un pacto de matrimonio con nosotros. «Extendí mi manto sobre ti, y cubrí tu desnudez». El acto simbólico de extender la parte inferior del manto de alguien sobre otro significa protección y compromiso matrimonial.

En este pasaje, Dios dice cómo él promete su fidelidad a Jerusalén (otra vez, nosotros) y la toma como suya. Él continúa:

Te lavé con agua, y lavé tus sangres de encima de ti, y te ungí con aceite; y te vestí de bordado, te calcé de tejón, te ceñí de lino y te cubrí de seda. Te atavié con adornos, y puse brazaletes en tus brazos y collar a tu cuello. Puse joyas en tu nariz, y zarcillos en tus orejas, y una hermosa diadema en tu cabeza. Así fuiste adornada de oro y de plata, y tu vestido era de lino fino, seda y bordado; comiste flor de harina de trigo, miel y aceite; y fuiste hermoseada en extremo, prosperaste hasta llegar a reinar. Y salió tu renombre entre las naciones a causa de tu hermosura; porque era perfecta, a causa de mi hermosura que yo puse sobre ti, dice Jehová el Señor. (vv. 9-14)

En otras palabras, cuando entablamos una relación con Dios, él cubrió nuestro pecado y nos hizo hermosos y presentables. Nos adornó con su gracia y no llenó con su belleza... y todo porque nos ama. Pero entonces ocurrió esto:

Pero confiaste en tu hermosura, y te prostituiste a causa de tu renombre, y derramaste tus fornicaciones a cuantos pasaron; suya eras. Y tomaste de tus vestidos, y te hiciste diversos lugares altos, y fornicaste sobre ellos; cosa semejante nunca había sucedido, ni sucederá más. Tomaste asimismo tus hermosas alhajas de oro y de plata que yo te había dado, y te hiciste imágenes de hombre y fornicaste con ellas; y tomaste tus vestidos de diversos colores y las cubriste; y mi aceite y mi incienso pusiste delante de ellas. Mi pan también, que yo te había dado, la flor de la harina, el aceite y la miel, con que yo te mantuve, pusiste delante de ellas para olor agradable; y fue así, dice Jehová el Señor. (vv. 15-19)

¿Puedes creer lo que está diciendo este pasaje? Básicamente nos está llamando a ti y a mí —como parte del cuerpo de Cristo, como parte de la iglesia— prostituta, ramera. Y luego sigue diciendo que no sólo soy una prostituta, sino una ninfómana espiritual, que en realidad les paga a los hombres para acostarse conmigo en lugar de sólo tomar su dinero. Ese es el lenguaje que usa la Biblia para hablar de los corazones del pueblo de Dios, de cuán adúlteros somos, de lo idólatras que somos y cuán espiritualmente destrozados estamos.

Yo no

«Bueno, ese no soy yo», tal vez dices. «No soy una prostituta. No le he sido infiel a Dios».

Ahora bien, pensemos en esto un momento. Me parece que todos nosotros, al menos en un área de nuestras vidas, hemos sido tentados a ir tras algo que no es Dios.

Quizá sea algo que es tradicionalmente considerado como «malo», tal como: el alcohol o las drogas o la pornografía. Lo más probable es que no es algo tan deslumbrantemente destructivo. Es posible que hasta sea algo moralmente neutral o aceptable... hasta que se convierte en un ídolo.

Entonces, ¿cómo sabes dónde y a qué adoras? Louie Giglio sugiere que debes seguir las pistas en tu vida.[3] Sigue la pista de tu...

- Tiempo: cómo usas la mayoría de las horas de tu día (trabajando, mirando la televisión, cuidando el jardín, en la Internet).
- Afecto: qué es lo que más aprecias, qué relaciones cultivas (tu cónyuge, tus hijos, tus mascotas, tus amistades de la iglesia).

- Energía: en qué trabajas o te diviertes con más ahínco (el gimnasio, tu trabajo, pasatiempos, ayudando a la gente).
- Dinero: qué dice tu estado de cuenta bancario sobre dónde gastas tu dinero (ahorrando para el futuro, comiendo afuera, juguetes y entretenimiento, ayudando a tus hijos, diezmos).
- Lealtad: a qué eres más fiel (a tu iglesia, a tu trabajo, a tu familia, a ti mismo).

Síguele la pista a todo esto. Al final de esa pista, vas a encontrar un trono; y lo que sea —o quien sea— que esté en ese trono es lo que más valoras. Es tu máximo... tu ídolo... tu amante idólatra.

No muchos de nosotros anda por ahí diciendo: «Yo idolatro mis cosas. Idolatro mi trabajo. Idolatro tal o cual placer. La idolatro a ella o a él. Idolatro a mi cuerpo. Idolatro a mi sueño». Sin embargo, las pistas nunca fallan. A fin de cuentas, nuestra adoración, nuestra idolatría, trata más de qué hacemos que de qué decimos.

Y pienso que para aquellos de nosotros en medio de un Plan B, descubriremos que uno de nuestros ídolos todo el tiempo ha sido un cuadro de la manera en que la vida debiera ser. Nuestro ídolo es una expectativa o un sueño.

Dioses inútiles

Y he aquí lo que Dios, quien nos ama, tiene que decir sobre las maneras en que seguimos a los ídolos:

> Y te entregaré en manos de ellos; y destruirán tus lugares altos, y derribarán tus altares, y te despojarán de tus ropas, se llevarán tus hermosas alhajas, y te dejarán desnuda y descubierta. Y harán subir contra ti muchedumbre de gente, y te apedrearán, y te atravesarán con sus espadas. Quemarán tus casas a fuego, y harán en ti juicios en presencia de muchas mujeres; y así haré que dejes de ser ramera, y que ceses de prodigar tus dones. Y saciaré mi ira sobre ti, y se apartará de ti mi celo, y descansaré y no me enojaré más. (Ezequiel 16.39-42)

En otras palabras, Dios está diciendo: «Si lo que en realidad quieres son esos amantes, entonces te voy a permitir que los persigas. Te entregaré a ellos, pero tienes que saber que van a herirte y a hacerte daño».

Puedes entregar tu amor y devoción a ascender profesionalmente, pero a la larga ese amante te destruirá.

Puedes entregar tu amor y devoción a acumular fortuna, pero a la larga ese amante te traicionará.

Puedes entregar tu amor y devoción a ganar aceptación, pero a la larga ese amante te hará pedazos.

Puedes entregar tu amor y devoción a seguir un sueño particular, pero a la larga ese amante te desilusionará.

Es posible, en otras palabras, que parte de la razón por la que te sientes tan destrozado y tan quebrantado en medio de tus situaciones Plan B es que le entregaste tu amor y devoción a tus planes y sueños en lugar de a Dios.

Es algo en lo que puedes meditar. Porque no importa cuán meritorio, no importa qué tan irresistible, no importa qué tan *bueno*... un sueño es un dios inútil.

Porque no importa cuán meritorio, no importa qué tan irresistible, no importa qué tan bueno... un sueño es un dios inútil.

No es mi sueño

Jesús mismo modeló para nosotros justo este principio de no adorar a nuestros sueños y planes por encima de Dios. Ocurrió la noche antes de su muerte, cuando va al huerto con sus discípulos para orar:

Entonces llegó Jesús con ellos a un lugar que se llama Getsemaní, y dijo a sus discípulos: Sentaos aquí, entre tanto que voy allí y oro. Y tomando a

Pedro, y a los dos hijos de Zebedeo, comenzó a entristecerse y a angustiarse en gran manera. Entonces Jesús les dijo: Mi alma está muy triste, hasta la muerte; quedaos aquí, y velad conmigo. Yendo un poco adelante, se postró sobre su rostro, orando y diciendo: Padre mío, si es posible, pase de mí esta copa; pero no sea como yo quiero, sino como tú. (Mateo 26.36-39)

Creo que algunos de nosotros estamos tan familiarizados con este pasaje, que realmente pasamos por alto la emoción que encierra. Léelo otra vez. Jesús está «muy triste», y por lo tanto, se postra en el suelo. Él está enfrentando el Plan B máximo, y siente un dolor emocional tan severo que, literalmente, no puede caminar.

¿Estoy sugiriendo que Jesús no sabe que se encamina a la cruz? No. Creo que él sabe claramente lo que está a punto de ocurrir. Él sabe exactamente lo que va a pasar, de hecho: el dolor, la humillación, la muerte. Y mientras hace frente a esa posibilidad, él suplica e implora por otra manera. *Dios, por favor, no sé si soy capaz de hacer esto. Me siento consternado de tan sólo pensar en ello.*

Vino luego a sus discípulos, y los halló durmiendo, y dijo a Pedro: ¿Así que no habéis podido velar conmigo una hora? Velad y orad, para que no entréis en tentación; el espíritu a la verdad está dispuesto, pero la carne es débil. Otra vez fue, y oró por segunda vez, diciendo: Padre mío, si no puede pasar de mí esta copa sin que yo la beba, hágase tu voluntad. (vv. 40-41)

Esas últimas palabras de Jesús son las palabras más importantes que debemos aprender a decir y a creer en lo más profundo de nuestro ser. Jesús dijo: «Hágase tu voluntad». En otras palabras, él está diciendo: «Esto no me gusta, me encantaría que hubiera otra forma, ni siquiera estoy seguro de que pueda soportarlo. Sin embargo, no se trata de mis sueños, mis deseos, mis planes. No se trata de mi voluntad, sino de tu voluntad, así que haz lo que quieras con mi vida». Jesús se rehusó a que sus sueños, sus expectativas o su voluntad se convirtieran en sus ídolos.

Y eso también es lo que estamos llamados a hacer, especialmente en esos momentos en los que nuestros Planes B desenmascaran los ídolos que estamos siguiendo.

Tenemos que estar dispuestos, de ser necesario, a abandonar la vida que hemos planificado y soñado para así recibir la vida que nuestro Dios ha escrito para nosotros.

Y tenemos que mantener nuestra vista en la cruz, recordando que nuestra fe nació de la oscuridad y la confusión. Recordando que los problemas son inevitables en este mundo, pero que Jesús ha vencido al mundo. Recordando que Dios ha sido fiel a nosotros y que exige a cambio nuestra lealtad, que él quiere que le sigamos más que a nuestros sueños y anhelos (los cuales, como hemos visto, son ídolos malísimos).

Pero recordando sobre todo —en medio de la oscuridad y la confusión del Plan B— que Dios es nuestro apasionado Amante, que él está dispuesto a llegar a los extremos y a pagar un enorme precio para que logremos entablar una relación con él.

Dios nos ama... esa es nuestra ancla de esperanza en la turbulencia del Plan B.

Dios nos ama... ese es el mensaje de la cruz que cambia todo.

Absolutamente todo.

ONCE PODER Y ESPERANZA

Me gustaría que tomaras un momento para imaginarte en la escena donde Jesús fue crucificado. Sólo piensa por un segundo cómo se sintió estar en la cruz.

Hay gente gritando y llorando. Hay gente vitoreando, cantando y abucheando. Ciertos líderes están manipulando a la multitud. Los soldados están abusando del Hijo de Dios. Los soldados están apostando sobre sus vestiduras. Un ladrón que cuelga junto a él se está burlando. Entonces, las cosas realmente se transforman en locura:

> Cuando era como la hora sexta, hubo tinieblas sobre toda la tierra hasta la hora novena. Y el sol se oscureció, y el velo del templo se rasgó por la mitad. Entonces Jesús, clamando a gran voz, dijo: Padre, en tus manos encomiendo mi espíritu. Y habiendo dicho esto, expiró. Cuando el centurión vio lo que había acontecido, dio gloria a Dios, diciendo: Verdaderamente este hombre era justo. (Lucas 23.44-47)

Si tan sólo hubieras estado allí aquel día, habrías dicho: «Esto es horrible. ¿Dónde está Dios en medio de todo esto? ¡Todo está fuera de control!»

Y, sin embargo, no lo estaba. Dios no estaba ausente aun en medio de aquella caótica escena. Dios no estaba fuera de control... y puede ser muy útil recordar esto en medio de tu propio caos en el Plan B.

¿Acaso parece tu situación fuera de control? ¡No puedes creer lo que ha ocurrido! No puedes creer que...

- Él te haya abandonado.
- El tratamiento no esté funcionando.
- Tus ahorros realmente hayan desaparecido.
- Tu hijo esté en la cárcel.

Y, si eres sincero, no tienes la más mínima idea de qué hacer con respecto a la situación. No sabes...

- Cómo salir del problema.
- Cómo sentirte mejor.
- Cómo hablar del asunto.
- Cómo recobrar tu salud.
- Cómo reparar la falta.

Cualquiera sea tu problema particular, no estás seguro que haya una forma de superarlo. Estás convencido de que la vida nunca va a ser igual, y estás casi seguro que nunca va a ser buena otra vez.

Sin embargo, ¿puedes creer que Dios está en control ahora, aun cuando tu vida no lo está?

¿Puedes creer que Dios está en control ahora,
aun cuando tu vida no lo está?

Si puedes aferrarte a esto, habrás asimilado otro importante regalo de la cruz. Algo que tiene que ver con poder y control... pero que tiene que ver mucho más con esperanza.

Superhéroes

Mientras crecía, como la mayoría de los chicos comunes y corrientes, solía fantasear con ser un superhéroe. ¿Hay algún superhéroe al que hayas admirado? Siempre quise ser *Superman*. Quería correr como él corría. Quería volar como él volaba. Quería su poder, su valor y su deseo de marcar una diferencia. *Bien*... ¡y también quería el disfraz!

Un día estaba hablando con mi hijo mayor, Jett, y le pregunté: «Hijo, si pudieras tener cualquier súper poder, ¿qué poder te gustaría?» Se quedó allí sentado un momento, pensando en su respuesta, y luego dijo: «Quiero el poder de nunca tener que orinar».

¿Qué? Entre todos los poderes disponibles, ¿quería el poder de ser capaz de controlar su vejiga?

Jett me dijo: «Seguro, papá. Piensa en todo el tiempo que me ahorraría. Nunca tendría que dejar de jugar para entrar a la casa a orinar».

Mientras intentaba pensar qué decir, simplemente refunfuñé entre dientes: «Hijo, pienso que ese es el súper poder más inútil que jamás haya escuchado. ¿Cuál va a ser tu nombre? ¿El Hombre sin Orín? ¿El Tipo de la Súper Vejiga? Tienes que inventarte algo mejor que eso, mi hijo. ¿Qué vas a hacer con semejante poder? Llegar de repente a salvar a una chica y decir: "Todo el mundo dé un paso hacia atrás. Yo no tengo que orinar"»?

Bien. Dejémoslo aquí.

Pero sí pienso que hay una razón por la que estamos fascinados con los superhéroes.

Todos podemos usar un poder más allá de
nosotros. Sin embargo, creo que nuestro deseo
de poder encierra algo más. Sospecho que lo que
realmente necesitamos es esperanza.

A primera vista, tiene que ver con el poder. No importa con quien converses en estos días, todos nos sentimos un poco impotentes, un poco fuera de control. Todos podemos usar un poder más allá de nosotros.

Sin embargo, creo que nuestro anhelo de poder encierra algo más. Sospecho que lo que realmente necesitamos es esperanza.

El poder es sólo la herramienta que creemos necesitar para derrotar las cosas de este mundo que son un estorbo para nuestra esperanza.

Es por esto que la gente que ha perdido la esperanza con frecuencia dice: «¡Me siento tan impotente!»

Lo que deseamos es esperanza. Eso es lo que todos necesitamos desesperadamente. Y cuando estamos atravesando por las circunstancias del Plan B —cualquiera sea ese Plan B— la esperanza parece escasear.

La conmoción

Es obvio que los discípulos que estuvieron parados junto a la cruz en medio de aquella caótica escena se sintieron así. Fíjate cómo respondieron:

> Y toda la multitud de los que estaban presentes en este espectáculo, viendo lo que había acontecido, se volvían golpeándose el pecho. Pero todos sus conocidos, y las mujeres que le habían seguido desde Galilea, estaban lejos mirando estas cosas. (Lucas 23.48-49)

Aquellos que habían creído en la misión de Jesús, los que creyeron que él era el Hijo de Dios, no podían creer lo que estaban viendo. Ellos habían colgado toda su esperanza en aquel hombre llamado Jesús. Y justo en aquel momento, toda su esperanza está muriendo en una cruz.

Otra vez, toda esta escena debe sentirse absolutamente fuera de control. La gente está enojada, disgustada y confundida.

No obstante, fíjate cómo reaccionan los seguidores más cercanos de Jesús. El relato del evangelio dice que ellos «estaban lejos mirando estas cosas».

Piensa en esto. Otras personas se están alejando, y van golpeándose el pecho. Pero los amigos más íntimos de Jesús no están haciendo nada. Están simplemente... parados... allí.

¿Alguna vez te has sentido tan desesperado que no puedes hacer nada? ¿No puedes enojarte ni pelear ni tan siquiera llorar? Te sientes tan desesperado que no tienes ni la energía ni la pasión para siquiera indignarte.

Cuando pastoreaba en Kentucky, con frecuencia acompañaba a los oficiales en sus autos, luego de que alguien había sido asesinado o había muerto en un accidente automovilístico. A los oficiales les gustaba que estuviera cerca cuando iban a informarle al pariente más cercano. Todavía recuerdo aquella sensación de malestar que sentía cuando llegábamos a la casa para llevar a cabo aquella triste tarea. Pensaba: *Dentro de esa casa hay una familia que simplemente está viviendo su vida, haciendo lo rutinario. No tienen la más mínima idea cómo las siguientes palabras van a voltear su mundo al revés para siempre.*

Siempre me pareció interesante cómo la gente respondía cuando le informábamos de la muerte de su ser querido. Siempre esperaba mucha emoción: gritos, llanto y cosas por el estilo. No obstante, con frecuencia reaccionaban de la misma manera en que la Biblia dice que los discípulos respondieron. Se sentían tan abrumadas que simplemente se quedaban paradas allí. Algunas veces se caían al suelo, incapaces de hablar, incapaces de llorar, incapaces de emitir ninguna respuesta.

Y el grupo de los seguidores íntimos de Jesús reaccionó exactamente así ante su muerte. Estas eran personas que le amaban y que habían compartido sus vidas con él. Habían creído en la visión de Jesús. Ellos tenían sueños —algunos realistas, otros no tanto— que estaban entrelazados con el ministerio de Jesús. Puedo asegurarte que ver la crucifixión de Jesús se sintió como el supremo asesino de sueños, el máximo Plan B. Ellos sintieron que todo por lo que habían trabajado, todo en lo que habían confiado, se les estaba escapando. Esta sensación de fuera de control y desesperanza los conmociona.

Impotencia y desesperanza

Seamos sinceros. Todos tenemos estos sueños, tenemos estos pensamientos, tenemos estos planes, pero carecemos del poder para ser quienes queremos ser y para hacer lo que queremos hacer. Carecer del poder para ejecutar nuestros sueños parece ser la condición humana.

Tal vez te encuentras en ese estado de desesperanza. Tus sueños se han desmoronado a tu alrededor, pero ya no te estás quejando.

No estás llorando.

No estás peleando.

De alguna manera, has aceptado la derrota. Te sientes vencido por la desesperanza.

Tal vez tenías un sueño profesional que pensaste que de seguro se realizaría, pero por una razón u otra, no fue así. Así que, te rendiste y te conformaste con menos de lo que deseabas.

Quizá tenías el sueño de casarte. Estabas segura que ya para este momento estarías viviendo ese sueño, pero te sientes completamente sola. Ya dejaste de buscar a ese muchacho o a esa muchacha.

Es posible que tuvieras sueños para tus hijos. Estabas seguro que serían esto o aquello, pero ellos tomaron un camino distinto al que esperabas. Tal vez tus hijos están tan fuera de control que ya ni siquiera estás tratando. Ya perdiste la esperanza en lo que pueden llegar a ser.

Cualquiera sea tu Plan B, se te acabó la fe en las posibilidades. Se te agotó la energía para tratar algo nuevo. Sabes que no estás en control, y en lo profundo de tu corazón, no estás seguro si Dios lo está tampoco.

Si es ahí donde estás, permíteme ofrecerte una palabra de esperanza.

Quisiera sugerirte que puede ser que las cosas no estén tan mal como parecen.

Cuando la esperanza está muerta

He aquí lo que ocurre después que pasó lo inimaginable, después que los discípulos de Jesús lo vieron morir en agonía y contemplaron cómo morían sus sueños (ellos asumían) con él:

> [José] fue a Pilato, y pidió el cuerpo de Jesús. Y quitándolo, lo envolvió en una sábana, y lo puso en un sepulcro abierto en una peña, en el cual aún no

se había puesto a nadie. Era día de la preparación, y estaba para comenzar el día de reposo. (Lucas 23.52-54)

Y eso es todo.

Por más de un día, desde el atardecer del viernes (cuando comenzó el día de reposo) hasta temprano en la mañana del domingo, los seguidores de Jesús esperaron, sintiéndose más impotentes, más desesperanzados, que lo que jamás antes se sintieron en sus vidas.

Durante todo ese tiempo, la esperanza está muerta. Más de veinticuatro horas inexplicables, el Hijo de Dios, la esperanza del mundo, simplemente está allí en una tumba.

¿Y qué de sus amigos íntimos? ¿Y qué de sus discípulos? Ellos están tan muertos en el interior como el maestro al que habían visto morir. Su sentido de impotencia y desesperanza les abruma.

Esto es lo que con frecuencia vemos en las circunstancias del Plan B. Ocurre un evento que consume nuestras vidas. Drena nuestras energías, destruye nuestra iniciativa, destroza nuestra creencia de que la vida tiene sentido o de que Dios está en control.

Nos quedamos allí parados, esperando, paralizados por la desesperanza. Comenzamos a preguntarnos lo mismo que debieron haberse preguntado los discípulos:

- ¿Se olvidó Dios de sus promesas?
- Sabe Dios lo que pasa?
- ¿Le importa a Dios?
- Y aún si le importa, ¿tiene él realmente el poder para resolver esto?

Posiblemente, no hay manera de evitar esos sentimientos en algunos momentos. Pero cometemos un grave error si comenzamos a creer que esos sentimientos tienen algo que ver con la realidad, puesto que esos sentimientos de desesperanza y de impotencia usualmente nos dicen mucho más sobre nosotros mismos que lo que dicen sobre Dios.

¿Quién se distanció?

Nuestra iglesia tenía menos de dos años, cuando recibí la alarmante llamada telefónica de que uno de los jóvenes de nuestro ministerio estudiantil había sufrido un accidente automovilístico y que su vida corría peligro. Era domingo en la noche, yo estaba extenuado, pero inmediatamente salí hacia la sala de emergencia del Vanderbilt Medical Center para acompañar a la familia.

Allí me enteré que la minivan de la familia había sido impactada en una intersección. Chris, de trece años, se acababa de quitar el cinturón de seguridad para coger un juego que estaba en el piso del auto. El impacto lo lanzó a través de la ventanilla, y cayó como a unos quince metros del vehículo. Aunque ninguna de las otras personas involucradas en el accidente había sufrido heridas, se hizo evidente de inmediato que las heridas de Chris ponían en peligro su vida.

Aquella fue una noche muy larga, mientras los doctores luchaban por mantener a Chris con vida. Recuerdo haber estado parado al lado de la cama junto a sus padres, suplicando a Dios en oración que salvara su vida.

Chris sobrevivió aquella noche, pero todavía tenía un largo camino por delante. Después de varias semanas, fue transferido a un hospital en Atlanta. Su futuro todavía era bastante incierto. Y yo tuve la oportunidad de pasar algún tiempo en Atlanta, junto a su mamá, Pat. Estuvimos un rato sentados allí, hablando al lado de la cama de Chris, donde todavía permanecía en coma luego de dos meses.

En un momento, me volteé hacia Pat y le pregunté: «¿Alguna vez te has preguntado dónde está Dios en medio de todo esto?»

Ella se quedó en silencio por un segundo y luego me contestó: «No, realmente no lo he hecho. Ni siquiera hago esa pregunta. La pregunta que hago es, ¿dónde estoy yo? Dios ha estado aquí conmigo todo el tiempo. Si me siento distante de él, no es porque él se haya ido. Es porque yo me he distanciado».

Recuerdo que mientras manejaba de regreso a Nashville aquella noche, las palabras de Pat se repetían una y otra vez en mi mente. ¿Cuántas veces me he perdido a Dios totalmente porque asumí que él no estaba allí? ¿Cuántas veces he perdido una oportunidad de conocerle en un nivel más íntimo por haberme distanciado en medio de la crisis, en medio de la espera? ¿Cuántas veces me he perdido el verle obrar porque me hundí en mi impotencia y me permití perder la esperanza?

¿Puedo decirte algo sobre esos momentos cuando la vida parece estar fuera de control? Usemos a los discípulos como ejemplo. El sueño de ellos parece estar muerto. No parece estar pasando nada. Se sienten sin ninguna esperanza, como si estuvieran completamente solos.

Pero, ¿acaso no coincides conmigo en que mientras ellos se alejan de la cruz aquel día, Dios está realmente orquestando su obra más maravillosa?

Ahora bien, lo último que deseo es plantar en tu interior una falsa esperanza, mientras que tú estás forcejeando con un Plan B fuera de control y hecho un desastre. Lo menos que deseo es proponer una solución simplista para un problema que está muy lejos de ser simple.

Sin embargo, he acompañado a bastantes personas mientras atraviesan bastantes Planes B para poder preguntar con absoluta seriedad: ¿Acaso es posible que Dios se esté preparando para hacer una obra en ti? ¿Es posible que Dios se esté preparando para tomar tu situación imposible y cambiarla completamente? No estoy diciendo que lo hará, pero... ¿es posible?

Mantente aquí, mientras echamos un vistazo a lo que les ocurrió luego a los impotentes y desesperanzados discípulos de Jesús.

Sábado

Recuerda, era viernes cuando Jesús fue crucificado. No obstante, la desesperanza paralizante que experimentan los discípulos continúa intensificándose según se acerca el sábado.

Pienso que es interesante que no hablemos mucho sobre el sábado. Pasamos mucho tiempo hablando del Viernes Santo, lo que, por supuesto, debemos hacer. Este es el día en que ocurrió la redención por medio del vertimiento de la sangre de Cristo. Es un día muy importante.

Nadie discute que el Domingo de Resurrección es un día de celebración. Celebramos que Jesús conquistó a la muerte para que así nosotros tengamos vida. Nada supera al Domingo de Resurrección.

Sin embargo, no escuchamos mucho sobre el sábado, ¿cierto? El sábado parece un día en el que nada está pasando. Es un día de cuestionamiento, duda, y definitivamente, de espera. Es el día de la impotencia y la desesperanza. Es un día en el que comenzamos a preguntarnos si Dios se quedó dormido al volante o si simplemente no tiene el poder para hacer nada con respecto a nuestros problemas.

No obstante, ¿crees posible que el sábado sea realmente un día de preparación? ¿Será posible que Dios se esté preparando para hacer su mejor obra en nosotros?

Eso es exactamente lo que está ocurriendo ese sábado después de la crucifixión de Jesús. El sábado fue el día en el que Dios estaba diseñando una resurrección:

> El primer día de la semana, muy de mañana, vinieron al sepulcro, trayendo las especias aromáticas que habían preparado, y algunas otras mujeres con ellas. Y hallaron removida la piedra del sepulcro; y entrando, no hallaron el cuerpo del Señor Jesús. Aconteció que estando ellas perplejas por esto, he aquí se pararon junto a ellas dos varones con vestiduras resplandecientes; y como tuvieron temor, y bajaron el rostro a tierra, les dijeron: ¿Por qué buscáis entre los muertos al que vive? No está aquí, sino que ha resucitado. Acordaos de lo que os habló, cuando aún estaba en Galilea, diciendo: Es necesario que el Hijo del Hombre sea entregado en manos de hombres pecadores, y que sea crucificado, y resucite al tercer día. (Lucas 24.1-7)

Tal vez estás hoy día en medio de una situación horrible y fuera de control. Sientes como que Dios no está ahí, que nada puede hacerse.

Sin embargo, este es el mensaje del evangelio para ti mientras estás atascado en tu sábado de impotencia y desesperanza: es en las situaciones sin esperanza que Dios hace su mejor trabajo.

Este es el mensaje del evangelio para ti mientras
estás atascado en tu sábado de impotencia y
desesperanza: es en las situaciones sin esperanza
que Dios hace su mejor trabajo.

Adoramos a un Dios que se especializa en resurrecciones. Él se especializa en situaciones desesperantes. Después de todo, él conquistó la muerte —la máxima situación sin esperanza— para que así pudieras tener vida.

Sus seguidores están abatidos y tristes y desesperanzados, y entonces Jesús se levanta de entre los muertos. Dios hizo lo imposible, y en cuestión de horas, los discípulos hacen un viaje de la desesperanza a la esperanza plena. De lo impotente a lo poderoso. Lo vieron resucitado, y todo cambió. Tenían esta imparable fuerza de esperanza en ellos que les permitió salir y ayudar a cambiar el mundo.

Y tal vez digas: «Bueno, me alegro por ellos».

No, no, no.

Me alegro por nosotros. Me alegro por mí. Me alegro por ti. Me alegro por cualquiera que está en una urgente necesidad de esperanza.

¿Lo ves? La resurrección es más que sólo una realidad histórica. No hay reuniones en todo el mundo en el fin de semana de Pascua sólo para celebrar un momento en la historia. Nos reunimos para recordarnos unos a otros que lo que ocurrió hace dos mil años atrás cambió a este mundo para siempre. Cambió mi vida para siempre. Puede también cambiar tu vida, si lo permites.

¿Sabes? Existen dos tipos de esperanza muy diferentes en este mundo. Una es esperar por algo, y la otra es esperar en alguien.

Un día, todo lo que esperamos con ansiedad, a fin de cuentas, nos va a desilusionar. Cada circunstancia, cada situación, cada relación en la que ponemos nuestra esperanza se desgastará, se acabará, se volverá polvo, se hará añicos y desaparecerá.

Ese es el problema de esperar por algo. Es por eso que la única esperanza confiable es la esperanza en alguien. O, mejor dicho, Alguien. Toda la Biblia señala a una cruz, a un hombre, a un Dios... no porque él nos da todo lo que deseamos, sino porque él es Aquel en quien ponemos nuestra esperanza.

Por esto puedo tener esperanza en medio de mi crisis. Puedo tener esperanza cuando no existe ninguna razón circunstancial para tener esperanza. Mi esperanza no está basada en lo que ocurre con la Bolsa de Valores, o lo que otros piensan de mí, o si mi vida resultó o no de la manera que esperaba.

Mi esperanza se fundamenta en un Dios poderoso y en control, que puede hacer y va a hacer lo imposible.

Mi esperanza está basada en un Dios que derrotó a la mismísima muerte.

El mismo poder

Y he aquí algo más que Dios promete. Sólo permite que penetren en ti las palabras de Efesios 1.18-20:

> ...para que sepáis... cuál la supereminente grandeza de su poder para con nosotros los que creemos, según la operación del poder de su fuerza, la cual operó en Cristo, resucitándole de los muertos y sentándole a su diestra en los lugares celestiales.

Léelo otra vez. ¿Lo entiendes? *El mismo poder* que operaba en Cristo, ahora está operando en nosotros.

¿En quién? ¿En todos nosotros? No, no en todos nosotros. En «los que creemos».

Porque, escucha esto... la mayoría de la gente ni siquiera se acerca. La mayoría de la gente quiere creer en muchas otras cosas que pudieran darle esperanza. Quieren confiar en la bolsa para que les ayude en una crisis financiera. Quieren confiar en un consejero para que les ayude a cambiar un matrimonio estancado. Quieren confiar en ellos mismos para encontrar una salida para sus situaciones Plan B.

No quieren creer que realmente son impotentes y que no tienen esperanza.

Porque este es un punto muy importante. La razón por la que el Plan B tiende a hacernos sentir impotentes y sin esperanza es porque, separados del poder de Cristo, ¡realmente lo estamos!

Tal vez tenemos dones y talentos. Tal vez tenemos asombrosas habilidades y una energía impresionante. Quizás tenemos la fuerza de voluntad y la perseverancia... hasta cierto punto. Pero nuestros Plan B revelan todo muy claramente... tenemos muchas más limitaciones que las que nos gusta admitir.

No tenemos el poder para transformar vidas.

No podemos fabricar esperanza. Ninguno de nosotros puede hacerlo.

No tenemos el antídoto para nuestra lujuria, nuestra ira, nuestra amargura, nuestra vagancia, y todo ese veneno que nos ha estado contaminando por años. No importa lo mucho que lo deseemos, nunca vamos a ser capaces de arreglarnos a nosotros mismos.

¡Ciertamente no tenemos el poder de resucitar lo que está muerto! No podemos resucitar nada.

Pero Cristo sí puede. Y el poder de Cristo está disponible para nosotros y en nosotros los que creemos.

Pienso que este versículo en Efesios es hoy día uno de los secretos más guardados en la iglesia.

El otro día estaba dando vueltas por la casa buscando mis llaves. Me avergüenza la frecuencia con la que pierdo esos objetos brillantes. Estaba tarde para una reunión, y estaba desmantelando la casa buscándolas. (He descubierto que nunca pierdes tus llaves cuando no tienes prisa. Es un hecho científico.)

Comencé a orar: *Señor, por favor ayúdame a encontrar mis llaves. Voy a empezar a decir malas palabras si no encuentro las dichosas llaves.* En este punto, ya iba por la cuarta ronda por toda la casa y ya estaba comenzando a sudar. ¿Dónde rayos están mis llaves?

Entonces Brandi me pregunta: «Bueno Pete, ¿dónde las pusiste la última vez que las usaste?» Si bien es cierto que la sabiduría matrimonial no es el tema de este libro, permíteme ofrecerte un útil consejo: cuando tu cónyuge ha perdido algo y está buscándolo febrilmente, por favor no le preguntes dónde lo dejó la última vez. Si supiera dónde lo puso, iría allí y lo tomaría.

Total, que cuando daba mi quinta ronda por la casa, Brandi, muy calmadamente me preguntó: «¿Buscaste en tu bolsillo?» Bajé la mano y toqué el bolsillo de mi pantalón. Y, efectivamente, las llaves estaban justo en mi bolsillo. (Listo, puedes reírte. ¡Ya lo superé!)

Escucha, la Biblia nos dice que el poder de Dios está disponible para nosotros, entonces... ¿por qué nos pasamos dando vueltas perdidos buscándolo? Está justo allí.

¿En mí? Sí.

El poder de Cristo está en aquel que cree.

Tienes un poder disponible para ti. Tienes una esperanza disponible para ti. Cuando Cristo se levantó de entre los muertos, nos estaba comunicando a todos los que nos llamamos creyentes que nosotros, también, podemos levantarnos por encima de la desesperanza del momento en el que nos sentimos atrapados.

Sí, aun en medio de nuestras circunstancias Plan B fuera de control.

Ven a mí

Hoy quiero que sepas —y esto es lo que realmente importa— que Cristo fue crucificado para la redención de los pecados. Él fue enterrado porque estaba muerto. Dios el Padre lo regresó a la vida. Y ese mismo poder está disponible para aquellos que creen.

No sé qué parece estar muerto en tu vida. No sé qué parece estar en la tumba para ti.

No me interesa si es tu matrimonio, tu carrera, tus finanzas, tu salud o tus sueños. No me interesa qué está en la tumba. No me interesa si parece que ha estado en la tumba por días, como estuvo Jesús... o por dos meses... o seis años. Cuando Jesucristo se presenta en tu tumba, él puede liberarte. Él puede infundir vida en ti.

Tal vez estás leyendo esto y te das cuenta que nunca has puesto tu máxima esperanza en Jesucristo. Puedes hacerlo justo en este momento. Confiesa tu pecado y pide perdón. Recibe vida. Pon tu vida y tu destino eterno en sus manos. Y cuando lo hagas, habrás colocado tu esperanza en el único lugar en la tierra donde ningún poder puede tocarla: ninguna circunstancia, ninguna desilusión, ningún accidente, ninguna culpa, ningún pesar, ningún error. Ni siquiera la muerte misma.

Aunque la vida es incierta, Dios no lo es. Aunque nuestro poder es limitado, el de Dios es ilimitado. Aunque nuestra esperanza puede ser frágil, Dios es la esperanza misma.

Y no, eso no te sana de cáncer.

Eso no borra la bancarrota por la que estás atravesando.

Eso no sana tu relación destrozada.

Eso no reemplaza tu sueño en pedazos.

Pero sí puede recordarte que aunque la vida es incierta, Dios no lo es. Aunque nuestro poder es limitado, el de Dios es ilimitado. Él todavía sostiene al mundo en sus manos. Aunque nuestra esperanza puede ser frágil, Dios es la esperanza misma.

Tu mundo puede parecer caótico, especialmente cuando estás atascado en un sábado, luchando desesperadamente con tu Plan B.

Pero no lo dudes... Dios está todavía en control. Y de una manera u otra, el domingo está a punto de amanecer.

DOCE ESPERANDO EN DIOS

Conocí a Todd y a Angie Smith hace algunos años a través de unos amigos en común. Todd pertenece a un grupo cristiano llamado *Selah* y ha experimentado un gran éxito en su carrera. Él tiene una de las voces más asombrosas que jamás haya escuchado.

Todd y Angie son una de esas parejas con las que Brandi y yo nos llevamos bien desde el momento que nos conocimos. Ellos son sencillamente del tipo de persona que son la sal de la tierra. También ayuda un poco que tienen tres hermosas niñas, más o menos de las mismas edades que nuestros niños... y los chicos están totalmente encariñados de ellas.

Nos emocionamos muchísimo cuando Todd y Angie descubrieron el año pasado que estaban esperando al bebé número cuatro. Sospechaba que, en secreto, Todd deseaba un varoncito esta vez. Pero, en verdad, todos estábamos orando por un bebé saludable.

Cerca de la semana dieciséis del embarazo, los sueños de Todd de tener a su primer hijo se hicieron trizas. Un ultrasonido confirmó que él y Angie iban a tener otra niña. Todd y Angie estaban metidos de lleno en la preparación de cuarto de la bebé, haciendo planes, y sintiéndose muy emocionados por la nueva adición a la familia —a la que llamaron Audrey— cuando recibieron una inquietante llamada telefónica.

En la semana dieciocho, una enfermera los llamó para decirles que algunas anormalidades en una prueba temprana indicaban la posibilidad de que bebé Audrey tuviera mongolismo. Tendrían que esperar un par de semanas para hacer más exámenes, pero Todd y Angie comenzaron el proceso de ajuste ante esta posibilidad. Angie recuerda: «En el transcurso de las siguientes semanas, simplemente oramos y oramos, y finalmente llegamos a un lugar donde sentimos tranquilidad con tener una niña con necesidades especiales. Sentíamos paz y que estábamos preparados».

Sin embargo, el siguiente ultrasonido, a las veinte semanas, reveló que los problemas de Audrey eran más complicados de lo que originalmente habían pensado. Todd cuenta: «Con sólo mirar el rostro del doctor mientras leía el ultrasonido supimos que algo estaba terriblemente mal. Luego entonces, él nos habló de manera muy confusa sobre la condición de la bebé. La única palabra que le escuché decir fue *fatal*».

Angie recuerda: «Todo lo que viene a mi memoria de aquel día es que recosté mi cabeza en el hombro de Todd y le dije: "¿Está pasando esto realmente?" Habíamos venido a la oficina del doctor orando para que Audrey no tuviera síndrome de mongolismo, y salimos deseando que eso fuera lo único que tuviera».

Todd y Angie salieron aquel día de la oficina del doctor sintiéndose paralizados y abrumados. Les dijeron que debían terminar el embarazo porque la bebé nunca sobreviviría fuera del vientre. Y, en el mejor de los casos, tomaría algunas bocanadas de aire antes de morir.

Como puedes imaginar, los meses siguientes fueron una montaña rusa emocional para los Smith. Angie nos dijo que ellos estuvieron tratando de encontrar un «balance entre la planificación para la pérdida y la esperanza de algún milagro».

Y creo que esa afirmación describe lo que muchos de nosotros sentimos en medio de un Plan B. Queremos creer que de alguna manera Dios puede y va a redimir nuestra confusión con el Plan B, pero simplemente no estamos seguros de cómo algo bueno podría resultar de esta situación en particular. Queremos esperanza, pero la esperanza parece distante, inverosímil y tal vez, hasta inapropiada.

¿Te has sentido así alguna vez? ¿Te sientes así ahora?

Bueno, no puedo decirte con ninguna confianza que todo resultará de alguna forma en particular para ti. No puedo decirte cuándo tu Plan B se normalizará y se resolverá. Ni siquiera puedo decirte que las cosas van a mejorar. Simplemente no tengo esa información. Nadie la tiene.

Pero sí puedo decirte que Dios tiene una perspectiva de la vida que nosotros no tenemos... y Dios está trabajando en tu situación justo en este momento, aun cuando no puedes verlo.

Si hubieras estado cerca de la cruz el día en que Cristo fue crucificado, habrías jurado que aquello era lo peor que podía pasar. Hoy día no lo vemos así, ¿no es cierto? Tenemos un par de miles de años de perspectiva, y ahora muchos de nosotros percibimos la cruz como la cosa más bella que hemos visto en nuestras vidas.

Pensamos eso porque nos recuerda que Dios puede transformar lo peor en algo bueno.

Después de todo, él ya tomó el suceso más terrible en la historia y los transformó en lo mejor que jamás nos haya ocurrido.

Y esa es una razón para seguir teniendo esperanza, aun cuando tenemos que vigilar y esperar.

En la búsqueda de la verdadera esperanza

Necesito explicar aquí algo sobre la esperanza porque la esperanza puede ser algo delicada. Puede ser dirigida hacia algo que es objetivamente malo y aún así ser esperanza. Puede anhelar que cosas malas ocurran. También puedes anhelar cosas que no valen la pena anhelar, cosas que no son buenas para ti. Puedes desperdiciar energía anhelando algo que no tiene ninguna posibilidad de ocurrir.

San Agustín dijo: «Existen dos cosas que matan el alma: la desesperanza y la falsa esperanza». Con esto en mente, tenemos que ser muy cuidadosos cuando de esperanza se trata.

El doctor Lewis Smedes explica:

La esperanza, como el amor, puede ser falsa. Y cuando es así, pagamos un alto precio al contar con ella. Una esperanza puede ser falsa porque está basada en las mentiras de otras personas. Pero también puede ser falsa porque nosotros mismos la falsificamos. Podemos usar la esperanza como una fuga barata a los desastres que creamos. Transformamos en falsa la esperanza cuando esperamos una felicidad que eso que deseamos no puede brindarnos. Transformamos en falsa la esperanza cuando el anhelo nace de un espíritu mezquino. Y transformamos en falsa la esperanza cuando anhelamos superar el dolor antes de siquiera poder sentirlo.[1]

Ahora bien, aunque algunos no estén de acuerdo conmigo, me parece que la esperanza ha sido implantada en nosotros como una inclinación natural, igual que ocurre con el amor y con la fe. Nacemos con el deseo de ver nuevas posibilidades, de anhelar algo mejor de lo que vemos en el momento. La esperanza simplemente está engranada en nuestro ser.

«Entonces, ¿por qué no puedo sentirme esperanzado?», tal vez preguntes. «¿Por qué me siento desesperado?»

Yo creo que tu esperanza está todavía ahí, pero has caído en la trampa de la falsa esperanza. Como vimos en el capítulo anterior, tal vez has esperado *por algo* en lugar de esperar *en alguien*. Esperar por algo casi siempre desilusiona. Esperar en Dios siempre nos llevará a algo bueno, aun cuando no podamos verlo.

Es en esa línea que el libro de Santiago nos insta...

Hermanos míos, considérense muy dichosos cuando tengan que enfrentarse con diversas pruebas, pues ya saben que la prueba de su fe produce constancia. Y la constancia debe llevar a feliz término la obra, para que sean perfectos e íntegros, sin que les falte nada. (Santiago 1.2-4, NVI)

«Considérense muy dichosos», nos dice Santiago. Considérate dichoso cuando enfrentes tiempos difíciles. Considérate dichoso cuando un sueño se disipa o un deseo es doblegado. ¿Y por qué? Porque estás a punto de ser liberado de una falsa esperanza y redirigido hacia una verdadera esperanza.

Eso es lo que las dificultades de nuestro Plan B pueden hacer por nosotros si se lo permitimos. Eso es lo que pueden hacer nuestros dolorosos momentos esperando que Dios actúe. Ellos nos pueden librar de nuestras desilusiones, nuestras expectativas desacertadas, nuestros sueños egoístas, y llevarnos a la presencia misma del Dios que es nuestra única verdadera esperanza. Ellos pueden enseñarnos la paciencia y la confianza para dejar que Dios nos cambie en la forma que él necesita cambiarnos.

Tengo que decir que nunca he conocido a alguien que tenga una relación íntima y auténtica con Dios que no tenga una historia sobre esto. Una historia sobre estar enfrente de lo que parecía ser una situación sin esperanza y de salir al otro lado, no necesariamente con el resultado que deseaban, pero sí con algo precioso y nuevo: una percepción renovada e intimidad con Dios.

Tal vez te ha pasado antes en una experiencia de Plan B. Tuviste que pasar por algo que no esperabas. Un momento crucial y definitorio, y sentías como si Dios estuviera muy, muy lejos.

Este fue el momento cuando la Biblia se convirtió en algo más que simples historias. Se volvió personal.

Este fue el momento cuando Dios se convirtió en algo más que un ser cósmico, cuando él se convirtió en «Dios Padre».

Este fue el momento cuando la iglesia se convirtió en algo más que el lugar al que asistes los domingos. Se transformó en una comunidad de apoyo.

Si todavía no te ha ocurrido, mi deseo es que dejes que te pase... porque puede ocurrir. Lo he visto una y otra vez. Lo he visto ocurrir en mí.

Una de las cosas que quiero ayudarte a entender es que existe una relación indiscutible entre la crisis y la esperanza. Entre esperar con esperanza y ser transformado. Entre Plan B y la gloria de Dios.

Existe una relación indiscutible entre la crisis y la esperanza. Entre esperar con esperanza y ser transformado. Entre Plan B y la gloria de Dios.

Y esto es importante: la esperanza, la transformación, la gloria no ocurren necesariamente el domingo cuando la crisis terminó y la espera del sábado acabó y el Plan B es simplemente un recuerdo.

La esperanza y la transformación y la gloria son parte de todo el proceso, tal como vemos en la historia de Lázaro, sus hermanas y su buen amigo Jesús.

El plan de gloria

Esta historia, que es narrada en Juan 11, comienza en el pueblo de Betania, donde Lázaro vive con sus hermanas, Marta y María. Jesús conoce muy bien a esta familia. De hecho, son amigos muy queridos, y la casa de ellos ha sido por mucho tiempo una segunda casa para Jesús y sus discípulos.

Jesús está lejos de Betania cuando comienza la historia. Él ha viajado «al otro lado del Jordán» (Juan 10.40) para alejarse de unas autoridades religiosas que están tratando de arrestarlo. Pero mientras Jesús está haciendo su obra al otro lado del Jordán, recibe malas noticias desde Betania. He aquí como la Biblia cuenta la historia:

> Estaba entonces enfermo uno llamado Lázaro, de Betania, la aldea de María y de Marta su hermana. (María, cuyo hermano Lázaro estaba enfermo, fue la que ungió al Señor con perfume, y le enjugó los pies con sus cabellos.) Enviaron, pues, las hermanas para decir a Jesús: Señor, he aquí el que amas está enfermo. Oyéndolo Jesús, dijo: Esta enfermedad no es para muerte, sino para la gloria de Dios, para que el Hijo de Dios sea glorificado por ella. Y amaba Jesús a Marta, a su hermana y a Lázaro. Cuando oyó, pues, que estaba enfermo, se quedó dos días más en el lugar donde estaba. (Juan 11.1-6)

Esta parece una pésima respuesta para esta triste situación Plan B. Jesús no sólo parece estar extrañamente despreocupado por la enfermedad de su amigo, y la preocupación y el temor de la familia, sino que también dice que esto tiene un propósito, y que es realmente para la gloria de Dios.

Sin embargo, esto puede ser muy difícil de tragar, especialmente cuando estamos caminando a duras penas por el dolor y la frustración de un Plan B. Es difícil pensar que tenemos que pasar por todo eso sólo para que Dios pueda ser glorificado.

Escuché a un pastor decir una vez refiriéndose a este pasaje: «No me gusta para nada ese plan de gloria».

Y estoy completamente de acuerdo con él. Digo, quiero dar gloria a Dios, simplemente quiero hacerlo de una manera diferente. ¿Cierto?

Me gusta el plan de gloria en el que pateo el último gol y luego señalo al cielo mientras recorro el estadio.

Me gusta el plan de gloria en el que gano un Oscar y luego digo: «Simplemente quiero dar toda la gloria a Dios».

Me gusta el plan de gloria en el que escribo un libro que se convierte en éxito de ventas, y luego digo: «No fui yo... todo lo hizo Dios».

No nos gusta el plan de gloria de Dios... no si conlleva *nuestro* sufrimiento. No si implica esperar por Dios y preguntarse si en algún momento va a actuar. No si involucra un Plan B.

No quiero el plan en el que un sueño se hace añicos, se experimenta una crisis, o en el que siento que estoy caminando solo por demasiado tiempo... y luego Dios recibe la gloria.

Me parece que Francis Chan llegó justo al corazón de este asunto cuando escribió lo siguiente:

Amas a Jesús apasionadamente, pero en realidad no quieres ser como Él. Admiras su humildad, pero no quieres ser *así* de humilde. Piensas que es precioso que Él les haya lavado los pies a los discípulos, pero no es esa la dirección en la que se dirige tu vida. Estás agradecido porque Él fue escupido y abusado, pero nunca permitirías que eso te ocurriera a ti. Le alabas por amarte lo suficiente como para sufrir durante todo su tiempo en la tierra, pero tú vas a hacer todo lo que esté a tu alcance para asegurarte que disfrutas tu tiempo aquí.

En resumen: piensas que Él es un estupendo Salvador, pero no un estupendo ejemplo a seguir.[2]

Sospecho que así es como nos sentimos la mayoría de nosotros, si somos realmente sinceros. No nos gusta el plan de gloria de Dios... no si conlleva *nuestro* sufrimiento. No si implica esperar por Dios y preguntarse si en algún momento va a actuar. No si involucra un Plan B. Nos encanta la idea de seguir a Jesús hasta que trastoca nuestros planes y sueños.

Cuando leo Juan 11, estoy casi seguro que ni a María ni a Marta ni a Lázaro tampoco les gustaba el plan de gloria de Dios... no mientras estaban justo en el centro esperando que Jesús se apareciera.

Sin respuesta

¿Te imaginas lo que está pasando esta familia en Betania luego de darle la nota al mensajero sobre la enfermedad de Lázaro?

Imagínate a Lázaro en su cama, ardiendo en fiebre, sintiéndose cada vez más y más enfermo. María está sentada a su lado, llorando y sosteniendo su mano. Marta anda ajetreada, velando eficazmente que todo esté en orden en el cuarto del enfermo, pero incapaz de ocultar su preocupación. Todos están pensando, *Jesús va a llegar en un minuto. Jesús puede ayudar. ¿Debemos enviar a otro mensajero? Vamos, Jesús, ¿qué pasa?*

Pero Jesús no llega.

Has sentido esta frustración en tu vida, ¿no es cierto? *Dios, necesito que me ayudes. Te prometo que voy a empezar a leer la Biblia otra vez. Prometo no distanciarme de ti otra vez. Voy a ser misionero o lo que quieras. Sólo ayúdame.*

Y nada.

Nada cambia. Nada mejora. Si Dios está haciendo algo, no puedes verlo.

Es como si pidieras la misma bendita oración todas las semanas en tu célula o en la clase dominical. Hasta ellos están cansados de oírla. La gente escribe tu petición antes de que llegue tu turno de presentarla.

Y aún así esperas. Y nada parece cambiar.

El juego de la espera

¿Acaso no detestas esperar? La mayoría de nosotros somos así. La espera nunca ha sido un pasatiempo popular, y nuestra cultura lo empeora. Vivimos en el tiempo de rápido esto e instantáneo aquello, y tener que esperar es una enorme frustración. Hemos comenzado a creer que más rápido es siempre mejor. Nos hemos dejado seducir por palabritas como *inmediato* y *fácil*. Nos hemos convertido en «rapidólicos»: seres dependientes de recibir lo que queremos en el momento en que lo queremos.

Tengo que confesar que esto es cierto para mí también. No me gusta esperar en la fila del banco o de la estación de correos, y te aseguro que detesto esperar en el tráfico. Y si me permites ser simplemente sincero contigo, en realidad detesto esperar en Dios.

¿Por qué nos desagrada tanto esperar? Existen muchas razones, pero creo que una de las más importantes es porque la espera nos hace sentir impotentes. O mejor dicho, simplemente nos recuerda cuán impotentes en verdad somos. Lewis Smedes lo describe de esta manera:

> Esperar en nuestro destino. Como criaturas que por nosotros mismos no podemos dar origen a lo que anhelamos, esperamos en la oscuridad por una llama que no podemos encender. Esperamos con miedo por un final feliz que no podemos escribir. Esperamos por un «todavía no» que se siente como un «nunca jamás».[3]

A lo largo de toda la primera parte en la historia de Lázaro, María y Marta conocen a ese horrible, interminable y desesperante sentimiento que acompaña a la espera. Durante días se pararon en la carretera esperando y esperando que Jesús se presentara. Ellas simplemente saben que él puede sanar a Lázaro. Pero, ¿alguien ha visto a Jesús?

Ellas observan y ellas esperan. Y mientras Jesús se está tomando todo su tiempo, ellas ven a su hermano morir lentamente.

Hemos comenzado a creer que más rápido
es siempre mejor. Nos hemos dejado seducir
por palabritas como *inmediato* y *fácil*. Nos hemos
convertido en «rapidólicos»: seres dependientes
de recibir lo que queremos en el momento
en que lo queremos.

Los porqués de la espera

Cada dos semanas después que les dijeron a Todd y a Angie que la condición de Audrey era fatal, ellos regresaban al hospital para hacer un ultrasonido. Algunas semanas parecía como si Dios estuviera sanando a Audrey. Otras semanas era evidente que sus pequeños órganos seguían deteriorándose. La sacudida entre la esperanza y la desesperanza era distinta a cualquier otra que ellos hubieran experimentado.

Un día, me contó Angie después, ella simplemente manejó y manejó por todo Nashville gritándole a Dios: «Dios, ¿por qué no sanas a mi bebé? ¿Por qué no haces esto? ¿Por qué tiene que pasarnos esto a nosotros? ¿Por qué, Dios? ¿Por qué?»

Entonces, justo unas semanas antes de la fecha estipulada para el nacimiento de Audrey, Angie vivió una experiencia que me parte el alma cada vez que la recuerdo. Ella y Todd seguían esperando y orando y anhelando por un milagro, pero también se estaban preparando para lo peor. Así que visitaron el cementerio para escoger un lugar y la lápida para su bebé no nacido. Aquel día Angie escribió en su blog: «Ninguna madre debería tener que caminar por un cementerio y escoger una lápida para su bebé mientras que este bebé tiene hipo y se mueve dentro de ella».

¿Podemos ser francos un segundo? ¿No es difícil esperar en Dios cuando sientes que él te ha abandonado? ¿No te parece difícil serle fiel a Dios cuando no sientes que él te ha sido fiel a ti?

¿Puedo señalarte que ni Todd ni Angie ni Marta ni María fueron las primeras personas que tuvieron que esperar a que Dios actuara? La Biblia está repleta de gente que pasó meses y años, y hasta décadas esperando:

- Abraham y Sara esperaron con mucha expectativa la llegada de un hijo (Génesis 11–21).
- Jacob esperó (y trabajó) para que Raquel fuera su esposa (Génesis 28–29).
- José esperó ansiosamente en la prisión (Génesis 30.20–41.39).
- Juan el Bautista también esperó para ser rescatado de la prisión (Juan 14.1-12).
- Noé esperó ciento cincuenta días para que la inundación menguara (Génesis 6–7).
- Los israelitas esperaron unos cuarenta años para entrar en la Tierra Prometida.
- Los primeros cristianos esperaron por el regreso de Jesús.

Algunos de estos personajes bíblicos, a la larga, vieron satisfechas sus esperanzas. Algunos, a fin de cuentas, pudieron dejar de esperar y finalmente celebrar lo que habían estado esperando. Pero no todo el mundo. Y no completamente, como nos recuerda Hebreos 11.13: «Conforme a la fe murieron todos éstos sin haber recibido lo prometido, sino mirándolo de lejos, y creyéndolo, y saludándolo, y confesando que eran extranjeros y peregrinos sobre la tierra».

Aun Jesús tuvo su tiempo de espera, tal como lo explica Henri Nouwen:

La palabra central en la historia del arresto de Jesús es una a la que nunca le presté mucha atención antes. Es ser «entregado». Judas entregó a Jesús... Lo sorprendente es que se usa la misma palabra no sólo para Judas sino también para Dios. Dios no escatimó a Jesús, sino que lo entregó para beneficio de todos nosotros (ver Romanos 8.32). Así que esta palabra «entregado» juega un papel central en la vida de Jesús. De hecho, este drama de ser entregado divide radicalmente en dos la vida de Jesús».[4]

Nouwen continúa diciendo que Jesús pasó la primera parte de su vida en actividad: enseñando, viajando, tomando la iniciativa, sanando a personas, y haciendo cosas. No obstante, luego de ser entregado, «él se convierte en aquel a quien le hacen las cosas».[5] Ahora no está haciendo, sino esperando. Y es en esta espera que él hace realidad su propósito más profundo y verdadero.

Ahora bien, ¿cuál es el propósito de la espera de Marta y María? Todavía no es enteramente claro a medida que la historia continúa:

Luego, después de esto, dijo a los discípulos: Vamos a Judea otra vez. Le dijeron los discípulos: Rabí, ahora procuraban los judíos apedrearte, ¿y otra vez vas allá? Respondió Jesús: ¿No tiene el día doce horas? El que anda de día, no tropieza, porque ve la luz de este mundo; pero el que anda de noche, tropieza, porque no hay luz en él. Dicho esto, les dijo después: Nuestro amigo Lázaro duerme; mas voy para despertarle. Dijeron entonces sus discípulos: Señor, si duerme, sanará. Pero Jesús decía esto de la muerte de Lázaro; y ellos pensaron que hablaba del reposar del sueño. Entonces Jesús les dijo claramente: Lázaro ha muerto; y me alegro por vosotros, de no haber estado allí, para que creáis; mas vamos a él. (vv. 7-15)

¿Qué?

¡Tiempo! ¿Qué acaba de decir Jesús? ¿Acaso acaba de decir que está contento de no haber estado presente para la muerte de su buen amigo? ¿Que está feliz de no haber estado allí para apoyar a sus buenas amigas Marta y María? ¿Que siente gratitud por haber estado ausente mientras ellas esperaban y esperaban que pasara algo bueno?

Sí, eso es exactamente lo que dijo.

¿Y por qué rayos diría algo así?

De acuerdo con las Escrituras, «para que creáis». Para que la fe de los discípulos (y la nuestra) pueda ser fortalecida y nuestra esperanza en Dios sea renovada.

Ese fue el propósito (o parte de él) en toda esa espera.

¿Estoy diciendo que Dios envía estas pruebas, estas situaciones desesperantes a nuestras vidas, a las vidas de gente como Todd y Angie, sólo para que realineemos nuestra esperanza con él?

No, para nada estoy diciendo eso.

Pero lo que sí estoy diciendo es que Dios *permitirá* absolutamente el sufrimiento y la crisis para que separemos la esperanza de otras cosas y la fijemos en él mismo. Él *usará* el sufrimiento del Plan B para fortalecer nuestra fe.

Esto es, si se lo permitimos. Si confiamos en él y lo dejamos hacer la obra.

Tienes que dejar de mirar a tus sueños hechos añicos y a tus expectativas insatisfechas como algo que Dios te está haciendo. Él no te está haciendo nada. Pero sí podría estar haciendo algo *a través* de ti. Tal vez esté haciendo algo *en* ti.

De la misma forma que lo estaba haciendo con María, Marta, Lázaro y los discípulos.

Y justo como lo estaba haciendo con aquellos que se reunieron para el entierro de Lázaro.

Es un asunto del momento oportuno

Vino, pues, Jesús, y halló que hacía ya cuatro días que Lázaro estaba en el sepulcro. Betania estaba cerca de Jerusalén, como a quince estadios; y muchos de los judíos habían venido a Marta y a María, para consolarlas por su hermano. Entonces Marta, cuando oyó que Jesús venía, salió a encontrarle; pero María se quedó en casa. Y Marta dijo a Jesús: Señor, si hubieses estado aquí, mi hermano no habría muerto. (vv. 17-21)

Posiblemente también has dicho esto. «Dios, si hubieras estado aquí, esto no habría pasado. Dios, ¿dónde estabas?»

Sé que hubieras podido salvar mi matrimonio.

Sé que me hubieras podido dar aquel ascenso.

Sé que hubieras podido sanar a mi hijo.

Sé que puedes hacer que salga embarazada hoy mismo si lo deseas.

Sé que hubieras podido hacer algo.

¿Dónde estabas?

Nota que en este pasaje María no está dudando del poder de Dios. Está cuestionando si él actuó en el momento oportuno. Está disgustada porque Jesús no se presentó cuando ella quería que se presentara.

Vale la pena resaltar esto porque me parece que con frecuencia esta también es nuestra cuestión. El asunto no es *¿puedes confiar en Dios?* ¡Seguro que puedes confiar en Dios!

El asunto es *¿puedes esperar?* ¿Vas a esperar? ¿Mantendrás tu esperanza en él aun cuando su momento oportuno parece estar completamente equivocado?

Angie descubrió en medio de su crisis una realidad completamente nueva sobre la confianza. Ella dice: «Mientras crecía, tuve la bendición de tener a un papá en el que siempre podía confiar. Si mi papá decía que iba a estar allí a las 9:45, estaría allí a las 9:30. Confianza significaba que ocurriría de la forma en que yo anticipaba que iba a ocurrir. En estos días Dios me está enseñando que eso no es necesariamente lo que es la confianza. Confiar significa creer que alguien va a estar contigo sin importar lo que esté ocurriendo en el camino que tienes delante de ti o detrás de ti».

En otras palabras, confiar en Dios no significa que Dios se revela exactamente de la forma en que pensaste que lo haría. Confiar en Dios no significa que su momento oportuno va a ser tu momento oportuno.

Apuntando a la transformación

La esperanza no viene sólo por creer en el poder de Dios, sino también por aceptar y confiar en su momento oportuno. Y eso es difícil de hacer. Queremos su poder. Queremos su consuelo. Pero, con frecuencia, no queremos su calendario. Queremos que se revele cuando queremos que se revele, en la manera en que lo queremos.

Mark Batterson escribió lo siguiente en *Wild Goose Chase* [A la caza del ganso salvaje]:

Tengo la tendencia a vivir según manejo. Quiero llegar del Punto A al Punto B, en el tiempo más corto posible y por la ruta más fácil posible. Pero me he dado cuenta que llegar adónde Dios quiere que yo llegue apenas es tan importante como llegar a ser la persona que Dios quiere que yo sea en el proceso. Y Dios parece estar mucho menos preocupado del camino hacia donde voy que de la persona en la que me estoy convirtiendo.[6]

Y esto, me parece, es una clave importante para toda esta miserable espera que nos toca, mientras esperamos que Dios se presente y resuelva toda la confusión de nuestros Plan B. Estamos interesados en resolver nuestros problemas y que nuestras vidas regresen a la normalidad. Sin embargo, en lo que Dios realmente está interesado es en quién podemos llegar a ser. Él quiere que tengamos más fe. Él quiere que tengamos verdadera esperanza. Eso es tan importante para él que alterará cualquier cosa en nuestras vidas para ayudar a que ocurra.

La transformación espiritual no ocurre el domingo, cuando obtenemos lo que queremos. Ocurre el sábado, mientras estamos esperando. Es lo que se forja mientras estamos esperando, anhelando y creyendo, aun cuando todavía no hemos recibido eso que tanto estamos anhelando.

Dios ha expuesto sus propósitos claramente. Él no está interesado en que tengamos «una buena vida». Él está interesado en una relación íntima con nosotros. Él está interesado en nuestra transformación espiritual.

Y este es el asunto con la transformación espiritual (de la que hablaremos más profundamente en el siguiente capítulo): La transformación espiritual no ocurre el domingo, cuando obtenemos lo que queremos.

Ocurre el sábado, mientras estamos esperando. Es lo que se forja mientras estamos esperando, anhelando y creyendo, aun cuando todavía no hemos recibido eso que tanto estamos anhelando.

Sue Monk Kidd lo explicó de la siguiente manera:

> Las transformaciones ocurren sólo cuando transitamos la ruta más larga, sólo cuando estamos dispuestos a caminar una ruta diferente, más larga, más ardua, más hacia adentro, más devota. Cuando esperas, estás eligiendo deliberadamente tomar la ruta más larga, caminar ochos cuadras en vez de cuatro, confiar en que hay un descubrimiento transformador que aguarda en el camino.[7]

En Él

Marta, aun con lo difícil que fuera su espera, muestra exactamente ese tipo de confianza cuando se encuentra con Jesús en el camino. A sólo un respiro de preguntarle dónde había estado, ella hace esta poderosa declaración de fe: «Mas también sé ahora que todo lo que pidas a Dios, Dios te lo dará» (v. 22).

«A pesar de que no has actuado en la forma que esperaba», está diciendo, «aún así eres Dios. Tú tienes todo el poder y yo no. Tú lo sabes todo y yo no. Tú eres Dios y yo no». Marta está mostrando el tipo de confianza que es clave para la transformación espiritual.

En un sentido, la declaración de fe de Marta es un milagro más sorprendente y poderoso que lo que ocurre después. Y si conoces esta historia, sabes que el siguiente milagro es extraordinario:

> Y habiendo [Jesús] dicho esto, clamó a gran voz: ¡Lázaro, ven fuera! Y el que había muerto salió, atadas las manos y los pies con vendas, y el rostro envuelto en un sudario. Jesús les dijo: Desatadle, y dejadle ir. Entonces muchos de los judíos que habían venido para acompañar a María, y vieron lo que hizo Jesús, creyeron en él. (vv. 43-45)

¿Lo ves? A fin de cuentas, Jesús resucitó a Lázaro de entre los muertos. Pero en el proceso, también cumplió su propósito: ayudar a la gente a creer y traer gloria a Dios, tanto allí en la tumba como en las vidas de estas personas a las que él ama.

Esta es una poderosa historia que nos recuerda que nunca debemos perder la esperanza. Adoramos a un Dios que se especializa en resurrecciones. Él se especializa en situaciones sin remedio.

Tal vez esto no responda a las preguntas que te estás haciendo... tus porqués, tus cuándos, tus cómos ni tus dónde. No conozco las respuestas a esas preguntas. No sé por qué tienes que esperar para recibir respuesta de Dios. No sé por qué tus oraciones no parecen recibir contestación.

Sin embargo, sí sé esto: cuando la vida no está resultando de la forma en que esperabas, cuando es sábado y estás esperando y anhelando, cuando te sientes solo y abandonado... Dios quiere que encuentres esperanza en él.

Dos horas

Audrey Caroline Smith nació el 7 de abril de 2008. Todd tuvo la oportunidad de tomarla primero en sus brazos, pero rápidamente la recostó al lado de Angie. Ella recuerda: «Mirarla fue enamorarme de ella al instante. Se parecía muchísimo a nuestras otras niñas. Era preciosa. Puse mis manos en su cabecita y la acerqué a mí para poder olerla. Dios nos permitió verla con vida. Fue maravilloso».

Todd añade: «Le repetimos una y otra vez lo mucho que la amábamos, y lo hermosa que era. Simplemente la atesoramos».

«La enfermera entraba y salía para chequear sus latidos, que se iban haciendo cada vez más lentos. Pero aun en aquel momento, sentíamos que todavía Dios podía hacer un milagro», dice Angie. «Sencillamente seguía orando: "No es demasiado tarde, Dios. No es demasiado tarde"».

Lamentablemente, dos horas y media después de su nacimiento, Audrey Caroline partió a morar con su Creador. Sin embargo, para Todd y para Angie aun el momento de su muerte fue un regalo.

«Estábamos esperando dos minutos», dice Todd, «y Dios nos dio dos horas y media. No cambiaría esas dos horas por nada en el mundo».

Creo que Angie lo resumió muy bien cuando le escribió a Audrey en su diario: «Pesaste tres libras, pero tu vida tuvo sentido. Puedes tratar de buscar todas las razones del porqué, pero él permitió que pasara para poder acercar a las personas a él. Sentimos que fuimos escogidos para ser parte de ese propósito».

Es importante que nos demos cuenta que la espera no siempre nos lleva al resultado que deseamos. Pero eso ya lo sabes. Eso es parte de lo que hace que la espera sea tan difícil.

Si estás en medio de la espera por un milagro o esperando que un sueño se haga realidad, probablemente te sientas desesperanzado. Puede que te sientas frustrado y malhumorado, o simple y sencillamente harto de esperar. Es posible que sientas que la espera es una pérdida de tiempo, como si no estuvieras haciendo nada.

Pero no estás haciendo nada, de ninguna manera.

De hecho, tal vez esta espera es lo más importante que puedes y necesitas hacer.

Lo que estás haciendo es permitir que tu esperanza madure. Y si no puedes estar quieto y esperar y tener esperanza, aun cuando no exista ninguna razón para tener esperanza, no puedes llegar a ser la persona que Dios creó cuando pensó en ti.

Por lo tanto, no importa lo que pueda parecer, lo frustrante y doloroso y el poco sentido que parece tener, tu espera sí tiene un propósito. Sue Monk Kidd nos recuerda:

Esperar es el tiempo intermedio. Nos llama a vivir en este momento, en este tiempo, sin inclinarnos tanto hacia el futuro que arranquemos nuestras raíces del presente. Cuando aprendemos a esperar, palpamos dónde estamos como aquello que es verdaderamente esencial y preciado en la vida.[8]

Mientras esperas... descansa

Sin embargo, todavía esto no es fácil, ¿cierto? Aún tenemos que lidiar con toda esa inquietud y preocupación, esos sentimientos de impotencia y frustración. ¿Cómo puedes vivir, mientras esperas en Dios que se presente en las circunstancias de tu Plan B? ¿Cómo manejas tus sentimientos del sábado?

Tengo que creer que Dios sabe que nuestros períodos de espera van a ser bastante difíciles para la mayoría de nosotros. Tal vez es por esto que la Biblia nos recuerda una y otra vez la importancia de depender confiadamente en él aun mientras estamos esperando que algo pase con nuestros Planes B. Por ejemplo:

> *Aguarda a Jehová;*
> *Esfuérzate, y aliéntese tu corazón;*
> *Sí, espera a Jehová. (Salmo 27.14).*

> *Espero al Señor, lo espero con toda el alma;*
> *en su palabra he puesto mi esperanza. (Salmo 130.5, NVI)*

> *Alma mía, en Dios solamente reposa,*
> *Porque de él es mi esperanza.*
> *El solamente es mi roca y mi salvación.*
> *Es mi refugio, no resbalaré. (Salmo 62.5-6)*

Me encanta la descripción gráfica que viene a mi mente cuando leo ese último pasaje. Me visualizo frustrado, con coraje, cansado, ansioso, confundido, extenuado... y desplomándome en los brazos de mi Padre celestial.

Quizás necesitas hacer también sencillamente eso mismo. Simple y llanamente desplómate en sus brazos y permite que él te llene con su consuelo.

Relájate y permite que el sea tu roca y tu fortaleza durante este tiempo incierto.

Descansa en él mientras estás esperando... y permite que él sea tu esperanza.

TRECE TRANSFORMACIÓN A TRAVÉS DE LA TRAGEDIA

¿Quieres saber cuál es el mayor miedo que tengo contigo... y, si soy sincero, el peor miedo que tengo conmigo mismo?

No es que vayamos a abandonar el evangelio. No es que vayamos a perder completamente la fe en nuestro Salvador. No es que nos volvamos locos y abandonemos nuestros valores.

No, mi mayor miedo para mi vida y para la tuya es que sencillamente estemos tan ocupados y nos distraigamos tanto que nos conformemos con una vida mediocre y sin examinar. Es que simplemente nos conformemos con una vida como de costumbre, y nunca lleguemos a ser las personas que Dios tenía en mente cuando nos creó.

Y esto es algo que me he estado preguntando mientras estudiaba y oraba por este libro. ¿Será posible que *necesitemos* nuestros Plan B para que nos rescaten de ese tipo de vida?

¿Necesitaremos nuestras tragedias para que así Dios pueda transformarnos?

Bueno, tal vez estaríamos presionando demasiado las cosas como para decir que nuestras tragedias son necesarias para la transformación. Sin embargo, sí es cierto que Dios tiende a captar nuestra atención a través de las crisis de nuestros Plan B. De hecho, muchos de nosotros iniciamos nuestra jornada con Dios durante un momento de dificultad. Y también sé que cuando estoy luchando con una situación Plan B, tiendo a orar más, a leer más la Biblia y a depender mucho más en mi comunidad de fe.

También tiendo a experimentar un nivel más profundo de intimidad con Dios cuando estoy atravesando por una crisis. Detesto esto de mí, pero es la verdad. Cuando las cosas están marchando «a pedir de boca», tiendo a sentirme bastante autosuficiente y siempre estoy *muy* ocupado. La agenda de mi vida me absorbe y hasta puedo llegar a usar a la gente para obtener lo que creo que deseo.

Estoy bastante seguro que no soy el único que hace esto. Henri Nouwen señala:

Una de las características más obvias en nuestro diario vivir es que estamos ocupados. Vivimos nuestros días repletos de cosas por hacer, personas con las que nos tenemos que reunir, proyectos por terminar, cartas por escribir, llamadas por hacer y citas que tenemos que atender. Con frecuencia, nuestras vidas parecen maletas demasiado llenas con las costuras a punto de reventarse. De hecho, casi siempre estamos conscientes de que estamos retrasados en la agenda. Tenemos la fastidiosa sensación de haber dejado tareas incompletas, promesas insatisfechas y propuestas sin realizar. Siempre hay algo más que debimos haber recordado, hecho o dicho. Sin embargo, aunque estamos muy ocupados, tenemos la persistente sensación de que nunca realmente cumplimos con nuestras obligaciones... Sin embargo, debajo de nuestras vidas llenas de preocupaciones, está ocurriendo algo más. Mientras que nuestras mentes y corazones están llenas con muchas cosas, y nos preguntamos cómo vamos a vivir a la altura de las expectativas impuestas por nosotros mismos y otros, tenemos un profundo sentimiento de insatisfacción. Aunque estamos ocupados con muchas cosas y preocupados por ellas, rara vez nos sentimos verdaderamente satisfechos, en paz y a gusto. Una constante sensación de insatisfacción subyace en nuestras vidas llenas... La gran paradoja de nuestros tiempos es que muchos de nosotros estamos ocupados y aburridos al mismo tiempo.

Aunque corremos de un evento al otro, nos preguntamos en lo más profundo de nuestro ser si algo realmente está pasando. Aunque difícilmente podemos ir a la par de nuestras muchas tareas y obligaciones, no estamos seguros si marcaría alguna diferencia si no hiciéramos nada. Aunque la gente sigue empujándonos en todas direcciones, dudamos si realmente le importamos a alguien. En resumen, a pesar de que nuestras vidas están llenas, nos sentimos insatisfechos.[1]

Y a pesar de lo mucho que detesto los Planes B, nada —y repito, nada— provoca que haga una pausa en el ajetreo en mi vida y me examine como una crisis.

De manera que, tal vez sea justo decir que aunque Dios no *necesita* nuestras tragedias para transformarnos, él ciertamente usa nuestros Plan B para suscitar cambios en nuestras vidas.

Mi mayor miedo para mi vida y para la tuya es que sencillamente estemos tan ocupados y nos distraigamos tanto que nos conformemos con una vida mediocre y sin examinar. Es que simplemente nos conformemos con una vida como de costumbre, y nunca lleguemos a ser las personas que Dios tenía en mente cuando nos creó.

El megáfono del dolor

C. S. Lewis es famoso por haber dicho: «Dios nos susurra en nuestros placeres, nos habla en nuestra conciencia, pero nos grita en nuestros dolores: este es su megáfono para despertar a un mundo sordo».[2]

Con toda seguridad fue un megáfono lo que despertó a la familia Davis. Justin y Trisha Davis, junto a sus tres hijos, han sido mis amigos por casi nueve años. Justin y yo tuvimos la oportunidad de servir juntos en el equipo de trabajo de una iglesia, hasta que él sintió el llamado a comenzar una iglesia en el área de Indianápolis. Fundó la Iglesia Génesis, y fue un éxito de la noche a la mañana. Estaban llegando a cientos de personas, y la iglesia estaba creciendo a un ritmo súper acelerado.

Sin embargo, sin que nadie lo supiera, Justin estaba batallando desde hacía mucho tiempo con una adicción sexual. Mientras su iglesia crecía, él iba cayendo más y más profundo en la fantasía del mundo de la pornografía, con todas sus ramificaciones. Su matrimonio se iba deteriorando, y él continuaba tomando decisiones poco sabias.

Entonces, el 9 de octubre de 2005, estalló la bomba. Justin se sentó con Trisha y le dijo que estaba teniendo una aventura amorosa con la mejor amiga de ella, quien, a su vez, era la directora del ministerio de niños en la iglesia.

En aquel momento, ambos sintieron que esta era una crisis y una tragedia de la que nunca podrían recuperarse. Era hora de apagar la luz. El sueño había terminado. No tenían ninguna otra opción que separarse e irse. Todo lo que ellos apreciaban —la iglesia, su familia y sus amistades— estaba en peligro.

He notado anteriormente que, con frecuencia, la gente no siente que tiene alternativas cuando está atravesando por un Plan B. Sienten que les han quitado todas sus opciones. Y eso es cierto hasta cierto punto... sólo hasta cierto punto.

Es posible que no hayas elegido si podrías tener hijos o si tu ser querido moría o si te despedían o si tu esposo tuvo una aventura amorosa.

Pero sí puedes elegir cómo vas a responder.

Y esa decisión encierra una maravillosa dosis de esperanza.

Es posible que no hayas elegido si podrías tener hijos o si tu ser querido moría o si te despedían o si tu esposo tuvo una aventura amorosa. Pero sí puedes elegir cómo vas a responder. Y esa decisión encierra una maravillosa dosis de esperanza.

Esa elección es la que hace que la jornada de la transformación sea posible.

La jornada

Me parece que hoy día más y más cristianos que conozco han abandonado la fe porque simplemente no pudieron ver la obra transformadora que Dios estaba haciendo en medio de su tragedia. Su dolor, su confusión y sus preguntas ahogaron su oportunidad de crecimiento.

Hace algunos años, estaba en Colorado con mi buen amigo y antiguo compañero de cuarto en la universidad, Kevin Colon. Mientras asistíamos a un retiro para pastores, escuchamos el rumor de que había un lago escondido algunos kilómetros cuesta arriba por la montaña donde nos estábamos hospedando.

Como ávidos seguidores de la pesca con mosca, no podíamos dejar pasar semejante oportunidad sin salir a explorar y ver si encontrábamos algunas truchas en aquel lago. Así que Kevin y yo decidimos que íbamos a escalar hasta llegar a aquel lago.

Salimos temprano aquella mañana y nos dirigimos a la montaña; sin embargo, la subida resultó mucho más difícil de lo que habíamos imaginado. Perdíamos nuestro camino y nuestro sentido de dirección con frecuencia. En cierto momento, vimos en la nieve algunas huellas de puma bastante grandes, y eso fue suficiente para convencernos que tal vez debíamos bajar la montaña. Así que nos rendimos y bajamos.

Tan pronto bajamos, se hizo evidente que algunos de los muchachos se sintieron desilusionados con que Kevin y yo no llegáramos al tope para encontrar aquel lago. Si bien ellos no querían escalar la montaña, sí querían disfrutar, por cuenta ajena, nuestra pequeña aventura. Así que un poco más tarde aquel mismo día decidimos intentarlo otra vez.

Nuestro segundo intento no fue para nada más fácil que el primero. Subimos, subimos y subimos. Era el inicio de la primavera, pero todavía no se había derretido la nieve en la cima de la montaña, así que por momentos estábamos caminando en pilas de nieve de un metro de altura.

Dimos algunas vueltas equivocadas y tuvimos que desandar lo andado para encontrar el camino. Pero finalmente llegamos a la cima. Y allí, justo delante de nosotros, encontramos un precioso e inmaculado lago, asentado en un pequeño valle, rodeado por más montañas.

Pasamos el resto de la tarde pescando truchas pequeñas, pero absolutamente impresionantes. No cambiaría aquella experiencia por nada del mundo. Y casi nos la perdimos. Estuvimos a punto de rendirnos no sólo porque la jornada era larga y difícil, sino también porque nuestro sendero no estaba claro.

Comparto esta historia contigo porque tal vez te encuentres aquí en tu vida. Estás en medio de una jornada difícil y dolorosa en tu Plan B, y te sientes tentado a rendirte. Estás tentado a dar la vuelta, pero no lo hagas.

Si das la vuelta ahora, te perderás lo que Dios tiene reservado para ti. Te perderás la transformación que te está esperando.

Peter Scazzero dice:

> Una y otra vez, nuestra cultura interpreta las pérdidas como una invasión de extraterrestres que interrumpe nuestra vida «habitual». Adormecemos nuestro dolor por medio de la negación, la culpa, la racionalización, las adicciones y la evasión. Buscamos atajos espirituales alrededor de nuestras heridas. Exigimos que otros se lleven nuestro dolor. Sin embargo, todos enfrentamos muchas muertes en nuestras vidas. La decisión es elegir si estas muertes serán terminales (destrozando nuestro espíritu y nuestra vida), o si nos preparan para nuestras posibilidades y profundidades de transformación en Cristo.[3]

No ha terminado

Justin y Trisha Davis serían los primeros en admitir que su matrimonio había estado enfermo por años antes de la enorme confesión de Justin. La racionalización, la culpa y la evasión se habían convertido en la norma de su hogar, aun cuando trataban de pretender que todo estaba bien.

En los días que siguieron al anuncio del amorío a su familia y a la iglesia, Justin dice que se sentía agobiado de dolor, vergüenza y desconcierto. Había lastimado a todas las personas que siempre había amado.

«Recuerdo que unos días después de que todo salió a la luz, estaba en una pequeña habitación en la casa de un amigo que me permitió quedarme con ellos. Mi amigo tocó la puerta y entró cargando toda mi ropa y todas mis cosas. Trisha lo había empacado todo y me lo había enviado. Cuando vi todas mis cosas, fue como si una nube negra me cubriera. Mi amigo se sentó a mi lado en la cama y me dijo: «Justin, vas a sentir como si todo hubiera terminado, pero no ha terminado».

En estos momentos puede que te sientas exactamente como se sintió Justin. Puede que te estés diciendo «se acabó».

- El matrimonio no puede arreglarse.
- La amistad no puede recuperarse.
- La carrera está arruinada.
- La enfermedad no puede curarse.
- No hay manera de reparar el daño causado.
- Es muy tarde para regresar a la universidad.
- Es muy tarde para tener hijos.
- Es muy tarde para comenzar otra vez.

Así que tú también necesitas escuchar las palabras del amigo de Justin: «No se ha terminado, puede sentirse como si hubiera terminado, pero no ha terminado».

Esto no significa que lo que quisieras que pasara va a pasar. Simplemente quiere decir que Dios no ha terminado todavía. Todavía a tiempo para el amor, la gracia, la transformación y la redención. No se ha terminado.

Aquellas palabras siguieron dando vueltas en la cabeza de Justin durante unos cuantos días. Y, gradualmente, Justin cuenta: «Comencé a creer que, en realidad, en medio de la oscuridad, la angustia y la vergüenza, Dios podía tomarlo todo y hacer algo. A pesar de sentirme devastado, también comencé a experimentar una sensación de libertad porque ya no tenía que esconderme. Me había despojado de tantas cosas que ahora podía empezar a descubrir quién yo era realmente en Cristo».

Él añade: «Todo parecía desalentador, devastador y sin esperanza, pero sabía que Dios quería crear algo que no sería posible si no hubiera pasado por todo esto. Simplemente no sabía qué era».

Una crisis de transformación

Creo que hay una crisis en la iglesia de hoy día, y es una crisis de transformación. La gente está yendo a la iglesia, escuchando los mensajes, participando en los programas, pero no han sido transformados. No están creciendo en la meta de ser como Cristo. La palabra que mejor describe a muchos cristianos en estos días parece ser *atascados*.

Me parece que todos somos conscientes de que existe una brecha entre quiénes somos hoy día y las personas que Dios tenía en mente cuando nos creó. Pienso que esta brecha siempre va a existir de este lado del cielo. Sin embargo, esta es la pregunta que todos debemos hacernos: «¿Se está cerrando la brecha? ¿Se está haciendo más estrecha? ¿O estoy estancado?»

Me parece que todos somos conscientes de que existe una brecha entre quiénes somos hoy día y las personas que Dios tenía en mente cuando nos creó. Pienso que esta brecha siempre va a existir de este lado del cielo. Sin embargo, esta es la pregunta que todos debemos hacernos: «¿Se está cerrando la brecha? ¿Se está haciendo más estrecha? ¿O estoy estancado?»

Cuando las personas toman conciencia de la brecha, tienden a hacer diferentes cosas. Lo más común es que intenten asignar culpa. Culpan a la iglesia, a los pastores y a los programas por la falta de culpa de ellos. Y es posible que hasta traten de culparse a sí mismos.

Sin embargo, la realidad es que la culpa es irrelevante. El problema real es que la mayoría de nosotros simplemente no entiende cómo la brecha puede estrecharse. No entendemos cómo ocurre la transformación. Nuestra teología es muy limitada para mostrarnos cómo nuestros Planes B pueden en realidad acercarnos más a nuestro Salvador y producir un cambio de vida sostenible.

Con razón perdemos la esperanza cuando enfrentamos una crisis.

Con razón pensamos que se ha terminado. (¡Pero no es así!)

Las etapas de la transformación

En realidad, se han hecho bastantes investigaciones sobre las distintas etapas por las que pasamos cuando se trata de la transformación espiritual. En *The Critical Journey: Stages in the Life of Faith* [La jornada crítica: Etapas en la vida de fe], Janet Hagberg y Robert Guelich tomaron estas investigaciones y desarrollaron un modelo que describe las diferentes etapas de la fe.[4]

La etapa uno, según Hagberg y Guelich, es una conciencia transformadora de Dios. Esta etapa la experimentamos al inicio de nuestra jornada con Cristo, al hacernos consciente de su realidad. Nos damos cuenta de nuestra necesidad de misericordia y gracia por medio de lo que Cristo hizo en la cruz y comenzamos nuestra relación con él.

Hagberg y Guelich llaman a la segunda etapa «Discipulado». Esta etapa se caracteriza por aprender acerca de Dios y lo que significa ser un seguidor de Cristo. Por lo general, nos hacemos miembros de una comunidad cristiana y comenzamos a entender lo que significa vivir una vida de fe.

En la etapa tres, a la que llaman «La vida activa», nos involucramos activamente en trabajar para Dios, servirle a él y a su gente. Asumimos responsabilidad trayendo nuestros talentos y dones únicos para servir a Cristo y a otros. Esta etapa se conoce con frecuencia como la etapa del «hacer». Tengo que añadir que aquí es donde termina el plan de formación espiritual en la iglesia norteamericana promedio. Le decimos a la gente y ellas crecen «haciendo». Sirve, enseña, da y llegarás a ser más como Cristo. Y eso, por supuesto, es cierto, pero no es el cuadro completo. Si nos quedamos estancados en esta etapa, nos arriesgamos a nunca convertirnos en las personas que podríamos ser.

Si seguimos moviéndonos hacia adelante, a la larga llegaremos a la etapa cuatro, «La jornada interna». Aquí es donde comenzamos a replantearnos quiénes somos y en qué creemos. Y esta jornada interna puede muy bien ser provocada por un Plan B en nuestras vidas. (Recuerda que es casi siempre una tragedia, un conflicto o una crisis lo que interrumpe nuestras vidas ajetreadas y sin examinar.).

Ronald Rolheiser explica lo que ocurre cuando un Plan B precipita una jornada interna:

> ¿Qué provoca que la cabeza se mueva de una dependencia en los conceptos a una dependencia en la fe? ¿O que la voluntad se mueva de una dependencia en las posesiones a una dependencia en la compasión? ¿O que la personalidad se mueva de una dependencia en la seguridad y el control a confiar en la esperanza? Entramos en una noche oscura en el espíritu cuando tomamos la decisión de vivir por una fe cruda... Cuando ya no somos capaces de obtener ningún apoyo en nuestras facultades naturales, experimentamos un vacío terrible, un sentido de debilidad, una sensación de abandono... el alma siente que Dios la ha rechazado y que con un aborrecimiento férreo la lanza a la oscuridad. No obstante, despojados de su forma normal de relacionarse con el mundo, nuestro intelecto, nuestra voluntad y nuestra memoria comienzan a depender de la fe, la esperanza y la compasión.[5]

Después de haber cuestionado nuestra fe y hecho nuestras preguntas, nos movemos a la etapa cinco, «La jornada externa». Aquí tal vez comenzamos a hacer algunas de las mismas actividades externas que hicimos antes. Pero ahora estamos operando desde un centro nuevo y bien arraigado. Tenemos un nuevo sentido del inmenso, profundo e incomprensible amor de Dios por nosotros. Ahora ya sabemos que no estamos solos, independientemente de cómo podamos sentirnos. Ahora, una quietud interna y profunda comienza a caracterizar nuestro trabajo para Dios.

Y luego, finalmente, viene la etapa seis de la jornada, «Transformados por el amor». Hagberg y Guelich describen esta etapa como un tiempo en el que Dios envía constantemente a nuestras vidas eventos, circunstancias, gente y hasta libros para que nos ayuden a seguir caminando nuestra jornada.

Ahora bien, debes entender que esta descripción de las seis etapas de la jornada de fe es sólo un esquema general, una descripción de cómo muchas personas típicamente crecen y cambian espiritualmente en el transcurso de sus vidas si el proceso de transformación no es bloqueado. El asunto no es tratar de pasar por todas las seis etapas. El asunto no es que así es exactamente como se verán en tu vida. El asunto es que comiences a ver que existe un proceso para la transformación espiritual y que este proceso casi siempre incluye un Plan B que te obliga a desarrollar una intimidad más profunda con nuestro Padre celestial.

El saber esto puede darte una perspectiva que en realidad te ayude a ser transformado por medio de tus experiencias Plan B. Te permite ver tu crisis particular y tu desilusión como una pieza en el rompecabezas de tu crecimiento en lugar de un obstáculo para alcanzar tus sueños. Entonces, el ganar y los logros tienden a pasar a un segundo plano mientras que comienzas a enfocarte más y más en el proceso y la jornada que Dios tiene para ti.

Despojado y purificado

Hace más de quinientos años, un místico español llamado San Juan de la Cruz escribió un librito llamado *La noche oscura del alma*. Este corto libro, en realidad un poema largo con comentario, tuvo un tremendo impacto en los cristianos durante siglos, hasta el punto que rutinariamente nos referimos a una crisis espiritual como una «noche oscura del alma». También tuvo un tremendo impacto en mí y en la forma en que percibo los Planes B en mi vida.

San Juan de la Cruz realmente describe la «noche oscura» —yo lo llamaría Plan B— como un regalo de Dios. Y él dice que conlleva un proceso de purificación y de permitir que Dios revele y nos despoje de nuestras imperfecciones espirituales.

Juan de la Cruz hace una lista de seis de ellas: el orgullo, la avaricia, la ostentación, la ira, la glotonería espiritual, la envidia espiritual y la pereza. Son palabras chapadas a la antigua, pero que resumen bastante bien los defectos espirituales que nos limitan. No crecemos ni somos transformados porque somos orgullosos y arrogantes, porque somos codiciosos y queremos cosas lindas más de lo que queremos a Dios, porque nos aferramos a nuestra ira y envidia, y porque somos perezosos y nos permitimos excesos.

¿Es una crisis espiritual la única manera en la que Dios nos despoja de estas cosas? Absolutamente no. Sin embargo, por lo que he visto, es la manera principal que usa para hacer esta obra de transformación en nosotros y a través de nosotros.

Esto ciertamente fue cierto para mi amigo Justin. A medida que transitaba su «jornada interna» a través de su «noche oscura del alma», comenzó a examinarse y se dio cuenta que había vivido la mayor parte de su vida apoyándose en su talento y encanto. Él dice: «Tenía muchos dones, fluidez de palabra y era muy inteligente para mi edad, pero manipulaba todo con absoluta arrogancia. Todo tenía que ver conmigo». Y añade: «Alguien me dijo en una ocasión que cuando tus talentos superan tu carácter, la explosión interna es inminente. Bueno pues, me alcanzó y reventé».

Justin comenzó a entender que si existía alguna esperanza para un futuro con su familia, tendría que edificar un fundamento cimentado en el carácter de Cristo y permitir que los talentos de él fluyeran de allí. Fue en su «noche oscura» que Dios comenzó a darle a mi amigo la forma del hombre que él había imaginado cuando pensó y creó a Justin.

Justin recuerda: «Viví la mayor parte de mi vida cristiana creciendo aceleradamente. Oraba y leía la Biblia, pero seguía dependiendo de mí mismo. Esta situación de la aventura amorosa, mi separación de Trisha, y la pérdida de mi iglesia me llevaron a un quebrantamiento total y absoluto. No había otra esperanza sino el poder redentor de Cristo. No había manera de congraciarme con Dios. No podía congraciarme con Trish. Estaba desesperado por alcanzar gracia y me sentía totalmente incapaz de volverme bueno otra vez. Ya antes había dependido de Dios cuando no podía solucionar algo, pero esto era diferente. Y ahora soy diferente. No es que tenga baja autoestima. Es que tengo una estima más alta de él. Dios es mi única esperanza».

¿Y fue diferente para Trisha? En su caso, como en muchos, el Plan B no llegó por elección ni por un error de su parte, por lo menos no a primera vista. Simplemente le cayó en la falda... una desagradable sorpresa.

Sin embargo, por raro que parezca, aunque esta situación Plan B no fue culpa de Trish, aún así la llevó a confrontar sus limitaciones y a explorar las maneras en las que pudo haber contribuido al problema. Ella recuerda: «Mi seguridad desapareció. De la noche a la mañana, me convertí en madre soltera con dos trabajos. Fue un proceso muy largo el permitir que Dios tirara al suelo las paredes que yo había estado levantando durante casi toda mi vida adulta. Ladrillo por ladrillo, Dios revelaría capas de disfunción que él quería que removiera. Era completamente apropiado el que estuviera enojada. Estaba bien que me sintiera devastada y destrozada. Nadie me culparía por estar amargada. Sin embargo, estaba comenzando a aprender que si nos quedamos en esas etapas y vivimos siguiendo las pautas de la amargura, se vuelve peligroso. Si te quedas en esa ira y en esa amargura demasiado tiempo, arruinarán tu vida».

Verter por montones

Pero la transformación en la «noche oscura» va más allá que el que Dios esté simplemente depurando nuestras vidas de pecados e imperfecciones. Él no quiere sólo eliminar ciertas cosas de nuestras vidas, sino también verter por montones otras cosas también. Dios siempre está buscando maneras de infundir en nosotros su amor y su gracia. Y eso, también, requiere nuestra cooperación. Es siempre tentador para nosotros el querer rendirnos o precipitarnos en este proceso de transformación. Pero si tan sólo «nos quedáramos quietos, escuchando su voz, Dios insertará algo de sí mismo en nuestro carácter que marcará el resto de nuestra jornada con él».[6]

Justin experimentó justo eso cuando estaba luchando con su humillante Plan B. Dios no sólo lo estaba despojando de su arrogancia y su autodependencia, sino que también se estaba revelando a sí mismo de una forma totalmente nueva. Justin recuerda: «Estaba desesperado. Había arruinado mi matrimonio. Había arruinado mi iglesia. No tenía a nadie a quien recurrir excepto a Dios. Me sentía totalmente solo. Pero en el momento cuando más gracia necesitaba, Dios estuvo allí para dármela».

Yo conocía a la familia Davis mucho antes de esta crisis; sin embargo, ha sido asombroso ver la transformación que ha ocurrido en sus vidas desde entonces. Con la ayuda de mucha consejería, lograron salvar su matrimonio. Han trabajado juntos en las adicciones de Justin, y juntos han buscado nuevos canales de ministerio. Sin embargo, lo más importante: el Dios con el que interactuaron durante su «noche oscura», transformó su manera de vivir la vida. Transformó la forma en la que ellos aman y sirven a los demás.

Él se encuentra contigo en el dolor

La historia de Justin y Trisha es sólo un ejemplo poderoso de las maneras en que los Plan B en nuestras vidas pueden llevarnos a un cambio positivo. Nuestras tragedias encierran la posibilidad de transformación. Las «noches oscuras» de nuestras almas pueden traer el regalo de un cambio positivo y verdadero.

No obstante, es importante reconocer esto: no ocurre de forma automática. Es perfectamente posible pasar por una circunstancia Plan B sin aprender nada, sin acercarnos más a Dios, sin ningún tipo de transformación.

¿Qué marca la diferencia? Juan 15.1-5 nos da un indicio:

Yo soy la vid verdadera, y mi Padre es el labrador. Todo pámpano que en mí no lleva fruto, lo quitará; y todo aquel que lleva fruto, lo limpiará, para que lleve más fruto. Ya vosotros estáis limpios por la palabra que os he hablado. Permaneced en mí, y yo en vosotros. Como el pámpano no puede llevar fruto por sí mismo, si no permanece en la vid, así tampoco vosotros, si no permanecéis en mí. Yo soy la vid, vosotros los pámpanos; el que permanece en mí, y yo en él, éste lleva mucho fruto; porque separados de mí nada podéis hacer.

La clave aquí es permanecer en él.

Si deseas desarrollar una verdadera transformación a raíz de tu Plan B, tiene que existir este deseo de «permanecer» con el Señor.

Y eso, a su vez, conlleva creer que el Señor está con nosotros, que él entiende lo que estamos pasando y sabe cómo nos sentimos y está con nosotros en nuestro dolor.

Cuando recuerda su vida de oración durante los días que siguieron la crisis, Trisha comenta: «Al principio oraba: "Dios, no tienes idea de lo que estoy pasando". Pero mientras más oraba, más comencé a pensar en la vida de Jesús. Él sabe lo que es sentirse traicionado por los amigos. Él sabe lo que es sentirse despojado de una posición y ser humillado. Comencé a darme cuenta que Jesús si experimentó cada uno de mis dolores y mucho más. Mi perspectiva de Jesús cambió. Él puede y él es parte de cada dolor que atravesamos. No existe nada tan devastador que él no pueda redimir».

¡Qué hermosa verdad! No existe un Plan B tan devastador que nuestro Señor no pueda redimir. No existe ningún dolor que podamos experimentar que él no pueda comprender. Él entiende la traición y la pérdida que sientes. Él entiende el dolor y la humillación. Él comprende la desilusión y el desaliento. Él simplemente…. entiende. Después de todo, él ha pasado por todo eso antes que nosotros. (¿Crees que exista un ejemplo más contundente de transformación a través de la tragedia que la cruz?) Y él está ahí por nosotros en las más devastadoras «noches oscuras» de nuestros Plan B.

El libro de los Salmos está repleto de oraciones brutalmente sinceras, elevadas por un individuo cuya vida no resultó de la manera que él esperaba. En el Salmo 139, el salmista usa tres metáforas para describir tres lugares diferentes en los que no esperarías encontrar la presencia de Dios, pero aún así la encuentras. Él escribe:

¿A dónde me iré de tu Espíritu?
¿Y a dónde huiré de tu presencia?
Si subiere a los cielos, allí estás tú;
Y si en el Seol hiciere mi estrado, he aquí, allí tú estás.
Si tomare las alas del alba
Y habitare en el extremo del mar,
Aun allí me guiará tu mano,
Y me asirá tu diestra.
Si dijere: Ciertamente las tinieblas me encubrirán;
Aun la noche resplandecerá alrededor de mí.
Aun las tinieblas no encubren de ti,
Y la noche resplandece como el día;
Lo mismo te son las tinieblas que la luz. (vv. 7-12)

Él está diciendo que en los lugares menos probables, aún allí, abunda la presencia de Dios. El salmista habla sobre los «cielos», el «extremo del mar», y en el versículo ocho, menciona el «Seol». Esta es en realidad la palabra hebrea *sheol*.

La palabra *sheol* es usada a lo largo de todo el Antiguo Testamento, incluyendo, aunque sin limitarse, el libro de Job. Job lo describe como una lugar que es profundo (Job 11.8), oscuro (10.21, 22), y con puertas (17.16, NVI). También dice que los muertos «descienden» a él (Números 16.30, 33; Ezequiel 31.15-17). Esto lleva a muchos a interpretar que *sheol* es una especie de infierno.

Ya se trate de que tu Plan B sea autoinfligido o algo que te ha ocurrido, es posible que sientas que es tu pequeño infierno personal. Imagina entonces... aún allí, Dios está complemente presente ofreciéndote su presencia.

Y esa es una poderosa promesa para cualquiera que esté atravesando una «noche oscura del alma». Es un poderoso recordatorio para cualquiera caminando con gran esfuerzo a través de un Plan B. Y es la clave para la transformación en la tragedia: podemos permanecer en él porque él permanece con nosotros.

¿Sabes cuál es la promesa que Dios afirma con más frecuencia en las Escrituras? Dios nos promete una y otra vez: «Estoy contigo». Y pienso que existe una razón para decirlo tantas veces.

¿Sabes cuál es la promesa que Dios afirma con más frecuencia en las Escrituras? Dios nos promete una y otra vez: «Estoy contigo».

Creo que Dios sabe cuán difícil puede ser vivir en Plan B. (Debe de saberlo. En la persona de Jesucristo, él lo experimentó.) Él sabe cuán confundidos, cuán frustrados, cuán solos y aislados podemos sentirnos. Así que simplemente sigue susurrando a nuestras almas lastimadas este dulce recordatorio: *Tal vez no me sientes ni me percibes, pero, anímate porque realmente estoy aquí.*

Él nos está invitando a entregarle nuestras preocupaciones, a desbordar nuestros corazones ante él y a pedirle que se nos revele. Nos está pidiendo que le permitamos usar las tragedias de nuestros Plan B para transformarnos... tal como Trisha y Justin Davis permitieron ser transformados.

Más grande que...

A lo largo de la crisis en su matrimonio, los Davis descubrieron que Jesús era más grande que aun la pesadilla que estaban viviendo. «Cuando te sientas en la sala para decirles a tus tres hijos pequeños que papá no va a regresar a casa», dice Trisha, «entonces la verdad de que "Jesús es más grande" es todo lo que tienes.

»Y claro, sí hay días en los que deseo que nunca hubiera ocurrido. Sin embargo, lo que somos hoy como familia y las relaciones que tenemos uno con el otro y con Dios, han sido formadas a lo largo de este tiempo en una forma que nunca hubiera podido ser sin el dolor ni la oscuridad».

Si recuerdas las etapas de las que hablamos antes, diría que la familia Davis está ahora fluctuando entre las etapas cinco y seis. Casi cuatro años después que la bomba estallase en sus vidas, Dios ha comenzado a usarlos para contar su historia por todo el país, ayudando a otras parejas atrapadas en telarañas de mentiras. Miles de parejas están dando un paso al frente y encontrando ayuda y esperanza debido a la valiente decisión de Justin y Trisha de compartir lo que Dios les enseñó a lo largo de la pesadilla de su Plan B.

Al igual que Justin y Trisha Davis, al igual que San Juan de la Cruz, ellas están viviendo la realidad transformadora descrita por Ronald Rolheiser:

> El resultado final de esta travesía a través de la noche oscura... será un cambio fundamental en nuestra motivación. En lugar de interactuar con otros y con el mundo a cambio de la gratificación, de la satisfacción y del placer que nos brindan, actuaremos según un deseo parecido al de Cristo de ayudar a otros en su lucha por llegar a una genuina comunidad de amor, belleza, verdad y bondad, y ver a los demás en la plenitud de su propia unicidad, complejidad, belleza y necesidad de salvación.[7]

¿Alguna vez te ha cruzado por la mente que quizás, sólo quizás, Dios está usando tu dolor de hoy día para formar algo hermoso dentro de ti? ¿Alguna vez te ha cruzado por la mente que tal vez este Plan B que ahora mismo te tiene luchando podría ser una invitación a descansar en niveles más profundos de su presencia transformadora? ¿Es posible que Dios quiera usar tu Plan B como un megáfono que haga rechinar tu cueva y evite que te conformes con una vida mediocre y sin examinar?

Me parece que simplemente podrías descubrir que el cambio que Dios tiene en mente merece el dolor de la noche oscura de tu alma. Ese cambio puede ser lo que redima tu Plan B.

Y eso es transformación a través de la tragedia.

CATORCE EL LAZO

Una de mis principales responsabilidades en la iglesia que pastoreo es dar clases todos los fines de semana. Esto también significa que tengo la oportunidad de participar en las reuniones de nuestro equipo creativo, y en ellas planificamos los servicios de cada fin de semana.

En estas reuniones de planificación algunas veces hablamos de lo que llamamos «el lazo». Es como el lazo en un paquete de regalo: la agradable y fantástica conclusión a la que queremos llegar. El lazo es esa escena en la película cuando, de repente, toda la película cobra sentido... ya sabes, cuando tus preguntas son contestadas o cuando disminuye tu tensión.

Me encantaría tener un lindo lazo para este libro.

Pero no es así.

¿Has visto los anuncios comerciales de una popular compañía de artículos de oficina que presenta lo que ellos llaman el «botón fácil»? ¿Sabes que hasta lo venden? Alguien me compró un botón fácil y ahora lo tengo encima de mi escritorio. A mis niños les encanta entrar en mi oficina y apretarlo. Cuando aprietas el enorme botón rojo, una resonante voz dice: «¡Así de fácil!»

Me temo que la iglesia a veces piensa que existe un botón fácil para los sueños rotos, las expectativas insatisfechas y las crisis repentinas. Tal como escribe Sue Monk Kidd, algunas veces intentamos «crear atajos... promesas de gracia fácil, respuestas de "aprieta este botón" para problemas complicados, la ilusión de que podemos ir a la iglesia y trabajar para llevar el reino allá afuera al mundo sin haber pasado por el difícil proceso de primero traerlo a nuestra propia alma».[1]

Y no debe sorprendernos cuando sigue diciendo: «Vivir con preguntas puede, efectivamente, ser una experiencia miserable. Nos gustan las cosas arregladas, resueltas y concretadas, aun cuando eso signifique que estén fijadas a una existencia falsa y estática».[2]

Las personas que desean que sus vidas estén martilladas a certezas cerradas y legalistas me parece que son las más inseguras en su interior. Francamente, las personas que más me asustan son aquellas que están absolutamente seguras acerca de todo, las que afirman tener todas las respuestas y ninguna pregunta.

Y aquí es donde creo que les debo una disculpa a aquellos que he dirigido, aconsejado y pastoreado a lo largo de los años. Me temo que a veces he intentado apurar a la gente a través de sus crisis. Por mi incomodidad debido a la tensión de la incertidumbre, he tratado de confeccionar lazos cuando no eran apropiados. He deseado conducir a la gente por el camino de la repentina e indolora transformación espiritual, cuando en realidad ese camino no existe.

He descubierto que a veces Dios quiere que vivamos dentro de las preguntas. Algunas veces él desea que nos quedemos esperando, anhelando, orando. En ocasiones, es justo en medio de nuestra oscuridad, en medio de nuestra crisis, en medio de las luchas de nuestro Plan B, donde Dios habla con mayor claridad.

He descubierto que a veces Dios quiere
que vivamos dentro de las preguntas. Algunas
veces él desea que nos quedemos esperando,
anhelando, orando.

¿Por qué? Quizás porque es sólo en ese momento que estamos listos para escuchar. No estoy seguro. Pero lo que sí sé es esto: tener preguntas no es nada malo. Todo lo contrario, de hecho. He llegado a pensar que deberíamos tener más preguntas y menos conclusiones. Más misterio y menos suposiciones. Más asombro y menos ecuaciones.

Hace como un año atrás, pasé por un tiempo de oscuridad. No puedo señalar algo que haya provocado esta oscuridad. Simplemente me sentía lejos de Dios. Para ser sincero, me sentía solo. Estaba pasando por algunos retos de liderazgo muy difíciles en mi iglesia: una agenda fuera de balance, un bombardeo de críticas y varias desilusiones personales. Había llegado, emocionalmente, a un punto muy bajo.

Estaba, literalmente, esperando el cambio de la luz roja en la Calle Hillsboro, al frente del Green Hills Mall cuando Dios rompió el silencio. Pero, permíteme retroceder algunos meses para darle algo de contexto a esta historia.

Más temprano durante aquel año, estaba con Brandi y los chicos en Orange Beach, Alabama. Habíamos tenido la oportunidad de escaparnos unos días a un fabuloso condominio que un miembro de nuestra iglesia, muy generosamente, nos había prestado. Pasamos un tiempo maravilloso, simplemente disfrutando la familia, las olas, la arena y el sol.

Durante las vacaciones, perdí mis gafas de sol (en promedio, pierdo tres pares cada año), así que fui a la tienda de gafas en aquel lugar. Posiblemente había unos diez mil pares de gafas en aquella tienda. Me estuve probando gafas por casi media hora, hasta que finalmente compré un par. Brandi me estaba esperando afuera y tan pronto me vio, me dijo: «Pete, deben haber miles de gafas en esa tienda, ¿y escogiste esos?»

Le contesté: «¿Qué tienen de malo estas gafas?»

Ella replicó: «Bueno, para empezar, son un poco femeninas».

Tomé su crítica como que ella no estaba tan al tanto de la moda como yo.

Más tarde aquella noche, envié por Twitter una foto de nuestra familia que incluía mis nuevas gafas de sol. Inmediatamente un buen amigo me envió un mensaje de texto que decía: «Amigo, ¿de dónde sacaste esas gafas de mujer?» Aparentemente, Brandi tenía razón. Aquellas no eran las gafas de sol más masculinas del mundo.

Bueno, ¿dónde estábamos?

Ah, sí... aprieta el botón de avanzar rápido, varios meses más tarde. Estaba parado en esta luz roja, camino a casa luego de haber oficiado en una boda. También estoy pensando en este tiempo difícil que estoy pasando y literalmente orando a través de lágrimas, pidiéndole ayuda a Dios.

Me quité las gafas para secarme los ojos. Y cuando lo hice, noté una inscripción en el interior de mis femeninas gafas. Decía, en letras muy pequeñitas: «Salmo 18.2».

Recuerdo haberme quedado petrificado. *Ay, Dios mío*, pensé. *Estas no son sólo gafas de mujer. ¡Son gafas cristianas de mujer!*

De inmediato tomé la pequeña Biblia negra que acababa de usar para la ceremonia de matrimonio, y busqué el Salmo 18.2. Leí el versículo en voz alta en el auto:

> *Jehová, roca mía y castillo mío, y mi libertador;*
> *Dios mío, fortaleza mía, en él confiaré;*
> *Mi escudo, y la fuerza de mi salvación, mi alto refugio.*

Estas eran las palabras que necesitaba. Esta era la realidad que tan desesperadamente necesitaba que me recordaran.

Y de inmediato escuché el sonido de una bocina sonando. La luz del semáforo había cambiado a verde, y mi tiempo de espera había terminado. Mis luchas en el trabajo no desaparecieron de un día para otro, pero aquella sensación de estar alejado de Dios se había ido.

¿Estoy tratando de decir que Dios dirigió a alguien a abrir una tienda de gafas en Orange Beach y luego le llevó a él o a ella a ordenar una línea de gafas con inscripciones cristianas para que un día de junio yo fuera dirigido a escoger aquellas gafas, y que en mi momento de espera y anhelo, Dios me dirigiera a quitarme las gafas y leer ese versículo?

No, no estoy diciendo que Dios hizo eso. Pero sí estoy diciendo que podría hacerlo.

Él podría.

También estoy diciendo que, no porque haya ocurrido, me dio lo que yo necesitaba.

Ese es el tipo de Dios al que nosotros adoramos. Si bien es cierto que no siempre existen soluciones fáciles para nuestros problemas, Dios persiste en encontrar maneras para susurrar a nuestros corazones la verdad de que somos amados, perdonados y de que estamos constantemente en su mente. Y es mi oración que él haya encontrado una manera de susurrar en las páginas de este libro.

Mejor que una respuesta

Quiero que sepas que mi corazón está afligido mientras escribo esto, probablemente más afligido de lo que ha estado en mucho tiempo. Me ha tomado casi un año escribir este libro. He orado por todo este material y me he sumergido emocionalmente en las historias de docenas y docenas de individuos que han estado en medio de un Plan B. He sentido cómo aumenta la presión a medida que me acerco al final del libro porque deseo, desesperadamente, ofrecerte un lazo. Quiero concluir y empacar esto con esmero y nitidez, y ponerlo justo frente a ti.

Pero, una vez más, no tengo un lazo.

He pasado mucho tiempo orando sobre cómo terminar este libro. Pero, ¿acaso puedes poner un lazo a un libro como este? Mi conclusión es que no. No, no puedes.

Sin embargo, aunque no puedo ofrecerte un lazo, creo que puedo ofrecerte algo todavía más profundo, algo que puede cambiar tu vida, algo más significativo.

No hay un lazo en este libro. Pero, está bien, porque el cristianismo no siempre tiene un lazo. Sin embargo, aunque no hay un lazo, sí hay esperanza.

Hay esperanza porque existe la cruz.

¿Sabes? He llegado a creer que tal vez nunca seamos capaces de contestar algunas de las preguntas más difíciles de la vida.

Nunca voy a olvidar un día en que me senté a conversar con una joven en mi oficina. Su rostro me resultaba familiar, pues ella había comenzado a asistir a nuestra iglesia, pero realmente no la conocía. Y sin duda, tampoco conocía su historia.

Ella comenzó nuestra conversación preguntándome si yo creía que Dios realmente la había formado y si la conocía aun desde el vientre de su madre, como dice la Biblia. Respondí rápidamente con un sencillo: «Sí, lo creo». Y cité Jeremías 1.5:

> *Antes de formarte en el vientre,*
> *ya te había elegido;*
> *antes de que nacieras,*
> *ya te había apartado;*
> *te había nombrado profeta para las naciones. (NVI)*

—Creo esto en lo más profundo de mi ser —le dije.

—Bien —me dijo—. ¿Crees que Dios sabía que yo iba a nacer en una familia en particular?

—Seguro —contesté.

Ella continuó su interrogatorio.

—¿Crees que Dios sabía que iba a tener que repetir el séptimo grado?

—Supongo que sí —le contesté con una sonrisa.

—¿Crees que Dios sabía que iría a estudiar a la Universidad de Alabama y me graduaría con un título en educación elemental?

—Sí, seguro que lo creo —respondí—. Dios es omnisciente, lo que significa que él lo conoce todo antes de que ocurra.

Luego la miré a los ojos y le pregunté:

—¿Te molestaría decirme a dónde quieres llegar con todas estas preguntas?

Ella se quedó sentada en silencio por un segundo, mientras las lágrimas comenzaban a llenar sus ojos. Finalmente me dijo:

—Lo que en realidad quiero saber es, si Dios sabía todo esto, ¿por qué permitió que yo naciera en una familia donde sería abusada sexualmente por mi padre durante casi diez años?

Las lágrimas comenzaron a bajarle por el rostro, y yo me di cuenta que no tenía respuesta para su pregunta.

He aquí una parte de un correo electrónico que recibí recientemente de uno de los miembros de nuestra iglesia. Él me escribió:

> Ayer por la mañana, el hijo de cuatro años de mi primo murió a consecuencia de un tumor cerebral. Él fue diagnosticado hace sólo cincuenta y cinco días, entró en coma hace diez días y murió ayer. La familia estaba en el último día de un viaje a Disney World auspiciado por la Fundación Make-A-Wish cuando Josiah entró en coma. La vida de esta familia ha sido volteada al revés en menos de dos meses. La pregunta más obvia es: ¿Cuál es el propósito de Dios al permitir que un niñito muera así a raíz de una enfermedad tan detestable?

Una vez más, me di cuenta que no tenía una buena respuesta.

Ah, es cierto que puedo rebuscar en mis libros y presentarte respuestas que han sido ofrecidas para «el problema del sufrimiento». Puedo rebuscar en mis notas del curso de teodicea en el seminario y darte algunas ideas. (La teodicea es una rama de la filosofía y la teología que intenta justificar la bondad de Dios ante la existencia del mal.) Puedo recitarte de memoria mucho de lo que he dicho en este libro sobre cómo Dios está con nosotros y cómo él nos transforma a través de la tragedia.

Sin embargo, aún así no tendría ninguna respuesta que pueda satisfacerte completamente en una circunstancia como esta. No hay respuestas que puedan ofrecerte un cierre o un consuelo absoluto.

Así que cuando se trata de Plan B, no me queda de otra que decir: «No sé»

¿Por qué perdiste al bebé? No sé.

¿Por qué él te dejó? No sé.

¿Por qué se vinieron al suelo tus finanzas? No sé.

Mientras vivas en esta tierra, es muy probable que te pasees por ella con preguntas monumentales que no tienen respuesta. Sospecho que yo también. Dios sencillamente no responde muchas de estas preguntas por nosotros. Lo que planteamos son básicamente conjeturas; intentos de que nuestras mentes entiendan lo incontestable, y esfuerzos por alcanzar y ayudar a otros.

Si eres cristiano, es posible que ya sepas todo esto. Si eres cristiano, estás acostumbrado a juntar en tu mente y en tu corazón dos realidades contradictorias. (Algunos días puedes hacerlo con más facilidad que otros.)

Una realidad es el amor y el cuidado de Dios por nosotros en cada aspecto de nuestras vidas, y esto sabemos que es cierto por lo que dice la Biblia y por nuestras propias experiencias personales. Probablemente puedes contar una y otra vez las veces en que Dios mostró su amor por ti a través de su fidelidad y bondad. Sé que puedo hacerlo.

Sin embargo, la segunda realidad que tienes que balancear es la desilusión, la angustia y el dolor. Has experimentado esto en tu propia vida, y lo has visto en las vidas de amigos, y en forma de desastres nacionales y globales.

Parece que a penas pasa un día sin que presenciemos una colisión entre estas dos realidades. ¿Cómo podemos conciliar estos dos componentes incombinables: un Dios de amor que es todopoderoso y la experiencia universal de tragedia y sufrimiento?

Esto, mis amigos, es un rompecabezas enorme, y no puedo solucionarlo por ti. Tampoco puedo solucionarlo para mí. No puedo responder completamente esta pregunta porque no creo que Dios responda completamente esa pregunta. Él nos da muchas evidencias, pero no respuestas definitivas. No estoy seguro que nuestras mentes finitas podrían comprender la respuesta real a esa pregunta.

Sin embargo, permíteme repetirte: En lugar de una respuesta, Dios te ofrece algo mejor. Él te ofrece una solución. Él nos ofrece la cruz.

En lugar de una respuesta, Dios te ofrece algo mejor.
Él te ofrece una solución. Él nos ofrece la cruz.

Verás, desde la caída de Adán y Eva, hemos tenido que lidiar con este problema del pecado y del mal. Este mundo está quebrantado y manchado con pecado, y así no es como estaba supuesto a ser. Cosas malas le ocurren a gente buena. Gente buena hace cosas malas. Muchas personas sufren en maneras completamente fuera de proporción con respecto a lo que han hecho. En cierto sentido, la caída fue el primer Plan B; la fuente de todos nuestros frustrantes y angustiantes Planes B.

No obstante, inmediatamente después de la caída, Dios comenzó a trabajar en un plan para traer redención a cada uno de nosotros. Él reunió a un pueblo y les enseñó sobre sí mismo. Les mostró su fidelidad y su misericordia, les castigó y les perdonó, les enseñó quién era él y cómo vivir juntos. Y luego, en el momento apropiado, envió a su Hijo, Jesús, quien conquistó el pecado y la muerte que se originaron como resultado de la caída.

Por causa de Jesús, sufrimiento nunca es la última palabra. Se nos ha prometido que si ponemos nuestra confianza en él, vendrá un día en el que «él les enjugará toda lágrima de los ojos. Ya no habrá muerte, ni llanto, ni lamento ni dolor, porque las primeras cosas han dejado de existir» (Apocalipsis 21.4, NVI).

Esa es la promesa. Esa es la última palabra... que Dios, finalmente, derrotará al dolor y a la angustia de este mundo. Que ya él los derrotó, pero simplemente estamos viviendo las secuelas de la batalla. Que llegará un día cuando todo será restaurado.

Sin embargo, aquí es cuando la fe entra en acción. Es aquí donde la elección viene en medio de una situación que probablemente no elegiste.

Si estás en medio de una situación Plan B o si todavía te estás tambaleando por causa de una, entonces todavía están aplastando tu nariz contra estas dos realidades contradictorias: un Dios amoroso y una vida quebrantada llena de dolor.

Y cada vez que confrontas esto, tienes que hacer una elección. La elección de la fe.

La fe dice elijo creer en ti, Dios, más que esta o aquella tragedia. Me rindo en total y absoluta dependencia en ti, sólo en ti... un Dios que se especializa en resurrecciones, un Dios que trae esperanza al desesperanzado, un Dios que es padre a los huérfanos, un Dios que estuvo dispuesto a enviar a su Hijo a una cruz para probar que eres más poderoso que lo peor que el diablo pueda hacer.

La Biblia nos recuerda una y otra vez que este sufrimiento que experimentamos es sólo temporal. Las Escrituras insisten que vendrá un día cuando Dios va a traer resolución y redención al sufrimiento de tu Plan B:

> *Por la noche durará el lloro,*
> *Y a la mañana vendrá la alegría. (Salmo 30.5)*

De hecho, considero que en nada se comparan los sufrimientos actuales con la gloria que habrá de revelarse en nosotros. (Romanos 8.18, NVI)

Es muy posible que algunas de estas soluciones ocurran en esta vida. Tu Plan B actual puede fácilmente tornarse en algo muy bueno. Las cosas pueden mejorar, aun cuando no resulten de la forma que lo planificaste. De hecho, las cosas probablemente sí mejorarán.

Puede ser que te reconcilies con tu cónyuge, o tal vez seas capaz de vivir una vida satisfactoria sin tu cónyuge.

Puede ser que te sanes, o tal vez aprendas a manejar tu enfermedad.

Puede ser que te devuelvan tu empleo, o tal vez encuentres una carrera complemente nueva.

También es posible que las cosas empeoren, que no mejoren. Puede que enfrentes un Plan B tras otro, tal vez por el resto de tu vida. Y aun cuando las cosas sí mejoren, podrías tener que vivir toda tu vida con el dolor de lo que tuviste y perdiste. Durante toda tu vida, una parte de ti probablemente llorará la muerte de tu sueño original.

Aun entonces, todavía tenemos la promesa de que eventualmente, de alguna manera y de alguna forma, todo será restaurado. Y entretanto, en medio de nuestro sufrimiento, contamos con la presencia de Dios, la cual experimentamos por medio de la fe. Tenemos esperanza, la cual viene por medio de la fe. Tenemos crecimiento y posibilidades, que comienzan con la elección de la fe.

Porque tenemos que regresar a la elección. Todo regresa a la elección de la fe. Es la elección fundamental que cambia todo en nuestros Plan B porque cambia a la persona en la cual nos convertimos.

Elije permitir que Dios te cambie

Uno de mis pasatiempos favoritos cuando era niño era jugar con arcilla para moldear o plastilina. Nunca tuve un talento real para moldear y formar cosas, pero siempre lo disfruté mucho. A decir verdad, todavía me gusta jugar con la cosa esa, a pesar de que formó parte de uno de mis momentos más vergonzosos como padre.

Cuando todavía Cross Point estaba en sus comienzos, un día fui a buscar a Jett —mi hijo de cuatro años en aquel entonces—, a su clase dominical. En aquel día particular, la lección era sobre el arca de Noé. El nombre de su maestra era Lori. Ella era tu típica maestra de escuela dominical... súper dulce y un poco conservadora. Ella tenía varios hijos que eran realmente ángeles: los chicos con el mejor comportamiento que jamás haya conocido.

Para su lección sobre el arca de Noé, Lori repartió envases llenos de arcilla para moldear y le pidió a cada niño que formara alguno de los animales que Noé llevó en el arca con él.

Luego, procedió a pasearse por el salón y a pedirle a los niños que le dijeran a la clase qué animal habían moldeado. Ella dice que cuando llegó donde Jett, le preguntó muy confiadamente si había hecho una serpiente. Él le contestó: «No, Miss Lori. Esto es realmente un pene». (Entre todas las maestras, tenía que ser Miss Lori. De todos los niños, tenía que ser el mío.)

No te preocupes. Existe realmente una razón para este corto relato. Porque el Antiguo Testamento, repetidamente (Isaías 29.16; 45.9; 64.8) compara a Dios con un Alfarero y a nosotros con el barro. Y Jeremías 18.3-6 dice:

Y descendí a casa del alfarero, y he aquí que él trabajaba sobre la rueda. Y la vasija de barro que él hacía se echó a perder en su mano; y volvió y la hizo otra vasija, según le pareció mejor hacerla. Entonces vino a mí palabra de Jehová, diciendo: ¿No podré yo hacer de vosotros como este alfarero, oh casa de Israel? dice Jehová. He aquí que como el barro en la mano del alfarero, así sois vosotros en mi mano, oh casa de Israel.

La idea es que Dios tiene la habilidad para formarnos y moldearnos para que seamos las personas que necesitamos ser. Él nos ha hecho, y también puede rehacernos.

Dios puede tomar el dolor y las heridas que hemos experimentado, y usarlos para expandir y moldear tu corazón para que refleje su corazón.

La pregunta es: ¿crees que puedes sacrificar la persona que eres hoy a cambio de la persona que puedes llegar a ser?

Esa es una elección de fe: permitir que Dios te cambie. Darle a él el permiso y la libertad de transformarte en la persona que él tiene en mente.

Mark Batterson explica la misma elección en una forma distinta:

Si sientes como si estuvieras atascado en una tragedia, este es mi consejo: dale a Jesús un absoluto control editorial sobre tu vida. Tienes que dejar de intentar escribir tu propia historia. Y necesitas aceptar a Jesús, no sólo como Señor y Salvador, sino también como Autor. Si permites que él comience a escribir Su historia a través de tu vida, le dará a la tragedia un final de cuento de hadas. No te estoy prometiendo una vida sin angustia o dolor o pérdida, pero sí te estoy prometiendo un final diferente.[3]

La elección de amor

No hace mucho tiempo atrás, pasé diez días en la India con el ministerio Compassion International tratando de generar interés hacia sus programas de patrocinio de niños. Durante mi visita, fui testigo del peor sufrimiento humano que jamás haya visto. La pregunta «¿por qué?» me asedió todo el tiempo que estuvimos allí. Fui testigo una y otra vez de la colisión entre las dos realidades contradictorias del amor de Dios y el mundo quebrantado.

Un día en particular, visitamos un lugar llamado «el hogar para los moribundos». Este es un ministerio que estableció la Madre Teresa de Calcuta para ministrar a la gente en sus últimos días de vida. Estaba lleno más allá de su capacidad de personas luchando por sus vidas. De hecho, estaba tan lleno que para llegar al lugar tuvimos que caminar por encima de los cuerpos de personas que estaban esperando en las escaleras para poder entrar.

Caminé de un catre a otro, tomándoles las manos, susurrando oraciones y mirando a los ojos de hombres y mujeres que estaban viviendo los últimos días de sus vidas. La mayoría de ellos padecían enfermedades devastadoras que les habían confinado a vivir vidas de dolor y miseria por años con muy poco o ningún medicamento para el dolor.

Recuerdo haber salido de aquel lugar con una pesada carga en mi pecho. Experimentar tanto sufrimiento y muerte en aquel corto periodo de tiempo te hace eso.

Me preguntaba, *¿Cómo la Madre Teresa lo hizo todos los días? ¿Cómo podía sumergirse en tanto dolor un día tras otro?*

Curiosamente, ella me contestó, póstumamente, a través de algo que leí. Es una de mis citas favoritas de la Madre Teresa: «Porque cuando sufres de esta manera, misteriosamente, más espacio se abre para ti para recibir el amor de Jesús».[4]

De algún modo, misteriosamente,
cuando recibimos el amor de Jesús en nuestras
vidas a través del sufrimiento, cuando decidimos
elegir ese amor y compartirlo, evitamos
que el sufrimiento tenga la última palabra
en nuestras vidas.

Me parece que aquí la palabra clave es *misteriosamente*. De algún modo, cuando atravesamos un Plan B, la experiencia nos provee la oportunidad para que nosotros elijamos recibir el amor de Jesús en una forma única. De algún modo, misteriosamente, cuando recibimos el amor de Jesús en nuestras vidas a través del sufrimiento, cuando decidimos *elegir* ese amor y compartirlo, evitamos que el sufrimiento tenga la última palabra en nuestras vidas.

Elegir amor, de hecho, de alguna manera nos faculta para reflejar el amor de Dios a otros en el mundo más clara y constantemente que nunca antes. Al negar nuestras tendencias egocéntricas, somos capaces de servir y ser servidos, perdonar y ser perdonados, cuidar y ser cuidados. Nuestra dicha ya no se alimenta de obtener lo que queremos, sino por tener la vida de Dios en nosotros y a través de nosotros.

La elección de amor, igual que la elección de fe, puede ser dolorosa. Sin embargo, tal como escribe Henri Nouwen, a medida que continuamos tomando la, de vez en cuando, dolorosa decisión de amar, crecemos:

> El dolor que se origina en el amor profundo hace que tu amor sea más fructífero. Es como un arado que abre el terreno para permitir que la semilla se arraigue y crezca hasta convertirse en una planta fuerte. Cada vez que experimentas el dolor del rechazo, la ausencia o la muerte, estás haciendo frente a una elección. Puedes volverte un amargado y decidir que no vas a amar nuevamente, o puedes pararte derecho en tu dolor y dejar que el suelo en el cual estás parado se vuelva cada vez más rico y más capaz de dar vida a nuevas semillas.
>
> Mientras más hayas sido amado y te hayas permitido sufrir a causa de tu amor, más capacidad tendrás para permitir que tu corazón crezca más ancho y más profundo.[5]

La elección de la confianza

Esto nos lleva al final de este libro, y no tengo un lindo lazo ni un final sorpresivo para envolver las complicadas circunstancias de tu Plan B. No tengo un botón fácil que puedas apretar.

Lo que sí tengo para ofrecerte es una cruz. Una cruz que comunica cuánto Dios te ama y lo lejos que llegará para comenzar la reconciliación de todo el orden creado (incluyendo el dolor de tu Plan B) a través del derramamiento de la sangre de su Hijo.

Yo creo el mensaje de esa cruz. Yo creo que existe un Dios que ha elegido llevar sobre él todo el peso del sufrimiento humano y la maldad cósmica. Creo que existe un Dios que dice por medio de esa cruz: ¡Te amo! Yo estoy en control. Y puedo usar tu peor experiencia para un bien eterno.

La cruz es prueba de que él no siempre cambia la circunstancia, pero de que maneja cada circunstancia para su propósito. Él nunca nos va a soltar. Su cruz será un ancla de esperanza para nosotros.

¿Tienes preguntas todavía? Yo también.

¿Te preguntas cuánto tiempo va a durar tu Plan B? No lo sé.

¿Por qué está pasando esto? No lo sé.

¿Entenderemos alguna vez los dilemas de nuestro Plan B?

De este lado del cielo, muy posiblemente no.

¿Importa la manera en que respondemos ante ellos?

Más de lo que jamás conocerás.

¿Entenderemos alguna vez los dilemas de nuestro Plan B? De este lado del cielo, muy posiblemente no. ¿Importa la manera en que respondemos ante ellos? Más de lo que jamás conocerás.

En una ocasión escuché decir al pastor Matt Chandler en un mensaje que existe una enorme diferencia entre confiar y comprender. Confiar es lo que necesitamos cuando no comprendemos.[6]

El apóstol Pablo escribió en Romanos 15.13 (NVI): «Que el Dios de la esperanza los llene de toda alegría y paz a ustedes que creen en él, para que rebosen de esperanza por el poder del Espíritu Santo».

Nota la promesa aquí. El Dios de esperanza llenará tu vida con alegría y paz, y rebosarás de esperanza. ¡Qué tremendo! ¿Y acaso no es eso justo lo que necesitas ahora en medio de tu Plan B?

Sin embargo, existe una condición: que creas y que confíes en él. La confianza es la elección que hace que puedas atravesar tu Plan B.

Así que no estoy amarrando este libro con un lazo. No te estoy pidiendo que entiendas. Lo que sí te estoy pidiendo es que confíes en que Dios te ama.

El Dios que ha prometido estar contigo. El Dios que justo en este momento está involucrado en el misterioso proceso de rehacerte en la persona que necesitas ser. El Dios que puede darte alegría, paz y esperanza.

Te estoy pidiendo que confíes en que un día la fe triunfará sobre la duda, la luz triunfará sobre la oscuridad, el amor triunfará sobre el odio, y todas las cosas serán redimidas. Te estoy pidiendo, justo en medio del dolor de tu Plan B, que confíes en el proceso que se está llevando a cabo en tu vida.

No se culminará durante un tiempo, pero ya ha comenzado.

Dios terminará lo que empezó.

Espéralo.

PARA PENSAR Y DISCUTIR

Capítulo 1: Realidad

1. ¿Has atravesado alguna época en tu vida cuando has mirado tus circunstancias y te has preguntado si realmente le importas a Dios?

2. Da un ejemplo de un momento en que te diste cuenta que alguna área en tu vida no iba a resultar de la manera que esperabas.

3. ¿Te frustras cuando miras las vidas de otras personas y piensas que la vida parece estar marchando bien para ellos y no para ti? ¿Cómo manejas esa frustración?

4. ¿Qué es un mayor problema para ti: creer en Dios o lidiar con la realidad de que Dios existe y, sin embargo, también existe mucho dolor y sufrimiento?

5. ¿Cuál es tu respuesta típica cuando Dios no se revela en la manera en que pensaste que él lo haría?

Capítulo 2: No huyas

1. ¿Recuerdas alguna ocasión cuando todas las circunstancias en tu vida te llevaron a pensar que cierto sueño iba a convertirse en realidad... sólo para que luego se hiciera trizas (o desapareciera)?

2. ¿Existe algún parecido entre tu vida y la primera mitad de la historia de David?

3. Cuando sientes como si Dios no estuviera allí y la vida no está resultando como planificabas, ¿cómo respondes típicamente?

    *   Tendo a apoyarme en Dios más que nunca antes.

    *   Tiendo a tratar de asumir el control, manipulando las circunstancias para que resulten de la manera en que pienso que deben resultar.

    *   Trato de minimizar las circunstancias y pretendo que no es la gran cosa.

    *   Con frecuencia, me siento tentado a recurrir a conductas adictivas (comer en exceso, alcohol, televisión, trabajo) para minimizar el dolor.

    *   Hago otra cosa, por ejemplo:

    _____

4. Santiago 1.12 dice: «Dichoso el que resiste la tentación porque, al salir aprobado, recibirá la corona de la vida que Dios ha prometido a quienes lo aman» (NVI). ¿Recuerdas algún momento cuando la perseverancia y la paciencia te dieron resultado en medio de un Plan B? ¿Puedes mencionar un momento cuando piensas que ni la perseverancia ni la paciencia te dieron resultado? ¿Por qué piensas que esto es cierto?

Capítulo 3: La ilusión del control

1. ¿Qué opinas sobre la siguiente declaración: «La mayor de las ilusiones es la ilusión del control»?

2. ¿En qué área de tu vida te sientes más tentado a tratar de controlar las cosas (profesional, relaciones, espiritual)? ¿Cuáles son algunas de las formas en que tratas de hacerlo?

3. En un momento en su vida, David entiende que sólo porque su voluntad no será hecha, no significa que no se cumplirá la voluntad

de Dios. ¿Has llegado a la misma conclusión en tu vida, o tus sueños, tus deseos y tu voluntad todavía superan los sueños, deseos y la voluntad de Dios?

4. ¿Es el abandono total y absoluto al menos un deseo de tu corazón? ¿Qué paso podrías dar en tu vida para asegurar que te muevas en esa dirección?

5. ¿Puedes pensar en algún momento en tu vida en el que respondiste a una desilusión o a un sueño hecho trizas en una de las siguientes maneras?

    • Con amargura y coraje continuos.
    • Tratando con más ahínco de controlar la situación.
    • Soltando y diciendo: «Que no se haga mi voluntad, sino la tuya».
    ¿Por qué piensas que respondiste de esta forma?

6. ¿En qué áreas de tu vida te resulta más difícil decir: «No puedo» o «Que sea como sea»? ¿Por qué piensas que, en esa área, el control tiene tanta importancia?

7. ¿Crees que rendir el control siempre será una forma de irresponsabilidad? ¿Qué determina la diferencia entre un saludable «que sea como sea» y una negativa enfermiza a asumir responsabilidad?

Capítulo 4: Tu Jordán

1. Explica cómo algunas situaciones Plan B en tu vida han provocado que exijas más de ti mismo y te acerques más a Dios. ¿Has pasado alguna vez por un Plan B que *no* haya hecho esto? ¿Por qué crees que fue así?

2. ¿Puedes pensar en un momento cuando Dios te dirigió a hacer algo que simplemente no podrías hacer apartado de él... un momento cuando todo parecía moverse de difícil a casi imposible? ¿Qué hiciste?

3. Menciona un momento en tu vida cuando estabas seguro que te encontrabas en un callejón sin salida, sin ninguna respuesta... sin

embargo, probablemente estabas justo donde Dios quería que estuvieras.

4. «Todo el mundo enfrenta un Jordán. Cada uno de nosotros enfrenta una barrera que nos separa de la vida que Dios tiene para nosotros». ¿Hay alguna área en tu vida donde sientes que Dios te está pidiendo que des un paso de fe (finanzas, una adicción, una relación que se está derrumbando, perdón)?

5. ¿Por qué crees que con frecuencia Dios espera que nosotros demos el primer paso antes de ver su poder manifestado en nuestras vidas?

6. ¿Estás de acuerdo con la siguiente declaración: «El contacto constante con el Creador es esencial para una vida transformada»? ¿Cuáles son algunas de las formas más efectivas de mantener contacto con Dios?

Capítulo 5: Paralizados

1. ¿A qué le temes más que nada en la vida? ¿Qué tipos de temor tienden a paralizarte?

2. ¿Cuál es tu respuesta más común ante el miedo?
   - Corro en la dirección opuesta.
   - Miro al miedo a los ojos y corro directamente hacia él.
   - Típicamente, percibo el miedo como una oportunidad para depender de Dios y acercarme más a él.

3. ¿En qué formas notas que tus temores establecen límites en tu vida?

4. ¿Coincides en que todos hemos sido interiormente formados para la fe, no para el temor y la preocupación? ¿Cuáles son algunas de las maneras en las que el temor, la preocupación y el estrés pueden hacernos daño?

5. Oswald Chambers dijo: «Lo extraordinario sobre el temer a Dios es que cuando temes a Dios no temes a nada más; mientras que,

cuando no temes a Dios, le temes a todo lo demás». ¿De qué maneras has sido testigo de esto en tu vida?

6. Menciona un temor que sientes que necesitas rendir a Dios o un área en tu vida donde necesitas buscar primero el reino de Dios.

Capítulo 6: Latigazo

1. ¿Te has encontrado alguna vez en una situación que pensaste que resultaría muy bien, sólo para luego sentir como si te hubieran sacado la alfombra de abajo de los pies? Describe la situación.

2. ¿Cuándo fue la última vez que te preguntaste (o quisiste preguntar), «¿por qué a mí?», o simplemente, «¿por qué?»?

3. ¿Por qué crees que es tan difícil para nosotros imaginar que Dios está con nosotros cuando estamos atravesando una situación Plan B?

4. ¿Cuándo fue la última vez que te sentiste como Pablo, atascado en Troas, sin saber cuál era el siguiente paso que Dios quería que dieras? ¿Cómo lo manejaste?

5. ¿Qué piensas que haría alguien en tus mismas circunstancias si estuviera seguro que Dios está con él o ella?

6. Rick Warren dice: «Dios está más interesado en tu carácter que en tu comodidad». ¿Qué piensas tú? ¿Estás más comprometido con tu comodidad o con tu carácter? ¿Estás seguro?

7. ¿Te has sentido alguna vez tentado a depositar tu fe en lo que Dios hace en lugar de en quién Dios es?

Capítulo 7: ¿Qué has hecho por mí recientemente?

1. ¿En qué formas o circunstancias te sientes tentado algunas veces a ver a Dios como una máquina expendedora? ¿Acaso esto parece haber funcionado para ti?

2. Describe un momento en el que cediste ante la tentación porque tus necesidades no habían sido suplidas. ¿Qué ocurrió en esta

situación? ¿Cómo piensas que pudiste haberla manejado de modo diferente?

3. ¿Puedes recordar algún momento cuando sentías que estabas haciendo todo bien; sin embargo, aún así fuiste «castigado»? ¿Recuerdas alguna ocasión cuando realmente echaste todo a perder, pero, de alguna manera, te saliste con la tuya? ¿Cómo reaccionaste en cualquiera de las dos situaciones?

4. ¿Te has sentido alguna vez completamente abandonado por Dios? Si es así, ¿cómo pasó? Si no, ¿qué tipo de circunstancias tenderían a hacerte sentir de esta manera?

5. ¿Cuáles son algunas de las circunstancias por las que te sientes más agradecido en la vida? ¿Cuáles son algunas de las circunstancias que naturalmente *no* evocan en ti sentimientos de gratitud? ¿Cómo respondes a la idea de recibir *todo* en la vida —aun las cosas difíciles— como un regalo? ¿Qué impediría el que fueras capaz de hacerlo?

6. ¿Te resulta difícil simplemente «confiar en que Dios es quien él dice que es»? ¿Por qué piensas que esto es tan difícil de hacer para algunas personas?

Capítulo 8: Oscuridad

1. ¿Acaso siempre has asumido, como muchas otras personas, que la Biblia promete que Dios nunca te dará más de lo que puedes soportar? ¿Por qué crees que el capítulo la llama «teología gastada»?

2. ¿Te ha pedido Dios alguna vez que rindas algo a lo que te estabas aferrando con firmeza, algo que pudo haber evitado que tuvieras una relación más íntima con él? ¿Cómo respondiste?

3. ¿Tienes alguna manera sistemática de recordar la fidelidad de Dios en tu vida? Si no es así, ¿cuáles son algunas formas en que puedes establecer una?

4. ¿Estás de acuerdo con la siguiente afirmación: «Dios te ama lo suficiente como para despojarte de cualquier cosa que te aleje de él»?

¿Cuáles son, específicamente, algunas de las «cosas buenas» de la vida que podrían alejar a alguien de Dios?

5. Este capítulo sugiere que dudar puede en realidad ser un acto de fe. ¿Estás de acuerdo? Explica tu respuesta.

Capítulo 9: Yo también

1. ¿Puedes pensar en alguna ocasión cuando alguien te alentó con las palabras «yo también» (o palabras similares)? ¿Y qué del momento en el que tú pudiste alentar a alguien con esas mismas palabras?

2. ¿Qué constituye el «círculo de ganadores» en tu vida? ¿Qué es el «círculo de perdedores»? ¿Estás de acuerdo con que usualmente es más fácil encontrar comunidad auténtica en el círculo de perdedores? Explica tu respuesta.

3. ¿Cómo te sientes con respecto a la siguiente declaración: «Sólo puedes ser amado en la medida que eres conocido»?

4. ¿Has visto alguna vez cómo las actitudes orgullosas, arrogantes y críticas han sido destructivas para la comunidad, y a fin de cuentas, para tu propio crecimiento espiritual?

5. ¿Por qué crees que más personas no se sienten cómodas hablando de sus desilusiones, sus heridas y sus preguntas en el contexto de la comunidad cristiana?

6. ¿En qué formas específicas puedes seguir la instrucción de Pablo en Gálatas 6.2 de «sobrellevad los unos las cargas de los otros»?

Capítulo 10: El ancla

1. Describe un momento en el que sentiste que estabas peleado con Dios. ¿Piensas que fue porque realmente no deseabas a Dios sino lo que pensaste que Dios podría darte? ¿Crees que este capítulo hace una acusación injusta sobre este particular?

2. Este capítulo habla de dos teologías bastante enfermizas, dos sistemas mentales inadecuados que pueden resultar de una lectura

incompleta de Juan 16.33. ¿Cuáles son? ¿Puedes pensar en alguien que conozcas que esté de acuerdo con cada una de estas perspectivas incompletas? ¿Cuál de ellas piensas personalmente que es más peligrosa o dañina?

3. ¿Qué error típico sobre el cristianismo señala este capítulo? ¿Cómo este error afectaría la manera en que abordamos una situación Plan B?

4. Menciona algunos ídolos que has notado que adoran gente en tu vida. ¿Qué ídolos podrías encontrar si le siguieras la pista a tu tiempo, tus relaciones, tu energía y tu dinero?

5. ¿Qué opinas sobre la siguiente declaración: «Tenemos que estar dispuestos, de ser necesario, a abandonar la vida que hemos planificado y soñado para así recibir la vida que nuestro Dios ha escrito para nosotros»? ¿Conoces a alguien que realmente haya hecho esto?

Capítulo 11: Poder y esperanza

1. ¿Has pensado alguna vez en las emociones que estuvieron representadas en la cruz? Como seguidor de Cristo, ¿qué emociones crees que habrías sentido aquel día?

2. ¿Cómo respondes típicamente ante situaciones que parecen estar fuera de control o que te hacen sentir impotente? Por ejemplo, ¿trabajarías con más ahínco, tratarías de organizar las cosas, tratarías de alejarte de la situación, o dependerías más de Dios?

3. Si pudieras tener cualquier súper poder, ¿cuál sería? ¿Qué crees que dice esto sobre tus necesidades, tus anhelos y tus temores?

4. Este capítulo sugiere que nuestro deseo de poder es realmente un deseo de esperanza. ¿Estás de acuerdo con esto? Explica tu respuesta.

5. Según este capítulo, ¿cuáles son los dos tipos de esperanza? ¿Cuál de ellos es el más confiable? ¿Por qué?

6. ¿Qué significa realmente decir que el mismo poder que levantó a Cristo de entre los muertos está todavía disponible para nosotros hoy día? ¿Cómo cambiarían nuestras vidas si en realidad creyéramos eso?

7. ¿En qué área de tu vida necesitas más un milagro justo en este momento?

Capítulo 12: Esperando en Dios

1. San Agustín dijo: «Existen dos cosas que matan el alma: la desesperanza y la falsa esperanza». ¿Recuerdas algún momento en el que tuviste una falsa esperanza?

2. ¿Has sentido alguna vez que Dios te estaba llamando a darle a él la gloria en una manera que no te entusiasmaba mucho?

3. ¿Tienes la tendencia a ser un *rapidólico*? ¿Cómo esto ha afectado tu formación espiritual?

4. La Biblia está llena de un ejemplo tras otro de personas esperando en Dios. ¿Qué piensas que Dios está tratando de enseñarte acerca de la espera en estos días?

5. ¿Te molesta el que Jesús haya esperado tanto tiempo para ir a visitar a María y a Marta?

6. ¿Cómo te sientes con respecto a tener que aceptar el momento oportuno de Dios, a la par con su poder?

7. Lewis Smedes dijo: «Esperar es nuestro destino». ¿Cómo tiendes a responder ante la espera? ¿Te consideras una persona paciente o impaciente?

8. El Salmo 62.5-6 dice: «Alma mía, en Dios solamente reposa, porque de él es mi esperanza. Él solamente es mi roca y mi salvación. Es mi refugio, no resbalaré». ¿Qué tipo de consuelo encuentras en un versículo como este?

Capítulo 13: Transformación a través de la tragedia

1. En una escala de 1 a 10, ¿qué tan ocupado piensas que estás en estos días? ¿Hay espacio en tu agenda para vivir una vida «examinada»? En general, ¿te sientes satisfecho con tu vida?

2. ¿Cómo respondes a la idea de que tal vez *necesitamos* nuestros Plan B para que nos rescaten de una vida ocupada y superficial? ¿Consideras esta afirmación instructiva, ofensiva o confusa? ¿Estás de acuerdo con ella?

3. Peter Scazzero dice: «Una y otra vez, nuestra cultura interpreta las pérdidas como una invasión de extraterrestres que interrumpe nuestra vida "habitual". Adormecemos nuestro dolor por medio de la negación, la culpa, la racionalización, las adicciones y la evasión». Cuando experimentas dolor, ¿cuál es la manera más probable que usarías para adormecerlo?

4. ¿En qué etapa de desarrollo espiritual (tal como se describe en este capítulo) consideras que estás en estos momentos? ¿Crees que es posible regresar y repetir una etapa?

5. ¿Cuál dice este capítulo que es la clave para ser transformado en una situación Plan B?

6. ¿Qué piensas que Dios puede estar queriendo decirte en medio de tu Plan B en este momento? (Si no estás ahora mismo atravesando un Plan B, trata de recordar algunas cosas que descubriste sobre Dios y sobre ti mismo en un Plan B anterior.)

Capítulo 14: El lazo

1. En una escala de 1 a 10, ¿qué tan importante es para ti tener las cosas arregladas, resueltas y concretadas? ¿Qué tiendes a hacer cuando no puedes amarrar un lazo en algo?

2. Menciona algunas experiencias en las que Dios te demostró su amor y su fidelidad. Luego, describe un momento cuando estuviste dolorosamente consciente de la tragedia y del sufrimiento.

¿Cómo tiendes a reconciliar las aparentemente contradictorias realidades de un Dios de amor que es todopoderoso y una vida llena de tragedia y sufrimiento?

3. ¿Puedes pensar en un ejemplo de tu vida donde elegiste creer en Dios más que en la crisis y en la tragedia que estabas viviendo? ¿Cuál fue el resultado de esa situación?

4. ¿Cuáles son las opciones que siempre tenemos en la circunstancia de un Plan B? ¿Qué opciones tal vez no tenemos?

5. De algún modo, misteriosamente, cuando recibimos el amor de Jesús en nuestras vidas a través del sufrimiento, cuando decidimos *elegir* ese amor y compartirlo, evitamos que el sufrimiento tenga la última palabra en nuestras vidas. ¿Cuáles son algunas de las maneras específicas que podemos *elegir* y *compartir* el amor de Jesús en medio de nuestro sufrimiento?

6. ¿Has experimentado un momento en medio de una crisis cuando Dios, sin la menor duda, te dejó saber que todavía estaba contigo? ¿Cómo ocurrió?

7. ¿Qué te comunica la cruz de Jesucristo en medio de tu Plan B?

NOTAS

Capítulo 1: Realidad

1. Esta afirmación ha sido ampliamente citada; sin embargo, existe un gran desacuerdo sobre su fuente original. Algunos la atribuyen al novelista W. Somerset Maughan. Otros la acreditan al más contemporáneo Douglas Noel Adams, o a un hombre llamado Robert Anthony. No he logrado identificar la fuente con exactitud, pero pienso que es una cita poderosa. Si conoces al autor verdadero, por favor, déjame saber y así puedo atribuirle el crédito absoluto.

Capítulo 2: No huyas

1. Escuché esta idea por primera vez en un sermón de Andy Stanley, pastor de la North Point Community Church en Alpharetta, Georgia. Sus reflexiones sobre David pueden escucharse de la fuente original en la serie en audio en cuatro partes *Lessons from the Life of David*, CD-ROM (Alpharetta, GA: North Point Resources), disponible en http://resources.northpoint.org/store/shop.do?cID=10&pID=217.
2. John Quincy Adams, citado en "Quotes from John Quincy Adams" de Martin Kelly, About.com: American History, www.americanhistory.about.com/cs/johnquincyadams/a/quotejqadams.htm.
3. Peter Scazzero, *Emotionally Healthy Spirituality: Unleash the Power of Life in Christ* (Nashville: Thomas Nelson, 2006), p. 139 [*Espiritualidad emocionalmente sana: Es imposible tener madurez espiritual si somos inmaduros emocionalmente* (Grand Rapids, MI: Vida, 2008)].
4. Charles R. Swindoll, *David: A Man of Passion and Destiny*, vol. 1, Great Lives from God's Word (Nashville: Thomas Nelson, 1997), p. 66 [*David: Un hombre de pasión y destino* (El Paso, TX: Mundo, 1998)].
5. C. S. Lewis, *Cartas del diablo a su sobrino* (Nueva York: Rayo, 2006), p. 134.

Capítulo 3: La ilusión del control

1. Scazzero, *Emotionally Healthy Spirituality*, p. 129.

Capítulo 4: Tu Jordán

1. Strong, James, LL.D., S.T.D., *Nueva Concordancia Strong Exhaustiva de la Biblia*, Strong #3383 (Nashville: Grupo®, 2002).

Capítulo 5: Paralizados

1. Erwin McManus, "Fear" (archivo en audio, formato MP3), tomado de la serie educativa *Falling Forward* (Awaken Resources, 28 septiembre 2008), www.pluggd.tv/audio/channels/mosaic/episodes/4lfh5 (accedido 23 octubre 2009).
2. Earl Nightingale, "The Fog of Worry (Only 8% of Worries Are Worth It)", tomado de *The Essence of Success*, ed. Carson V. Conant, citado en el website de Nightingale-Conant, www.nightingale.com/AE_Article~i~210~article~TheFogofWorryOnly8 WorthIt.aspx.
3. Warren W. Wiersbe, *The Bible Exposition Commentary* (Wheaton, IL: Victor, 1996), véase Mateo 6.19.
4. Oswald Chambers, *The Pilgrim's Song Book* (London: Simpkin Marshall, 1949), p. 24. Edición digital, publicada 7 agosto 2006 por Holiness Data Ministry, http://wesley.nnu.edu/wesleyctr/books/2501-2600/HDM2588.PDF.

Capítulo 6: Latigazo

1. Las ideas en este pasaje están basadas en el DVD, *The Legend of Joe Jacobson* de Andy Stanley (Alpharetta, GA: North Point Resources), disponible en http://resources.northpoint.org/store/shop.do?pID=561.
2. Tammy Trent me relató su historia en una entrevista personal 5 agosto 2009. Para más detalles de su historia, también consulté los siguientes recursos: Mike Rimmer, "Tammy Trent: Living Through Personal Tragedy and Finding Healing"; CrossRythms: Christian Radio Online, www.crossrhythms.co.uk/articles/music/Tammy_Trent_Living_Through_Personal_Tragedy_And_Finding_Gods_Healing/26866/p1; Scott Ross, "Tammy Trent: Love Story Lost", CBN Music, www.cbn.com/cbnmusic/interviews/700club_tammytrent1101.aspx; y Tammy Trent, *Learning to Breathe Again: Choosing Life and Finding Hope* (Nashville: Thomas Nelson, 2006).
3. Rick Warren en una entrevista de 28 marzo 2005 con Paul Bradshaw, citado en Youth with a Mission North American Office, "Rick Warren on the Purpose of Life", publicado 29 enero 2009, www.usrenewal.org/home/2009/1/29/rick-warren-on-the-purpose-of-life.html (accedido 23 octubre 2009).

4. Erwin McManus, "God's Will" (archivo en audio, formato MP3), de la serie educativa *Practical Wisdom* (Awaken Resources, publicado 27 julio 2008), www. podpoint.net/Mosaic/God_s_Will (accedido 23 octubre 2009).

5. C. S. Lewis, *The Complete C. S. Lewis* (Nueva York: HarperCollins Signature Classics, 2002), p. 338.

Capítulo 7: ¿Qué has hecho por mí recientemente?

1. Esta analogía fue sugerida por Ronald Rolheiser, *The Shattered Lantern: Recovering a Felt Presence of God* (Nueva York: Crossroad, 2005), p. 80.

2. A. W. Tozer, *La búsqueda de Dios* (Proyecto Gutenberg, 2008), capítulo 2, www. gutenberg.org/files/25141/25141-h/25141-h.htm.

3. Scazzero, *Emotionally Healthy Spirituality*, pp. 122–23

4. Rolheiser, *The Shattered Lantern*, p. 163.

5. Andy Stanley, "Right Where You Want 'Em," parte tres de *The Legend of Joe Jacobson*.

Capítulo 8: Oscuridad

1. Janet O. Hagberg y Robert A. Guelich, *The Critical Journey: Stages in the Life of Faith*, 2a ed. (Salem, WI: Sheffield, 2004), pp. 114–15.

2. Jeff Henderson, "Forgotten" (archivo en audio, formato MP3), de la serie educativa *The Waiting Room*, predicada 12 julio 2009 en la Buckhead Community Church, Atlanta, Georgia, www.buckheadchurch.org/messages (accedido 24 octubre 2009).

3. Hagberg y Guelich, *The Critical Journey*, pp. 114–15.

4. John Ortberg, "When God Seems Absent", en el sitio web Christianity.com, http://www.christianity.com/11550260/page1/.

5. *Nueva Concordancia Strong Exhaustiva de la Biblia*, véase shalóm, shalám (Strong #7965, #7999), www.strongsnumbers.com/hebrew/7965.htm; David Silver, "The Meaning of the Word 'Shalom'", *The Refiner's Fire: Revealing Biblical Truth in a World of Myth and Fiction*, www.therefinersfire.org/meaning_of_shalom.htm; Jacques B. Doukhan, "Shalom: The Hebrew View of Peace", *Shabbat Shalom: The Journal of Jewish-Christian Reconciliation* 41, no. 1 (1994), www.shabbatshalom.info/article. php?id=106.

6. Jacques Ellul, *Hope in Time of Abandonment* (Harrisburg, PA: Seabury, 1973), p. 205.

7. Scazzero, *Emotionally Healthy Spirituality*, p. 146.

Capítulo 9: Yo también

1. Anne Lamott, citada en el libro de Rob Bell, *Jesus Wants to Save Christians: A Manifesto for the Church in Exile* (Grand Rapids, MI: Zondervan, 2008), p. 151 [*Jesús quiere salvar a los cristianos: Un manifiesto para la iglesia en el exilio* (Grand Rapids, MI: Vida, 2009)].

2. Dallas Willard, *Hearing God: Developing a Conversational Relationship with God* (Downers Grove, IL: InterVarsity, 1984), p. 24.

3. Thomas Merton, *Thoughts in Solitude* (Nueva York: Farrar, Straus and Giroux, 1958), p. 3 [*Pensamientos en la soledad* (Santa Fe, NM: Lumen/Sites, 2000)].

4. Thomas Merton, *New Seeds of Contemplation* (Nueva York: New Directions, 1972), p. 35 [*Manantiales de la Contemplación* (Buenos Aires: Random House Mondadori, 1993)].

5. *Alcoholics Anonymous: The Story of How Many Thousands of Men and Women Have Recovered from Alcoholism*, 4a ed. (Nueva York: Alcoholics Anonymous World Services, 2001), p. 59.

6. Ibid.

7. Philip Yancey, *Reaching for the Invisible God: What Can We Expect to Find?* (Grand Rapids, MI: Zondervan, 2000), p. 170 [*Al encuentro del Dios invisible: ¿Qué podemos esperar descubrir?* (Grand Rapids, MI: Vida, 2004)].

Capítulo 10: El ancla

1. Jurgen Moltmann, *The Crucified God: The Cross of Christ as the Foundation and Criticism of Christian Theology* (Minneapolis, MN: Fortress, 1993), p. 36.

2. Louie Giglio es un pastor innovador, comunicador y líder de adoración. Es también el fundador de Choice Ministries y las poderosas conferencias Passion [Pasión]. Actualmente está en el proceso de establecer la Iglesia Passion City en Atlanta, Georgia. Los puntos de vista atribuidos a él en este capítulo vienen de unas notas que tomé durante un servicio en la iglesia hace algunos años en Atlanta, Georgia, mientras Giglio hablaba sobre el tema de cómo podemos lidiar los cristianos con los momentos difíciles de la vida, uno de los mensajes en una serie de cuatro partes titulada «Soundtrack».

3. Ibid.

Capítulo 12: Esperando en Dios

1. Lewis Smedes, *Standing on the Promises: Keeping Hope Alive for a Tomorrow We Cannot Control* (Nashville: Thomas Nelson, 1998), p. 53.

2. Francis Chan, "More Than a Follower", *Relevant*, 21 agosto 2008, http://www.relevantmagazine.com/god/deeper-walk/features/1472-more-thana-follower.

3. Smedes, *Standing on the Promises*, p. 41.

4. Henri Nouwen, "A Spirituality of Waiting", *Weavings* 1 (Ene-Feb 1987), p. 14, citado en *When the Heart Waits: Spiritual Direction for Life's Sacred Questions* por Sue Monk Kidd (NuevaYork: HarperOne, 2006), p. 112.

5. Ibid.

6. Mark Batterson, *Wild Goose Chase: Reclaim the Adventure of Pursuing God* (Sisters, OR: Multnomah, 2008), p. 137.

7. Kidd, *When the Heart Waits*, p. 19.

8. Kidd, *When the Heart Waits*, p. 37.

Capítulo 13: Transformación a través de la tragedia

1. Henri J. M. Nouwen, *Making All Things New: An Introduction to the Spiritual Life* (Nueva York: Harper & Row, 1981), pp. 23–24.

2. C. S. Lewis, *The Problem of Pain* (Nueva York: HarperCollins, 2001), p. 91 [*El problema del dolor* (Nueva York: Rayo, 2006)].

3. Scazzero, *Emotionally Healthy Spirituality*, 135–36.

4. Hagberg y Guelich, *The Critical Journey*.

5. Rolheiser, *The Shattered Lantern*, p. 87.

6. Scazzero, *Emotionally Healthy Spirituality*, p. 124.

7. Rolheiser, *The Shattered Lantern*, p. 84.

Capítulo 14: El lazo

1. Kidd, *When the Heart Waits*, p. 25.

2. Ibid.

3. Batterson, *Wild Goose Chase*, p. 125.

4. La Madre Teresa, fuente desconocida.

5. Henri J. M. Nouwen, *The Inner Voice of Love: A Journey Through Anguish to Freedom* (Nueva York: Doubleday/Image, 1999), p. 59 [*La voz interior del amor* (Santa Fe, NM: Sites/Lumen, 2004)].

6. Matt Chandler es el pastor principal de Village Church en Dallas, Texas. Esta cita es de las notas que tomé durante uno de sus sermones, abril 2008.

SOBRE EL AUTOR

Pete Wilson es el pastor principal y fundador de Cross Point Church en Nashville, Tennessee; la segunda iglesia que ha plantado en los pasados siete años. Pete se graduó de la Universidad Western Kennedy con un título en comunicaciones, y luego asistió al Southern Seminary, en Louisville, Kentucky.

El deseo de Pete es ver que las iglesias sean radicalmente devotas a Cristo, que estén irrevocablemente comprometidas las unas con las otras, e implacablemente dedicadas a alcanzar a aquellos que todavía no pertenecen a la familia de Dios. Pete está casado con Brandi Wilson, y juntos tienen tres hijos escandalosos: Jett, Gage y Brewer.

Para más información sobre el ministerio de Pete, su familia y su liderazgo, visita withoutwax.tv, donde escribe en su *blog* regularmente.